富爸爸
杠杆致富

〔美〕罗伯特·清崎 〔美〕莎伦·莱希特 著
萧明 译

四川人民出版社

readers-club

北京读书人文化艺术有限公司
www.readers.com.cn
出　品

致中国读者的一封信

亲爱的中国读者：

你们好！

今年是《富爸爸穷爸爸》在美国出版20周年，其在中国上市也已经整整17年了。我非常高兴地从我的中国伙伴——北京读书人文化艺术有限公司（他们在这些年里收到了很多读者来信）那里了解到，你们中的很多人因为读了这本书而认识到财商的重要性，从而努力提高自己的财商，最终同我一样获得了财务自由。

我很骄傲我的书能够让你们获益。20年后的今天，世界又处在变革的十字路口。全球经济形势日益复杂，不断涌现的“黑天鹅事件”加剧了世界发展的不确定性，人们对未来充满迷茫，悲观主义情绪正在蔓延。

而对于你们，富爸爸广大的中国读者来说，除了受世界经济的影响，还要面对国内经济转型的阵痛，这个过程艰苦而漫长。当然，为了成就这种时代的美好，你必须坚持正确的选择，拥有前进的智慧和勇气。这就需要你努力学习。

最后，我还是要说，任何人都能成功，只要你选择这么做！

罗伯特·清崎

富人教他们的孩子财商，

而穷人和中产阶级从不这样做。

——〔美〕罗伯特·清崎

出版人的话

转眼间，“富爸爸”问世已20余年，与中国读者相伴也已近20年。在中国经济和社会蓬勃发展的20年间，“富爸爸”系列丛书的出版影响了千千万万的中国读者，有超过1000万的读者认识了富爸爸、了解了财商。在“富爸爸”的忠实读者中，既有在餐厅打工的服务员，也有执教讲堂的大学教授；既有满怀创业梦想的年轻人，也有安享晚年的退休人士。“富爸爸”的读者群体之广、之大，是我们不曾预料到的。

作为一套在中国风靡大江南北、引领国人创业创富的财商智慧丛书，“富爸爸”系列伴随和见证了千万读者的创富经历和成长历程，他们通过学习财商，已然成为中国的“富爸爸”，这也是我们修订此书的动力。20年来，“富爸爸”系列也在不断地增加新的“家族成员”，新书的内容也越来越贴合当下经济的快速发展以及国内风起云涌的经济大潮，我们也在十几年的财商教育过程中摸索出了一套适合国内大众群体的“MBW”财商理论体系，即从创富动机、创富行为习惯、创富路径三方面培养学员的财商，增强大家和财富打交道的积极意识，提高抗风险的能力。

曾有一位来自深圳的学员告诉我，他当年就是因为读了《富爸爸穷爸爸》一书，并通过系统的财商训练，才在事业上取得了巨大的成功。难能可贵的是，成功后的他并没有独享财富，而是将自己致富的秘诀——“富爸爸”财商理念分享给了更多想要创业、想要致富、想要成功的人。

在“富爸爸”的忠实读者群中，类似的成功故事还有很多很多。在“富爸爸”的影响下，每一位创富的读者都非常乐意向更多的朋友传授自己从财商训练中获得的成功经验。

值此“富爸爸”20周年之际，作者的最新修订版再次契合了时代的发展、读者的需要。在经济金融全球化的发展与危机中，作者总结过去、现在和未来财富的变化与趋势，并重温了富爸爸那些简洁有力的财商智慧，在中华民族伟大复兴的新时代，“富爸爸”系列丛书将结合财商教育培训，为读者带来提高财商的具体办法，以及在中国具体环境下的MBW创富实践理论。丛书的出品方北京读书人文化艺术有限公司将从图书、现金流游戏、财商课程等多角度多方面，打造出一个立体的“富爸爸”，不仅要从财商理念上引导中国读者，更要在实践中帮助中国读者真正实现财务自由。读者和创业者可以通过关注读书人俱乐部微信公众号，来了解更多有关“富爸爸”系列丛书和财商学习的信息。

正如富爸爸在书中所说，世界变了，金钱游戏的规则也变了。对于读者和创富者来说，也要应时而变，理解金钱的语言、学会金钱的规则。只有这样，你才能玩转金钱游戏，实现财务自由。

读书人俱乐部

汤小明

目 录

1 导言 大卫为什么敢挑战歌利亚

第一部分 心智的杠杆

12 第 1 章 怎样致富并提早退休

22 第 2 章 为什么要尽可能年轻地退休

31 第 3 章 我怎样提早退休

44 第 4 章 你怎样才能提早退休

57 第 5 章 心智的杠杆

73 第 6 章 什么才是真正的冒险

86 第 7 章 怎样才能少工作多赚钱

102 第 8 章 快速致富的捷径

第二部分 计划的杠杆

110 第 9 章 你的计划有多快

128 第 10 章 预见财富未来的杠杆

154 第 11 章 诚信的杠杆

165 第 12 章　童话的杠杆
184 第 13 章　慷慨的杠杆

第三部分　行动的杠杆

213 第 14 章　习惯的杠杆
229 第 15 章　资金的杠杆
242 第 16 章　房地产的杠杆
262 第 17 章　有价证券的杠杆
300 第 18 章　企业的杠杆
318 第 19 章　致富的秘诀
348 第 20 章　终极测试

第四部分　起步的杠杆

352 第 21 章　持之以恒　不断进取
360 结束语

导　言
大卫为什么敢挑战歌利亚

《圣经》中大卫与歌利亚的故事是富爸爸最喜欢的故事之一。我猜想他或许将自己看做了大卫的化身—— 一个最初一无所有、后来却站起来向商业巨人挑战的人。富爸爸说："大卫能打败歌利亚，是因为他懂得如何使用杠杆的力量。一个小孩子，加上一个简单的投石器，就拥有了远远超过巨人歌利亚的力量。这就是杠杆的力量。"

我的前几本书重点讲述了现金流的力量。富爸爸说："现金流是金钱世界中最重要的词语，第二个最重要的词语是杠杆。"他还说："杠杆是一些人致富而另外一些人不能致富的原因。"富爸爸继续解释说，杠杆是一种力量，这种力量既可以为你带来好处，也可以为你带来灾难。因为杠杆是一种力量，所以一些人正确使用它，一些人滥用它，还有一些人畏惧它。他说："只有不到 5% 的美国人是富人，因为只有这些人懂得如何运用杠杆的力量。许多人梦想致富却未能如愿，原因就在于他们滥用这种力量。而大多数人未能致富的原因在于他们畏惧杠杆的力量。"

杠杆的形式多种多样

杠杆有多种形式。一种公认的杠杆形式是债务杠杆。今天，我们已经注意到滥用这种强大的杠杆形式所存在的严重问题。数以百万计的人在财务上苦苦挣扎，原因就在于债务杠杆的力量正对他们施加不利影响。由于滥用债务杠杆所造成的恶果，现在许多人害怕这种杠杆形式，他们说："扔掉你的信用卡，还清你的抵押贷款，远离债务。"富爸爸会笑着说："扔掉你的信用卡不会使你致富，只会给你带来麻烦和不便。"然而，富爸爸同意如果你滥用了债务杠杆的力量，那你绝对应该扔掉你的信用卡，还清抵押贷款，远离债务。他说："把信用卡给一些人，就像把填满子弹的枪交给一个醉汉，任何接近他的人包括醉汉本人都会处于危险的境地。"富爸爸不是教导我和他的儿子害怕债务杠杆的力量，而是教导我们如何运用债务杠杆的力量来为自己服务。因此，他常说："债务有良性债务和不良债务，良性债务使你致富，不良债务使你贫穷。"大多数人背负着不良债务，其他许多人生活在对债务的恐惧之中，他们为自己没有债务而沾沾自喜，即便也没有任何良性债务。在本书中，你将看到我和妻子金如何因为"负债累累"而年轻富有地退休，只是这种债务是良性债务，正是这种良性债务使我们富有，并获得财务自由。换句话说，我们运用杠杆的力量，但不滥用这种力量，也从不畏惧这种力量。相反，我们尊重杠杆的力量，审慎明智地运用这种力量。

是不是每个人都能致富

在"富爸爸"系列第一本出版后，我接受了数百次采访，被多次问到这个问题："你认为每个人都能致富吗？"

我回答："是的，我相信每个人都有致富的潜力。"

这时，常常又有人问："如果说每个人都有致富的潜力，那为什么真正致富的人这样少？"

我通常这样回答："今天我没有时间回答这个问题。"如果他们不断追问，我可能会说："很多答案都在我写的"富爸爸"系列图书中。"

如果访问者是个不达目的不罢休的人，或许还会问："你什么时候给我们所有答案？"

我回答："我不知道是否有人知道所有的答案。"

即便不知道所有的答案，我也很乐意将本书带给大家，这是"富爸爸"系列的第 5 本。本书将明确地解释我为什么相信所有人都有致富的潜力，而且我在这里指的是我们所有人，而不是某一部分人。本书也会解释为什么我和金能够年轻富有地退休，尽管我们开始时一无所有。本书还将解释，为什么一些人富有，而另一些人贫穷，尽管我们每个人都有年轻富有退休的潜力。这些都是杠杆的作用。

"富爸爸"系列的前 4 本主要讨论了现金流的力量，本书则集中讨论杠杆的作用。为什么要用一整本书来讨论呢？因为杠杆是个非常重要的词语，涉及我们实际生活的方方面面。本书将集中讨论 3 种重要的杠杆形式。它们是：

第一部分心智的杠杆

这是本书最重要的一个部分。在这一部分，你将发现为什么金钱不能使你富有，你也会发现世界上最强大的杠杆形式——你的心智，它有使你贫穷或者富有的力量。正如有些人能正确运用，而另一些人滥用或者畏惧债务杠杆的力量一样，涉及心智杠杆的时候也是如此，心智杠杆是一种非常有力的杠杆形式。

词语是杠杆

你将发现词语的力量。富爸爸总是说："词语是杠杆，词语是强有力的大脑思维工具。但是，正如你可以运用债务致富或陷入贫穷一样，词语也可以被用来使你致富或贫穷。"在这一部分，你将明白词语的力量，以及富人如何使用富人的词语，穷人如何使用穷人的词语。富爸爸常说："你的大脑是你最强大的资产，也能是你最沉重的债务。如果你在大脑中使用正确的词语，你将会非常富有；如果你使用错误的词语，你的大脑将使你贫穷。"在这一部分，你将发现富有的词语和贫穷的词语，慢速词语和快速词语。你将会明白为什么富爸爸说："不是用钱来赚钱。致富开始于你的词语，而词语是免费的。"在《富爸爸穷爸爸》中，你或许已经注意到，富爸爸禁止他的儿子迈克和我说"我买不起"。富爸爸说："富人和穷人的区别在于，穷人说'我买不起'的频率远远高于富人。这是他们的主要区别。"

为什么投资不是冒险

在本书中，你将明白为什么说"投资是冒险"的人是投资市场最大的输家。这同样反映到词语中。你将看到你的所思所想真正变成了现实，你将看到为什么那些认为投资充满风险的人，却投资最有风险的项目。这些都是由于他们的现实。在本书中，你将发现为什么投资不必冒险。为了寻找更安全、收益更高的投资，人们必须首先从改变自己的词语入手。

如前所述，杠杆的力量可能被正确运用、滥用或者引起畏惧。在这一部分，你将发现如何运用大脑的杠杆来为自己的财务服务，而不是损害自己的利益。富爸爸说过："大多数人拥有大脑这个世界上最强有力的杠杆，却用它的力量使自己贫困。那不是在正确使用那种力量，而是在滥用。每次你说'我买不起''我做不到''投资是冒险'或'我永远不能致富'时，你其实正在运用自己最有力的杠杆形式，只不过是在滥用。"

如果你想年轻富有地退休，就需要运用大脑为自己服务，而不是伤害自己。如果你做不到这一点，本书后面两个部分就对你没有多少帮助，尽管它们更容易操作。如果你能掌握自己最强有力的杠杆形式，本书其余两个部分就很容易，因为它们本身就很简单。

第二部分　摇计划的杠杆

在《富爸爸投资指南》中，我说过"投资是一个计划"。我和金为了能够年轻退休，不得不制定了一个计划，一个白手起家的计划，因为我们当时一无所有。这个计划中包括退出战略和时限。我们计划的时限不超过10年，实际用了9年。我们1994年退休，当时我47岁，金37岁。虽然我们开始时一无所有，但我们退休时年收入大约8.5万美元到12万美元，完全依靠市场而无需我们自己工作。现在我们的收入完全来源于投资，即使不算太多，但因为我们每年的支出不足5万美元，我们也实现了财务自由。

我们年轻退休是为了致富

年轻退休的一大好处是，我们现在有了自由的时间去致富。顺便提一下，《福布斯》杂志将富人定义为年收入超过100万美元的人。也就是说，根据《福布斯》的观点，我们退休的时候还不是富人。明白了这一点，我们年轻退休的原因之一就是为了有时间去致富。退休之后，我们的计划就是花时间进行投资，建立自己的企业。今天，我们不仅拥有了很多的房地产，还成立了一家出版公司、一家矿业公司、一家技术公司和一家石油公司，同时在股票市场还有投资。正如富爸爸常说的："拥有一份固定工作的问题在于，它妨碍了你致富。"换句话说，我们年轻退休，是为了有时间致富。今天，即便在股市崩溃以后，我们每年来自投资和企业的收入仍然有好几百万美元，而且还在稳步攀升。每件事情都在按计划进行。

在《富爸爸投资指南》中，我说过，大多数人有一个做穷人的计划。所以有那么多人抱怨："当我退休时，收入就会下降。"他们也就是在说："我计划终生努力工作，接着在退休后变得更贫穷。"在工业时代，或许这是一个好计划，但在信息时代这就是一个非常糟糕的计划。

现在，数百万的工作者将在退休后依靠自己的退休金计划生活，比如 401(k)、个人退休金账户 (IRA)、澳大利亚的退休金计划、加拿大的 RRSP 计划以及其他一些退休金计划。这些计划就是我所说的信息时代的退休金计划，因为在信息时代，雇员对他们自己的退休负责。而在工业时代，公司或政府会满足个人退休后的财务需求。这些信息时代的退休金计划有一个致命缺陷。这个缺陷是，大多数这些退休金计划与股票市场相关，但就像你已经注意到的那样，股票市场动荡起伏。无数辛苦工作的人将自己的财务未来和财务安全赌在了股票市场上，这让我深感震惊。对于这些工作者来说，比如他们已经 85 岁了，退休金计划突然出现了问题，缩水或被偷窃，或者遇到股票市场崩溃，那将会发生什么？难道你会对他们说："重新找个工作，开始为退休金储蓄？"这就是我关注这个问题，写书讨论这个问题并教授理财知识的原因。在信息时代，我们都需要更多的理财知识，更好的教育，更好的准备。在信息时代，我们都需要更多地对自己的财务生活负责，更少地依赖政府或者公司照顾我们退休后的生活。

来看几组数据。到2010年，首次婴儿潮中诞生的7500万美国人将开始退休。若干年以后，我们假设他们每人每月从过去上缴给政府的退休金计划中得到1000美元，从金融市场中得到1000美元。如果我没有算错的话，7500万乘以1000美元等于750亿美元，那意味着他们每月要从政府预算和金融市场中各拿走750亿美元。每月从政府预算和金融市场中各拿走750亿美元，对政府预算和金融市场来说都将产生重大影响。政府将做什么？增加税收？每月抽走而不是注入750亿美元，金融市场又会做什么？建议你“购买并持有，长线投资，多元化投资组合”？财务顾问将会继续说“股票市场从平均来看一直上涨”？我没有预测未来的水晶球，也不想假装预测未来。但我能这样说，每月从上述两个机构中一共拿走而不是注入1500亿美元，将引起整个经济的震荡。

旧经济时代的旧退休金计划，将造成数以百万计的人退休后陷入财务危机。数百万美国人没有公司退休计划或个人退休金计划，他们将怎么办？重新找一份工作吗？工作一辈子吗？搬到孩子或孙子那里去住吗？终生辛劳工作是一个贫穷的计划。但是，尽管这是一个贫穷的计划，数百万人还是有这样的计划，甚至是一些现在挣很多钱的人。他们今天努力工作，却没有为明天留下什么。对于很多婴儿潮中出生的美国人来说，时间——我们最重要的资产已经所剩无几了。

这时有人会说：“退休后我不需要多少钱，我的房屋贷款将会还清，我的生活支出也会下降。”不错，你的生活支出可能会下降，但是，你的医疗支出开始上涨。对于许多工薪阶层的人来说，医疗、保健和牙齿护理费用现在已经够高了。当医疗行业面对数百万需要医疗保护才能生活，自己却身无分文的退休者的时候，会发生什么？如果你相信医疗保险会救你，那么你或许也可以相信复活节的兔子。

或许这就是前美国联邦储备委员会主席艾伦·格林斯潘在电视上主张在学校开设财务知识课程的原因。我们需要教育孩子在财务上学会自己照顾自己，而不是教育他们希望政府或者公司来照管他们将来的退休生活。

如果你想年轻富有地退休，就需要有一个比大多数人更好的计划。第二部分主要讲述非常重要的计划的杠杆，这个计划是关于怎样年轻富有地退休的计划。

第三部分　摇行动的杠杆

关于栅栏上站着3只鸟的故事已经被很多人反复使用过了。故事中的问题是："如果两只鸟打算飞走，那么有几只会留下？"答案是有3只留下。这个故事给我们的启示是，决定做一件事情并不等于你会真的去做一件事情。事实上，只有不到5%的美国人是富人，因为95%的美国人想致富，却只有5%的人采取了行动。

在《富爸爸发现你孩子的财富基因》中，我讲过，我们的学校系统往往因为孩子犯错而对他们进行惩罚。然而，如果你观察我们怎样学习，会发现我们是从错误中学习。大多数人都是摔倒好多次以后才学会骑自行车，小孩子通过摔倒好多次才学会走路。但是，当我们上学时，却被告知不许摔倒，那些摔倒的人都是笨蛋。我们被教导，聪明孩子就是像3只鸟呆坐在栅栏上一样，能牢记所有正确答案的学生。这样，你就不会对为什么只有不足5%的美国人富有感到奇怪。如果你观察一些世界上最富有的人，如微软公司的创始人比尔·盖茨、戴尔电脑公司的创始人迈克尔·戴尔、CNN的创始人特德·特纳、福特汽车公司的创始人亨利·福特，以及通用电气的创始人托马斯·爱迪生，你就会发现他们中没有一个人完成了学业。

我并不是说学校不好。在信息时代，学校和教育比以往任何时候都更重要。我是说，为了成功，我们有时候需要学会不去做一些别人要求我们做的事情。如果你想获得更大的成功，就去观察小孩子是怎样学习的，并模仿他们的学习方法。我们必须学习的事情之一就是如何克服对犯错、失败或者窘迫的畏惧。大多数小孩子很自然地就知道如何去做，但上学后我们要求他们不能那样做。如果我们不能学习如何犯错，如何失败，如何克服窘迫心理，那我们就不能年轻富有地退休。

人人都能致富的 3 件事

我一直说，致富之路简单而且容易，几乎所有人都可以做到。如果你想年轻富有地退休，那我很乐意与你分享本书，书中前两个部分为你准备了一些你需要做的简单的事情。在第三部分，我将讲述大多数人为了致富都可以做到的简单又容易的事情。我将讲述可以让人致富并年轻退休的 3 种主要资产，它们分别是：

1. 房地产
2. 有价证券
3. 企业

在第三部分，你将会明白如何获取这 3 种至关重要的资产。我和金能够年轻富有地退休，原因就在于我们花时间去获取资产，而不是为了钱工作。

如果你能阅读本书，就可以逐步采取行动，开始获取上述 3 种重要资产，这些资产是占美国人口 5% 的富人所拥有的。如果你阅读了本书的前两个部分，我保证你可以采取这些行动。如果你没有阅读前两个部分，你可能就不能采取这些行动，即便它们很简单。正如富爸爸多年前所说的："致富始于正确的观念、正确的词语和正确的计划。唯有如此，行动才会简单。"

那么，究竟为什么大卫敢于向歌利亚发起挑战呢？富爸爸的回答是："大卫向歌利亚挑战，这样他就可以发掘出自己内心的巨人。"他还说："人人心中都有一个大卫和一个歌利亚，在生活中许多人没有成功，是因为当他们遇到歌利亚时落荒而逃。如果没有歌利亚，大卫就永远不能成为一个巨人。"富爸爸用这个故事激励他的儿子和我成为财务巨人。换句话说，他不是抹杀我们内心的力量和内心的巨人，而是鼓励我们成为巨人。

本书主要探讨实现财务自由。我和金通过获取和建立资产达到那种自由，我们的资产为我们努力工作，而我们却无需工作。实现财务自由之后，我们只需继续建立企业、有价证券和房地产这三种资产的投资组合，并使之日益壮大。我们年轻退休，并利用所有我们能运用的杠杆去建立这些资产使我们越来越富有。现在，那些资产为我们带来的财富越来越多，而我们的工作却越来越少。如果你也想这样，那么本书就是为你而写，它将帮助你摆脱终日辛劳，走上自己的财富自由之路。

总之，大卫通过利用所有可以利用的杠杆成为一个巨人。你也能做到这一点，本书的目的就是帮助你发掘出自己内心的巨人。

第一部分
心智的杠杆

我们拥有的最强有力的杠杆形式就是心智的力量。杠杆的问题在于它既可以为你服务，也可以伤害你。如果你想年轻富有地退休，首先必须做的事情就是运用心智的力量去致富。不幸的是，太多的人运用这种力量使自己贫穷。

富爸爸曾说："富人和穷人之间的一个重要区别就是，穷人说'我买不起'的时候远多于富人。"他还说："我在主日学校的时候就学会了'言即肉身'。"他继续说："穷人使用贫穷的词语，贫穷的词语造就穷人。你的词语会成为现实。"在这一部分，你将看到富有的词语与贫穷的词语之间、快速的词语与慢速的词语之间的区别。你将懂得如何通过改变自己的词语和思维方式来改变自己的财务未来。如果你改用富有的词语和思想，年轻富有地退休就很容易了。

第 1 章
怎样致富并提早退休

这是我和妻子金以及最好的朋友拉里的亲身经历，我们从开始时的一文不名变得非常富有，并只用了不到 10 年的时间就退休了。讲这个故事主要是为了鼓励那些怀疑自己或者缺乏自信的朋友开始踏上年轻退休的旅程。在我和金开始的时候，我们几乎身无分文，而且缺乏自信，顾虑重重。我们也有过怀疑，但我们战胜了这些怀疑。

旅程开始

1984 年 12 月，我和金以及最好的朋友拉里·克拉克，在加拿大温哥华地区的惠斯勒山滑雪。积雪很厚，我们滑得很远，尽管非常冷，但还是充满了乐趣。晚上，我们 3 个人围坐在一间小木屋中，木屋周围环绕着许多高大的松树，屋顶上覆盖着厚厚的积雪，隐蔽得几乎很难被发现。

每天晚上我们都要围坐在壁炉旁，讨论未来的计划。我们都有很高的期望，但财力匮乏。我和金的钱已经快用完了，拉里正在筹建另一家企业。我们每次都要讨论到很晚，谈论着最近读过的书、看过的电影，反复听着随身携带的培训磁带，并深入讨论其中讲述的内容。

新年那天，像过去一样我们确立了来年的目标。但今年我们的目标设定会有些不同，拉里希望我们不仅仅是确立来年的目标。他想让我们确立目标：通过改变现实，来改变我们的生活。他说："我们为什么不制定一个详细计划来实现财务自由呢？"

我听着他的话，明白他的意思，但很难将他所说的与自己的现状联系起来。曾几何时，我谈论过财务自由、梦想过财务自由，知道或许有一天自己可以实现财务自由。但是，实现财务自由一直都只是一个未来的理想，而不是现在要考虑的事，它对此时的我来说好像并不合适。"财务自由？"我说。那一刻，我听到了自己的声音，知道自己当时变得多么怯懦。这个声音听起来不像过去那自信满满的我。

拉里说："我们已经讨论过这个问题很多次了，我认为现在已经到了停止讨论、停止幻想、开始行动的时候了。让我们制定一个详细的计划，只有这样我们才会明白自己必须去做，只有这样我们才会在财务自由的旅程中相互支持。"

我和金面面相觑，那时我们的钱快要用完了，借着火光，我们可以看到对方脸上的怀疑和担心。我说："那的确是个好主意，但我还是宁愿多考虑一下明年的谋生计划。"我刚刚离开了尼龙和维可牢搭扣钱包公司，经历了1979年的困境之后，我用了整整5年的时间改造它，然后离开。我提早离开了，因为情况发生了巨大的变化。为了应对越来越激烈的竞争，我们不再在美国生产，而是把工厂搬到了中国大陆、台湾地区，还有韩国。我离开这家公司，是因为我无法接受通过血汗工厂、童工劳力来为自己赚钱。这样的公司或许会给我带来金钱，但是会让我的灵魂不安。我也无法同合伙人继续合作，我们已经分手，因为总是意见相左。我几乎没有带什么钱就离开了，我不愿继续在这种违背自己原则、同合伙人意见相左的公司工作。我并不对自己的离开感到骄傲，但我认为是到了该离开的时候了。我在那家公司一直待了 8 年，学到了很多东西。我学会了怎样建立一家企业，怎样破坏一家企业，以及怎样改造一家企业。尽管离开时我没有得到多少钱，但我带走了无价的教育和经验。

“振作起来！”拉里说，“你现在很脆弱，但我们不能再简单地制定一年的目标了。让我们一起制定一个长远的规划，去实现财务自由。”

“但我们没有多少钱，”我说。看了一下金，她的脸上也流露出同样的顾虑。“你知道我们刚刚重新开始做事，我们所有的希望就是在未来半年或者一年内生存下来。当我们只能考虑生存的时候，如何考虑财务自由？”我再一次被自己如此怯懦所震惊，我的自信和力量已经丧失殆尽。

“往好处想，把这当做一个新的开始。”拉里还在继续说，他不想就此打住。

“但是没有钱我们怎么提早退休？”我反问他。我似乎感到自己更加怯懦、内心虚弱，不想做任何事情。我只想在短期内得到财务保障，而不想考虑更远的未来。

“我并不是说，我们要在一年内就退休。”拉里被我的怯懦激怒了，他大声说，“我说的是现在我们制定一个退休计划。确定目标和详细的规划，然后集中精力去实施。大多数人从不考虑退休的事情，以至于到时就悔之已晚，或者到了 65 岁时才考虑退休后怎么生活。我不想那样做，我想做一个更好的计划，我不想耗费我的生命仅仅是为了偿付各种账单，我想好好生活，还想变得富有，还想在足够年轻可以享受的时候周游世界！”

我坐在那里听着拉里解释确定这样一个目标的好处，这时我听到内心深处有一个微弱的声音告诉我：“为什么确定财务自由和提早退休的目标是不现实的？”不可思议的是，这个声音甚至越来越大。

拉里还在继续说，他似乎已不在意我和金是否仍在听。我也不再注意他正在讲着什么，而是开始思考他说过的话。我对自己说："确立提早退休的目标是一个好主意，我为什么要反对呢？拒绝好主意可不是我一贯的风格。"

在我沉默的时候，突然开始听到富爸爸的话："你面临的最大的挑战就是自我怀疑和懒惰。正是你的自我怀疑和懒惰决定和限制了你是什么样的人。如果你想改变自己，就必须战胜自我怀疑和懒惰。自我怀疑和懒惰只能让你成为一个小人物，让你无法得到自己向往的生活。"我听到富爸爸在继续让我理解他的观点，他说："除了你自己懒惰和自我怀疑之外，没有什么能够阻挡你前进。保持现状很容易，不去改变很容易，大多数人就选择了一辈子不作任何改变。如果你愿意向自我怀疑和懒惰宣战，你就会找到自己的财务自由之路。"

在我即将离开夏威夷来这里滑雪之前，富爸爸同我进行了谈话。他知道或许我会永远离开夏威夷，离开舒适的家，开始在没有任何安全保障的情况下应对各种挑战。现在，就在我与富爸爸的谈话结束一个月后，我发现自己坐在这冰雪覆盖的高山上，疲惫虚弱、不堪一击、缺乏安全，听着我最好的朋友告诉我同样的道理。我明白现在是奋起一搏或者放弃、打道回府的时候了，我感到就是登上惠斯勒山也没有让我像现在这样虚弱。我必须作出选择：是让自我怀疑和懒惰获胜，还是继续前进并设法改变自己。这是非进则退的时候。

回想拉里关于财务自由的谈话，我认识到他还没有真正谈到财务自由。在那一刻，我意识到克服自我怀疑和懒惰是我能做的最重要的事情。如果我不能克服这些，我的生活就会走回头路。

"好的，我们开始行动吧，"我说，"让我们来确立财务自由的目标。"

这是 1985 年新年那天发生的事情。1994 年我和金实现了财务自由，拉里也在继续创建自己的公司，那家公司被《Inc.》杂志评为 1996 年成长最快的公司之一。1998 年拉里卖掉了公司，在 46 岁的时候退休，然后开始了长达一年的休假。

你是怎样做的

不论什么时候提起这个故事，马上就会有人问我：“你是怎样做的？”

我这样回答：“那不是怎样做的问题，而是我和金为什么要做的问题。”我继续说：“没有这个‘为什么’，‘怎样’就是不可能的。”

我本来可以直接告诉你我和金、拉里是怎样做的，但我不想这么做。我们怎样去做并不那么重要。如果真要说我们怎样去做，那我要说的只有一点：从 1985 年到 1994 年，我们全力以赴按照富爸爸获取财富的 3 条途径去做。这 3 条途径分别是：

1. 提高企业经营技巧
2. 提高资金管理技巧
3. 提高投资技巧

已经有很多书专门探讨过上述每一种途径，如果我也这样做，这本书就仅仅是又一本介绍怎样去做的书。但我思考的事比“怎样去做”更重要，那就是“为什么要做”，因为我要向我的自我怀疑、懒惰和过去挑战。正是这个“为什么要做”给了我们“怎样去做”的力量。

富爸爸经常说：“很多人问我怎样去做事情，以前我会告诉他们。直到有一天，我发现即使我告诉他们我怎样去做以后，他们也往往不会去做。那时，我意识到，为什么要做比怎样去做更为重要。”

他还说过：“大多数人不做他们力所能及的事的原因，是他们没有足够强烈的‘为什么’。一旦你找到这个‘为什么’，就会很容易找到你自己怎样致富的方法。大多数人不是从他们自己内心深处探寻为什么要致富，而是四处寻找致富捷径，但问题是所谓的致富捷径常常只是一条死胡同。”

我自己内心的争论

那天晚上，坐在寒冷的山顶小木屋中，听着拉里的讲话，我感觉自己内心一直在默默地与他争论。每次他说：“让我们把它作为一个目标确立下来，写下来，并制定一个计划。”我就会听到自己的内心在争论，说着诸如此类的事情：

1.“但是我们没有钱。”
2.“我做不到。”
3.“明年我会考虑的，或者一旦我和金的生活稳定下来。”
4.“你不理解我们的处境。”
5.“我需要更多的时间。”

多年来，富爸爸给了我许多教诲。其中一条就是：“如果你发现自己在同一个好主意争论，那么你也许应该首先停下来。”

那天晚上，拉里没完没了地谈到变得富有、提早退休，我又一次想起了富爸爸的不要同好主意争论的警告。富爸爸进一步解释说：“不论什么时候，如果有人说出诸如‘我买不起’或‘我做不到’之类的话，那他们自身一定有大问题了。在这个世界上，为什么还有人说‘我买不起’自己想要的东西或‘我做不到’自己想做的事情呢？为什么有人主动拒绝自己向往的事物呢？这真是不可思议。”

壁炉中的火焰噼啪作响，我意识到自己正在拒绝我所向往的东西。“为什么不年轻富有地退休？”我最后问自己。我的思维开始慢慢打开，我默默地对自己重复：“我为什么要反对这个主意？为什么要反对我自己？这是个好主意，多年来我也一直这样说。我的确曾想在 35 岁时就退休，而现在我已经快 37 岁了，还是看不到退休的希望。事实上，我现在几乎身无分文。那么我为什么还要争论？”

当我这样自言自语时，我终于明白自己为什么反对这个好主意了。在我 25 岁时，我就计划着要变得富有，并在 30 岁到 35 岁的时候退休。那是我的梦想。但当我失去尼龙和维可牢搭扣钱包公司后，就感到精神崩溃，自信全无。那天晚上坐在壁炉旁，我意识到正是由于我的不自信导致了争论，我是在反对自己曾经梦想的生活。我反对，是因为我不想再次失望，是因为我不想遭受梦想破灭带来的伤害。我曾经梦想过，但失败了。那天晚上我明白了自己只是反对再次失败，并不是反对梦想。

我平静地对拉里说：“好吧，我们来确立一个大目标。”我最终接受了这个好主意。争论仍然在那里，但我不会让它再阻止我。毕竟，那只是我自己内心的斗争，而不是与别人的意见不合。是自己内心中的“小人物”与渴望成长的“巨人”之间的争论。

拉里说：“很好，现在是你振作起来的时候了，我真的一直在为你担心。”

我决心去做的原因就是找到了我的“为什么”，知道了我为什么将要去做。尽管当时我并不知道将要怎样去做。

为什么我决定提早退休

有多少人曾经对自己说过“我厌倦了自己”了呢？就在那个新年夜，和金、拉里围坐在壁炉旁，我厌倦了过去的自己，决定去改变。

这不仅仅是一种自我认知上的变化，更是一种发自内心深处的变化。这是实现大转机的时候，我知道自己可以改变，因为我找到了我为什么想要改变。下面就是一些我个人的原因，也就是说，我为什么决定要年轻富有地退休：

1. 我已经受够了一文不名、整日为钱奔忙的滋味。虽然我在经营钱包公司的时候曾经一度拥有财富，但随着公司的倒闭，我很快又回到为生活挣扎的境地。尽管富爸爸给了我很多指导，但我仍然只拥有他的教诲，我仍然没有变得富有，是到了设法致富的时候了。

2. 我已经厌倦了平庸的生活。从学校开始，老师就说："罗伯特是个聪明的孩子，但是他不懂得如何充分施展自己的才能。"他们还说："他是很聪明，但他永远不会像天才孩子那样智慧，他刚刚在一般人的水平上。"那天晚上坐在山顶，我对自己的平庸感到厌倦，是到了停止平庸的时候了。

3. 在我 8 岁的时候，有一次回家发现我妈正在厨房的餐桌边哭泣，因为我们家快要被铺天盖地的账单淹没了。虽然爸爸在竭尽全力地挣更多的钱，但作为一名教师，他在财务上很难有什么作为。他只能说："别担心，我会处理的。"但他不能。爸爸的解决办法只有一个，就是回到学校，努力工作，等待加薪。然而，账单还是越来越多，妈妈感到日益孤单无助。爸爸不喜欢谈论钱的问题，只要提起来，他就会发怒。

我记得从那时起，我就决定要找到帮助妈妈的办法。那天晚上坐在惠斯勒山上，我意识到自己找到了从 8 岁时就开始寻找的答案，是到了将这个答案运用到实际生活中去的时候了。

4. 最让我感到痛苦的"为什么"，是我现在拥有了生命中最美丽最善良的女性——金，我遇到了我的灵魂伴侣，但因为深爱着我，现在她也同样陷入了财务危机。那天晚上在山上，我意识到我正在对金做的，正是我爸爸曾经对我妈妈做过的，我正在重复一个家庭的错误。那一刻，我找到了自己内心真正的“为什么”。

这些就是我的原因，那天晚上我将它们写下来并秘密保存起来。读过《富爸爸财务自由之路》的读者，或许会记得我们下山以后情况变得糟糕的事情。我在那本书的开头已经讲过，我和金在所有钱用完之后，不得不在一辆汽车里住了3个星期。我们确立了年轻富有地退休的目标后，情况并没有马上好转，但这是我们坚持前进的原因。

下山以后，拉里的情况也没有好转。他在20世纪80年代末期再次遭受了严重的财务危机。又一次，他的“为什么”让他坚持了下来。

> 就像富爸爸所做的那样，我也不会告诉别人怎样去致富。现在，我首先要问他们为什么想要致富。如果没有一个足够强烈的“为什么”，甚至最容易的“怎样”致富也会变得无比艰难。致富之路千万条，但想要致富的个人原因却大都差不多。找到你为什么要做，你就会知道怎样去做。俗语说得好“有志者事竟成”，就我来说，确立理想使我实现理想成为可能。如果没有理想，人生道路就会无比艰难。

一个建议

多年以前，我就知道热情是爱与恨的混合体。除非对某件事情具有热情，否则很难达成。富爸爸过去常常说：“如果你渴望得到什么，就要对它充满热情。热情给你的生活注入能量。如果你渴望得到自己没有的东西，就要弄明白你为什么喜欢它，以及为什么痛恨失去它。当你将这两个想法结合起来的时候，你就会找到马上行动、实现理想的动力。”

你可以列表对比自己喜爱和痛恨的事物，比如下表：

喜　爱	痛　恨
富有	贫穷
自由	不得不工作
买任何想要的东西	想要的东西一无所有
昂贵的东西	便宜的东西
有别人做自己不愿做的事情	不得不做自己不愿做的事情

我的建议是，你可以在下面空白表格中填上自己喜爱的和痛恨的东西。如果需要更大的空白，可以另外找一张更大的纸，我也希望你这样，或许你对生活会有越来越多的热情。

你喜爱的	你痛恨的
______________________	______________________
______________________	______________________
______________________	______________________

静静地坐下，寻找和定义你的所爱和所恨，接着写清理由。写下你的梦想、目标以及实现财务自由、提早并尽可能年轻地退休的计划。只要你写出了这一切，就有可能让支持你实现梦想的朋友看到。定期看看这张纸片上你的梦想、目标和计划，经常谈论这些话题，积极寻求支持，乐于不断学习。在你不经意间，或许奇迹就会发生。

最后，我听到很多人说："金钱并不能使你幸福。"这句话有一定道理。但是，金钱确实给我带来了做自己喜欢做的事情的时间，因为我可以雇用别人来做我自己不喜欢做的事情。

第2章 为什么要尽可能年轻地退休

1994年，在经过了近10年的奋斗之后，我终于获得了财务自由，那年我47岁。我的朋友奈尔打电话告诉我："在出售公司后一定要至少休整一年。"

"休整一年？"我回答，"我要退休，再也不会回来工作。"

"不，你会回来的。"奈尔说。奈尔曾经是一个商业管理团队的成员，那个团队在80年代初创立了几家大企业，音乐电视（MTV）和乡村音乐电视（CMT）[①]就是其中的两个。在建立一些企业并出售了之后，他在41岁时退休了。我们是很好的朋友，现在他将自己关于退休的体会传授给我。"不到3个月，你就会感到无聊透顶，然后建立另外一家公司。"他说，"对你来说，最困难的事情莫过于无所事事。这也就是我为什么建议你，在另起炉灶之前至少要休整一年。"

我笑了起来，向他再次保证我是永远退休了。我说："我没有建立其他企业的计划，我已经退休了，不会再回来工作。下次你看到我的时候，你肯定认不出我。我再也不会穿着制服，理着短发。我会看

① 音乐电视（MTV）和乡村音乐电视（CMT）都是美国知名的电视频道。尤其是音乐电视（MTV），已成为全球优秀的音乐电视频道，在几十个国家拥有9.5亿用户。

起来像个海滨迷。”

奈尔听了我的谈话，还是坚持，他希望我听从和理解他的劝告。对他来说，我能否理解他的观点很重要。在一个很长的对话之后，他开始说动我了。最后我听到他说：“只有极少数人像你一样有这个机会，没有多少人可以不工作还能得到经济支持，没有多少人可以在中年就真正退休，那应该是你主要的赚钱阶段。大多数人无法负担不工作的生活，即使他们想不工作，即使他们讨厌工作，但他们也不得不继续工作。因此，不要轻视提早退休这份礼物，得到这份礼物的人少之又少。要珍惜这个机会，好好休整一年。”

奈尔继续解释说，大多数企业主卖掉自己的企业后，往往过不了多久就又开始另外一家。他说：“我习惯于创建一家企业，然后出售，接着又创建另外一家。到 35 岁时我已经创建和出售了 3 家企业。我拥有很多金钱，却无法停止工作，我不知道停止工作意味着什么。如果不工作，我会感到自己没有价值，在浪费时间，因此我工作更加努力。努力工作剥夺了我同家人在一起生活的时间。终于，我明白了自己正在做什么，决定做一些改变。在我卖掉自己最后一家企业后，把几百万美元的支票存进银行，我决定休整一年，用一整年来陪伴家人或由我来支配时间。那是我作过的最伟大的决定之一。那段独自一人、无所事事的时光极其珍贵！你意识到了吗？我们从 5 岁开始上学，离开学校后马上就开始工作，有至少一年的时间可以独自坐下、静静思考，这是极少数人才能享有的奢侈。”

他告诉我，国内的生意一处理完，他就和家人来到了遥远的斐济，坐在海滩上。他说：“一连好几个月，我就只是坐在海滩上，注视着湛蓝的大海，看着孩子们嬉戏，享受着我们都梦想的生活。”享受完斐济的阳光和海滩之后，他又带着家人到意大利休息了好几个月。“在我重新成为一个健全的人之前，那的确是非常充实的一年，”

他说，“我完全不知道，不用早起，不去考虑有事情要做、有会议要参加、要赶飞机、要赚钱支付账单等，也是一件非常困难的事情。整整用了一年的时间，我才让自己放慢节奏，消除了身上的紧张，使我足够放松，可以清醒地思考，并重新成为一个健全的人。现在我41岁了，36年来我一直向目标追逐，现在我实现了。”

我必须面对的最困难的事情

奈尔是对的，退休之后最困难的事就是无事可做。在多年的学校、教室、考试、会议、航班以及应付各种最后期限的生活之后，我已经完全习惯了早早起床、跑步去处理事情。就在退休前，我记得自己憎恨工作的压力和担忧，当时我这样想：“只有6个月我就要自由了，我将要退休，不再做任何事情。一旦公司出手我就马上离开，结束这种疯狂忙乱的生活。”

1994年9月，我完成了企业出售和移交手续，把一部分钱存入银行，投资了更多公寓和商场，然后正式退休。那时我47岁，妻子金37岁。我们获得了财务自由，剩下的时间可以充分享受生活了。正像奈尔所警告的那样，在刚刚出售了公司的几周内，我常常心神不安。我仍然每天很早就醒来，然后才意识到其实那天没有任何安排。我没人可找，也没有任何人找我。我无处可去，孤独地待在家里。很快我变得焦躁不安，感觉自己成了一个无用的、多余的人。我感觉生命被虚度，自己再没有任何贡献。我拼命地想做点什么，却无事可做。奈尔是对的，对我来说，无事可做是最难的。

金还有业务，她投资和管理着她的房地产投资组合。金享受着工作，并以自己的节奏处理这些工作。她发现我在厨房敲敲打打，制造出很大的声音，却没有干什么活，就问我：“你是在找事情做吗？”

“不，”我回答，“我只是在找无事可做的方法。”

“好吧，你找到时告诉我一声，我们可以一起去做。”金露齿而笑，“为什么不找你的朋友一块儿去做些什么？”

“我已经找过了，”我回答，“但是他们都忙于工作，没有空闲时间。”

几个月无事可做之后，金和我决定去斐济度假。奈尔退休后曾在那里度过一段时间。我很乐意出门，即便仅仅是为了消磨时光。

作出度假决定后不到3周，我们乘坐水上飞机抵达了斐济。戴着花环、捧着热带饮料的斐济人满面笑容地欢迎我们。当我和金穿过伸到湛蓝海面上的长长的码头时，我感觉好像到了梦幻岛，似乎就要听到胖乎乎的侏儒仆人在一边说：“老板，欢迎，欢迎。”[①]

斐济岛比奈尔描述的还要美丽，令人难以置信的美丽。由于我在夏威夷长大，禁不住对自己说：“夏威夷曾经是这样的，现在也应该是这样。”然而，这座神话般的与世隔绝的岛屿的生活节奏，对于我来说实在是太缓慢了。我不敢相信那样天堂般的环境会让我发疯。我可以起床后享用健康水果早餐，接着慢跑一会儿，然后就在海滩上打发一整天的时间。然而一个小时后我就被憋疯了。虽然岛上的海滩美丽无比，但我还是准备回国创办一家新的企业。我不明白当初自己为什么会向奈尔许诺要至少休整一年，两星期是我能在天堂待的最长时间。虽然金意犹未尽，但我还是准备回到亚利桑那。回去的原因我自己也说不清楚，不过最后我们还是离开斐济回到了美国。

闲坐在家里并不比待在海滩上好多少，但至少有自己的汽车和熟

---

① 梦幻岛是美国20世纪70年代末至80年代早期知名电视剧《梦幻成真》（Fantasy Island）中虚构的一个岛屿，剧中主人公带着他的侏儒仆人经营这个岛屿，为来到这个岛屿的游客提供服务，满足他们的梦想。

悉的地方可以平息烦躁。一天，一个新来的邻居过来自我介绍。他也刚刚退休，不过比我大了20来岁，已经68岁了。他曾经是一家“财富500强企业”的高级管理人员。每天他都过来谈论新闻、天气和一些体育话题。他是个不错的老头，但是与他坐在一起无所事事，却是我所经历的最为糟糕的会面。他想做的就只是在他家后院忙活或者打高尔夫。对他来说，退休纯粹就是来到天堂。他完全不想念公司生活，只是喜欢不做任何事的休闲时间。我意识到如果自己跟他待得太久了，可能也会变成那样。所以当他鼓动我在乡村俱乐部加入他的男人纸牌队时，我明白为了不做事，我必须找些其他事情做。

最后，我实在受不了了。一天，我对金说：“我打算去毕斯比，我需要到一个忙于不工作的地方。”不久，我搬到了我们共同拥有的小农场。那是块美丽的土地，同样与世隔绝，隐蔽在一个山谷中，到处都是高大的橡树，一条小溪蜿蜒穿过，有很多鹿，偶尔还能见到美洲狮。农场位于墨西哥、美国新墨西哥州和亚利桑那州交界的高山上。我终于找到了可以打发一年时间的去处了，一个可以忙于不工作的地方。在山中没有电视和收音机的小屋里仅仅待了几天，我就开始平静下来，习惯没有工作的生活。我的呼吸减缓，生活节奏也慢下来了。平和宁静成为我日常生活的一部分，各种会议和最后期限的压力已不复存在，我远离工作的生活终于开始了。正如奈尔所说的，这的确是极少数人才能够得到的礼物，一定要珍惜。这个过程整整用去了我近6个月的时间。

新生活开始

独自坐在山中小屋，我有时间来反省自己的生活。我回想起年轻时做过的所有愚蠢而冲动的事情，回想起过去做出的每一个选择——

即便是不明智的选择，都对我最终人格的形成产生了重要的影响。我有时间坐下回忆中学时光，回忆一起成长的朋友，他们中不少人现在都很难见到了。我还回忆起大学时代的朋友，想知道他们现在过得怎样。这段独处的时间让我有机会去反思年轻时代的朋友对自己人格的形成有多大的影响。

有如此多的时刻，坐在小屋中，我希望回到过去，再与童年伙伴在一起。我只想有笑声，只想再年轻一次，但现在我拥有的只是珍贵的回忆而已。真希望自己当初能多拍些照片，多写些信，多一些联系，但我们最终都为生活忙碌，各自走上了不同的人生道路。坐在山上，面对熊熊燃烧的炉火，追忆年轻岁月，感觉比看电影还好。这种远离尘世的生活给了我时间和空间去重现过去鲜活的回忆。有趣的是，即使是那些糟糕的时光，现在好像也不那么坏了。我开始欣赏自己的人生，欣赏自己生命中遇到的每一个人——好的或者坏的，欣赏自己时而糟糕透顶的生活。我赞赏自己独特的人生！

在那些平静的时刻，我认识到我们每个人都有可能变好或变坏，都有可能变得伟大，但是伟大不是我们年轻时必然的一部分。我不是那种很有天分的孩子，不是音乐神童，不是体育明星，也不是公众人物或者各种聚会争相邀请的对象。回首过往，我发现自己的生活普普通通。但是坐在山中回味，却让那些看似普通的生活对我自己有了特别的意义。

我有时间回想我的家庭、老朋友、一起做运动的伙伴、过去的女朋友以及商业伙伴。我回想自己曾经的选择，设想如果当初作出不同的选择，会怎样？如果我同大学时的女朋友结婚、成家、生孩子，就像她所向往的那样，会怎样？如果我没有决定成为飞行员远赴越南，我的生活又会怎样？如果我像大多数朋友那样躲避战争，会怎样？如果我继续攻读硕士学位，而不是创立尼龙和维可牢搭扣钱包公司，会怎样？如果我在最终有一家企业成功前没有损失两家企业的话，会怎样？如果我没有认识金并和她结婚，会怎样？如果金没有在我最困难的时候坚持与我在一起，又会怎样？最重要的是，从生活赐予我的那些成功和失败中，我学到了什么？成为了一个什么样的人？

的确，每个人的过去都无法改变，但是你可以改变自己对过去的看法。从这次在毕斯比山中往前，我的过去是一团糟。那只不过是我度过了生命中的每一天，匆匆遭遇一些人和事而已。山中独处给了我停下来回首过往的机会。我过去也曾做过许多我并不为之骄傲的事情，以后不会再做了。我也曾犯过许多我希望没有犯过的错误，说过许多我希望没有说过的谎话。我也曾在生活中伤害过许多亲爱的朋友和自己深爱的人。我也曾仅仅因为一些愚蠢的分歧，而没有向自己深爱的人表白。在远离尘世的这一年，我发现那些事情对我的生活原来是这么重要。独自坐在静静的山中，我重新想起过去的朋友、家庭和我自己，感谢他们成为我生命中的一部分。独自坐在山中，我有了机会对过去说声“谢谢”，为未来做好准备。

今天，当我对人们谈起远离工作一年的生活时，我说：“提早退休并在中年时能远离工作一年的最大好处，就是给了我一个重新开始生活的机会。”

在卖掉企业退休后 18 个月，我最终离开了亚利桑那州的南部山区。当我开车离开的时候，我不知道自己接下来要做什么，只知道想做一些不同的事情。我的电脑中存着《富爸爸穷爸爸》的书稿，公文包中放着“现金流”游戏的草图。我生活的另一段开始了，这一次才是真正属于我自己的生活。现在，我已经更加成熟、聪明、智慧、稳重，也更加令人信赖。

当驾车离开山区时，我的另一段生活开始了。我不再为父母、老师、朋友的期望而活，也不再为自己童年时的梦想而活。这一次，它将只是我自己的生活。

这也是我建议大家尽可能年轻退休的主要原因，它将给你重新开始自己生活的机会。

建议

不管能否提早退休，我还是建议，每个月至少用一个小时来反思自己的生活。我通过反思发现：

1. 过去我认为重要的事情原来并没有那么重要。
2. 重要的是我在哪儿，而不是我要去哪儿。
3. 自己当时身边的人最重要，好好同他（她）在一起。
4. 时间宝贵，不要浪费，好好珍惜。
5. 有时空闲比忙碌还要难受。

对我来说，提早退休的最大好处是可以学着欣赏生活，即使生活忙乱、紧迫，问题重重。当无事可做的时候，我才发现自己其实并不知道怎么应对这种状况。现在，尝到了无所事事的滋味，我真正开始欣赏纷繁复杂的生活。因此，不论现在的生活怎样，你一定要抽出时间来欣赏它，因为到了明天它就变成了回忆。

玛丽·佩特笔记（现任现金流技术公司运营主管）

在我的职业生涯中，曾经有一段时间，我在宾夕法尼亚州退休者协会下属的一个残障与临终看护中心工作。我清楚地记得，20来岁的我为那些病重的退休者提供临终看护时的场景。每天坐在那里翻看死亡证明，我被一个发现所震惊，很多人在退休后短短几个月就因各种疾病或自杀而死亡。我问周围工作的人，为什么有那么多人退休后很快去世？为什么有人辛劳一生，刚刚过上舒适安逸的生活就自杀了？他们回答，对于一些人来说，工作就是生活的全部，他们的生活中再也没有别的。第二个原因是，很多人终生工作，退休后依靠退休金生活，但最后发现那点退休金几乎不够度日。他们又处在人生的两难境地，现在终于有了时间做任何自己喜欢做的事情，却没有钱。

我曾经天真地认为，这一切不会发生在自己身上。然后，我也走上了与他们走过的完全一样的道路。19年过去，在经历了一系列的升迁，继续在职业生涯的阶梯上攀爬后，我才发觉这并不是我和我的家庭真正想要的。我和丈夫都认为我们需要彻底改变自己的生活。于是我们搬到了亚利桑那州，花了好几个月时间整理自己的思想，面试了一些工作。其中一个工作就是现金流技术公司的一个职位，他们给了我一本《富爸爸穷爸爸》。回家后，我狼吞虎咽地在一天时间内就读完了这本书。能进入现金流公司工作，我感到自己非常幸运，更重要的是，我现在明白了自己需要做什么，使自己不会像记忆中那些人那样在不幸中结束生命。

第3章
我怎样提早退休

1999年春天，我按约定赴洛杉矶为大约250名银行家做演讲。因为被安排在上午第一个演讲，我提前一个晚上从居住的凤凰城赶到了那里。用过早餐后，我坐在宾馆房间中，思考了一下我要对银行家们讲些什么。我平时演讲中关于财务报表、财务知识，以及资产和负债的区别等内容，对于他们来说可能还不够。因为他们不是普通的银行职员，而是房地产抵押银行家。我想他们肯定熟知我最经常谈论的财务基础知识，或者至少我希望他们如此。

我的演讲被安排在上午9点30分开始。8点钟的时候，我还在寻找适合他们角度和观念的演讲内容。坐在宾馆房间的书桌前，我迅速浏览了一下宾馆免费提供的当天的晨报。报纸头版是一对幸福的夫妇坐在高尔夫球车上的照片，照片上醒目的标题是——《我们决定提早退休》。

文章继续解释说，在过去10年繁荣的股票市场上，这对夫妇的401(k)退休金计划表现良好，因此他们决定比原计划提前6年退休。丈夫59岁，妻子56岁。文章引用他们自己的话说："我们的共同基金表现如此之好，一天我们意识到自己成了百万富翁。我们不想再继续工作6年，于是卖掉了房子，在退休村里买了套小点的房子，并将卖房子剩余的钱作为高收益存款，缩减各种开支。现在，我们每天都打高尔夫球。”

我找到了今天演讲的主题。写完演讲提纲，洗漱、穿衣，然后出发，走向那些正在等待的房地产抵押银行家。9 点 30 分准时，我被介绍给大家，然后被带到台上。扬起手中的晨报，指着那对新近退休的夫妇的照片，读着标题：“我们决定提早退休。”我开始了自己的演讲。接着我读出这对夫妇的年龄，59 岁和 56 岁，又读了文章中的一些评论。放下报纸，我说：“我和妻子金同样提早退休了。我们在 1994 年退休了，当时我 47 岁，她 37 岁。”我环视整个大厅，想让他们注意到这个年龄上的差别。沉默了 10 秒钟后，我继续问：“现在让我来提一个问题，为什么我能比这位先生早 12 年、我的妻子能比这位女士早 19 年退休？是什么造成了这样的不同？”

大厅里出奇的安静，看来这次演讲的开场不错。我知道这是开始，就用提问引发他们思考，而不仅仅是倾听。我知道，把自己与报纸上这对夫妇相比较，让我听起来有些自大和狭隘。但是，我只是想向这些银行家提出一个观点，而且已经开始而不能后退了。我觉得自己站在那里就像一个刚刚讲完最拿手的笑话却没有获得观众笑声的喜剧演员。我努力继续问：“你们当中有多少人打算提早退休？”

这一次同样没有任何回音，也没有人举手想回答。大厅里令人尴尬的气氛还在继续蔓延，我在台上快要窒息了，我知道我必须尽快做些什么。面对着这些听众，我可以看出，他们大多数人比我年轻。少数与我年龄相仿的人对我所说的年轻退休也没有什么感觉。很快我又说：“你们当中还不到 45 岁的人有多少？”

气氛一下子活跃起来，开始有了回应。好多只手慢慢地举了起来。我估计有 60% 的人都举起了手，这表明他们的年龄还不到 45 岁。这是个年轻的群体，至少相对于我来说是如此。接着我改变了策略，开始针对这个年轻的群体，问："你们当中有多少人希望 40 岁退休，而且在退休后的日子里拥有财务自由？"

这次举手的人热情更高了。我感觉交流的气氛开始好了一些，听众也活跃起来。看着身边那些高高举起手臂表示不愿工作到老的年轻同伴，与我年龄相仿或更大的听众开始不安起来。感觉到这部分听众的不安，我意识到需要尽快说些什么去安抚他们。

当人们放下手臂时，我微笑着停顿了一下。看着那些与我年龄相仿或更大的听众，我说："我想对世界上的房地产抵押银行家表示感谢，是你们使我提早退休成为可能，而不是我的房地产经纪人或股票经纪人，不是我的财务规划师和会计师。是你们——房地产抵押银行家，使我比我的父亲早退休了大约 20 年。"

看着这些听众，感到他们的不安正在消失，我继续演讲。对他们行业的感谢看来产生了作用，我估计现在已经吸引了 80% 听众的注意力。接着我又重复了一遍开始时提到的问题："为什么我可以比报纸上提到的那对夫妇更早退休？你们房地产抵押银行家是怎样帮助我提早退休的呢？"

现场又是一阵沉默，我开始明白他们不知道是如何帮助我的。尽管仍然是一样的沉默，但至少他们看起来比几分钟前有所醒悟了。我决定不再提出那些让他们犹犹豫豫、不好回答的问题。演讲继续进行，我取出了活动挂图，在上面写下了几个粗体词语：

债务与资产净值

我转过身来对着听众，指着"债务"一词说："我能够提早退休，是因为我用债务来支持自己退休；报纸上介绍的这对夫妇依靠401(k)退休金计划，用资产净值来支持他们退休。这也是他们用了更长的时间才退休的原因。”

为了让他们理解我所说的，我又停顿了一会儿。终于，一个人突然举起手来，问：“你是说，报纸上介绍的那个人用自己的钱退休，而你用我们银行的钱退休吗？”

“正是这样，”我说，“我用你们银行的钱，负担越来越多的债务，而他却总是避免债务。”

“因此，他比你晚退休，”另一个人说，“他比你多用了 12 年时间，因为他用自己的钱、自己的资产净值退休。”

生命的 18 年

我笑着点头，说：“对我来说，同 65 岁退休的人相比，47 岁退休多给了我 18 年的时间。生命的 18 年价值会有多少？那是年轻时的 18 年啊。对于我的妻子金来说，37 岁退休意味着她多了 28 年青春可以享受。在座的有多少人愿意提早退休，享受年轻、活力和自由，有充足的金钱做任何自己想做的事的自由？”

大厅里几乎所有人都举起了手，也响起了更多的笑声。人们好像正在恢复生气。但是，正如我预想的那样，他们的思想仍然被束缚着，我的演讲好像并没有被他们很好地接受。因为江山易改，本性难移，我并没有完全说服他们。但是，至少我把一个非常差的开局扭转了过来，一些人开始站在了我这边。

前排的一个年轻人举手问：“你能否再更多地解释一下，你是如何利用债务、他是如何利用资产净值提早退休的？”

“当然。”我很高兴有机会作进一步解释，我拿起报纸，指着那对夫妇的照片说，“如果 65 岁是基准退休年限，这位先生因为股票市场表现良好而提前了 6 年退休。他干得不错，因为他把自己的钱在市场上进行了投资。如果他借你们银行的钱，并将你们银行的钱投资于相同的市场，他干得是不是更好？”

大厅里一阵骚动。我刚刚所说的震动了许多人。刚才提问的那个年轻人脸上露出困惑的神情，他说：“但是，我们不会将银行的钱借给他投资股票市场。”

“为什么？”我问。

“因为风险太高了。”他说。

我点了点头，说：“因为风险太高，这位先生只能用自己的钱和资产净值来退休。他的退休计划、401(k) 退休金计划以及他的自选股，都表现良好。因为市场表现良好所以他干得很好。而股票市场之所以表现良好，是因为恰好有数百万和他一样的人在同一时间做着同样的事情，所以他能够提早退休。但是，他用的时间比我长，因为他基本上只使用自己的钱和资产净值来投资于其他资产净值。有意思的是，他所投资的领域，因为风险因素，你们银行一般不愿给他贷款。你们银行家不愿借钱给人们去股票市场投机，是吗？”

大多数人点了点头。

“你的意思是他撞大运了，是吗？”另一个人问。

“是的。他是在恰当的地方，恰当的时代，遇到了恰当的市场周期。如果趋势反转，他会希望没有这么早退休。”我说。

“那么你用我们的钱投资什么？”又一个参与者问。

“房地产。”我说，“你们还会贷款给其他投资领域吗？你们是房地产抵押银行家，而不是投资银行家，是吗？”

那个年轻人点点头，低声说：“我们是房地产抵押银行家，我们借钱给房地产项目，而不是股票、债券、共同基金项目。”

“但是，过去 10 年股票的升值不是高于房地产吗？”坐在稍后位置的一位年轻女士问，“我的 401(k) 比我见过的大多数房地产投资项目表现都好多了。”

“或许是这样，”我回答，“但是，你的401(k)升值仅仅是因为市场动力和资本增值。你会把市场动力和可能的资本增值作为你的投资方针吗？”

“不会。”这位年轻女士说。

“我也不会。”我说，“我不会仅仅为了资本增值投资。我的财产从来不需要通过增值来为我赚钱，尽管其中一些财产在同期也有很大增值，但没有一个像许多股票和共同基金那样贬值。”

“如果你投资不是为了资本增值，那是为了什么？”这位年轻的女士问。

“我是为了现金流而投资。”我平静地回答，“你的401(k)每月给你带来多少现金流去消费？”

“没有多少，”她说，“我的退休计划的目的是为了免掉资本增值税，让自己所有的钱都留在退休金账户上。它本来就不是为了每月给我带来现金流而设计的。”

“你有每月给你带来现金流并且税收减免的房地产投资吗？”

“没有。”她说，“我只有一个投资共同基金的投资计划。”

“你是房地产抵押银行家吗？”我揶揄道。

“我直接说吧，”她说，“你借我们的钱去购买你的房地产，房地产每月给你带来现金流。当我们希望共同基金增值，希望晚一点退休，希望轮到我们退休而市场不要崩溃时，你和你妻子因为有了现金流，所以能提早退休。换句话说就是，我们帮助你们提早退休，却没有帮助自己。”

“这可能是一种看法。”我回答，“这也就是为什么我在这儿要感谢你们和你们这一行业为我的退休基金提供帮助。因为你们提供了数百万美元，所以我可以提早退休。我希望你们自己也能考虑这样做。”

我的演讲很快结束了，当我走下讲台时，大厅里响起了一片掌声。现在气氛活跃起来，甚至有一些兴奋，特别是年轻听众。当握手穿过人群的时候，我有机会听到一些对我演讲的评论。尽管他们是房地产抵押银行家，但我仍然听到了我一直听到的一般评论，比如：

1. “他所讲的风险太高了。”
2. “我不会借给他任何钱。”
3. “他不知道自己在说些什么。”
4. “现在你不能那样做了，市场已经发生了变化。”
5. “他是走运，只要等到市场崩溃，他就会跪下来求我们。”
6. “我可不想修理厕所，这是我没有任何房地产的原因。”
7. “房地产市场过剩，很快就要崩溃。”
8. “你知道有多少像他那样的人最终栽倒在房地产市场上？”
9. “如果他的债务这么多，我不会借给他一分钱。”
10. “如果他真的退休了，为什么还在这儿给我们做演讲？”

穷爸爸的教诲

穷爸爸经常建议：“上学，取得好成绩，找个安全可靠的工作，勤勉努力，好好储蓄。”他还经常引用一些俗语，比如：“既不要借债，也不要放债”，“省一分钱等于赚一分钱”，“买不起就不要买，永远支付现金”，等等。

如果他遵照他自己的建议，生活或许会很好。但是，同许多人一样，他说着自己认为正确的话，却没有做正确的事情。他借钱买房子、汽车。但他从不投资，因为他认为“投资是冒险”。他也设法储蓄，但每次遇到紧急情况，他又把储蓄取出来。他借钱购买使自己贫穷的东西，却拒绝为能使他富有的东西借钱。这些细微的差异，使他的生活有了很大不同。

因为这些毕生的思考和处理金钱的方式，他到了65岁还不能退休。这也解释了他为什么不得不一直工作，直到有一天癌症把他完全击倒。他终生勤奋工作，在生命的最后6个月，又在病房中与癌症抗争。他是一个正直、善良、勤勉的人，一生努力工作，尽力避免债务，设法储蓄。这些就是他试图传授给我的关于生活和金钱的教诲。

富爸爸的教诲

富爸爸是我最好的朋友迈克的父亲，他教给我不同的理财建议和金钱观念。他会这样问：

1.“你积蓄100万美元需要多长时间？”然后他会问，“你借100万美元需要多长时间？”

2.“谁最终会更富裕？是终生工作试图积攒100万美元的人，还是懂得用10%的利息借100万美元，然后投资，每年获取25%收益的人？”

3.“银行家更乐意借钱给哪些人？是为了金钱而努力工作的人，还是懂得如何借钱、并让借来的钱安全聪明地为他工作的人？”

4.“为了你给银行家打电话说：‘我想借100万美元。’银行家很快回答：‘好的，20分钟内我就会为你准备好签字文件。’你必须成为什么样的人？你必须懂得什么？”

5.“为什么政府对你的储蓄征税，却给你的债务税务减免？”

6.“谁更有理财智慧并受过更好的财商教育？是一个有100万美

元储蓄的人，还是一个有 100 万美元债务的人？”

7. “谁更有理财智慧？是为钱努力工作的人，还是让钱努力为他工作的人？”

8. “如果你有一个受教育的机会，你是选择去学校学习如何努力工作挣钱，还是宁愿学习如何让钱努力为你工作？”

9. “为什么银行家乐意借钱给你投资房地产，不愿借钱给你投资股票市场？”

10. “为什么工作最卖力、储蓄最积极的人，要比工作更少、借钱更多的人纳税更多？”

当谈到工作、金钱、储蓄和债务问题时，我的两位爸爸有完全不同的观点，但是最大的不同却正如富爸爸所说：“穷人和中产阶级致富之路充满艰辛，因为他们想用自己的钱致富。如果你想致富，你需要懂得如何用别人的钱，而不是你自己的钱致富。”

本书不讨论债务

提醒： 尽管本书将要讨论运用债务作为工具实现年轻富有地退休，但本书所述不是关于借钱，以及身陷债务的问题。正如我在本书导言中所说，杠杆是一种力量，一种可以被正确运用、也可以被滥用或者让人恐惧的力量。我们应该像对待一把装满子弹的枪一样，非常小心地对待债务。债务就像装满子弹的枪，可以帮助你，也可以毁灭你，毁灭不小心处理它的人。就像你应该认为所有的枪都是危险的一样，你也应该认为所有的债务都是危险的。

我强调这一点，是因为在我的网站上有一个年轻人写道：他刚刚辞掉了工作，刷爆了好几张信用卡，为购置房地产负债累累。他说："我正按照你的建议，拥有大量优良债务。"

首先，我从来没有建议任何人用信用卡购置房地产。如果你懂得如何投资，就不需要使用如此冒险的融资计划。

尽管我知道有人用信用卡投资房地产，但我仍然不推荐这种做法，因为这极其危险。很多用信用卡投资房地产的人已经破产。我的建议是，接受教育并学习怎样聪明地运用债务。

虽然本章开始讨论的是债务与资产净值的区别，但本书不仅仅是关于债务，本书更重要的主题是：如何年轻富有地退休。

第二重要的词语

在本书的导言中，我引用了富爸爸的话："在金钱世界中最重要的词语是现金流，第二重要的词语是杠杆。"

我在对洛杉矶房地产抵押银行家的演讲中，说过我用他们的钱而提早退休，但我其实是说用他们的钱做杠杆。从小时候跟富爸爸学习开始，富爸爸就花了很多时间教导他的儿子迈克和我认识杠杆的重要作用。

在导语的开头，我写到富爸爸最喜欢的关于杠杆作用的故事，就是大卫和歌利亚的故事。每当我们想听这个故事，富爸爸就会讲。他会说："孩子，一定要记住，大卫击败歌利亚是因为大卫懂得杠杆原理。"

"我认为是因为他使用了投石器。"我说。

"对，"富爸爸说，"在适当的人手中，投石器就是一种杠杆。一旦你开始理解杠杆的力量，它就会随处可见。如果你想致富，就必须学会运用杠杆的力量。在这个世界上，如果懂得运用杠杆的力量，即使你是个小个子，也可以打败大个子。”

当我们长大一些，富爸爸不得不寻找其他关于杠杆作用的例子。为了让我和迈克对他的教导保持兴趣，他经常找一些我们感兴趣的话题来教导我们。比如，当20世纪60年代披头士乐队风靡美国时，我们这个年纪的孩子都为之疯狂。富爸爸就用他们挣很多钱的例子来教导我们，他说：“披头士乐队赚大钱的原因就在于他们拥有很多杠杆。”富爸爸接着解释说，披头士乐队赚的钱超过了美国总统，也超过了医生、律师、会计师甚至富爸爸本人，就是因为财务杠杆的原理。富爸爸说：“披头士乐队运用电视、无线电和唱片作为杠杆，那是他们致富的原因。”

富爸爸的儿子迈克问：“电视、无线电和唱片是所有的杠杆形式吗？”

我问：“我们是不是只有成为摇滚歌星才能致富呢？”16岁的我明白唱歌并不是自己的长处，我也不会玩任何乐器。

富爸爸笑着回答：“致富的路子并不是只有成为摇滚歌星一条，杠杆的形式也并不是只有电视、无线电和唱片。但是如果你想致富，就必须使用某种形式的杠杆。富人、穷人和中产阶级的区别，就在于他们使用了不同的杠杆形式。富人更富，仅仅是因为他们使用了不同的杠杆形式，而且他们使用的杠杆更多。”

本书探讨的就是杠杆作用

富爸爸反复对我和迈克说：“相对于穷人和中产阶级而言，富人拥有的最大优势是财务杠杆。”他还说：“财务杠杆就是富人如何更快地致富。”所以，在《富爸爸穷爸爸》中，我们集中探讨了现金流；

本书则将探讨的重点放在杠杆上，因为要想年轻富有地退休，你必须使用一些杠杆形式。是杠杆作用，而不是辛勤工作，使我和金能够提早退休。在下一章中，本书将讨论更多的关于杠杆作用的例子。

在本章开始，我回忆了对洛杉矶房地产抵押银行家的一次演讲，讲述了我如何运用他们的而不是我自己的钱提早退休。那是运用债务作为杠杆的一个例子。

运用杠杆的问题是，杠杆本身就像一把双刃剑，能够伤害任何一方。也就是说，一个人可以运用杠杆获得财务上的成功，也可能因为同一种杠杆的误用而陷于财务困难。

中产阶级和穷人工作更辛苦，工作时间更长，努力偿还债务，承担更多的税金，是因为他们缺乏一种非常重要的杠杆形式，就是财商教育。因此，在资金用尽、借钱投资之前，请务必清楚：债务只是杠杆的一种形式，所有的杠杆都是锋利的双刃剑。再重复一下富爸爸说过的话：

> 谁更具有理财智慧并受过更好的财商教育？是一个有 100 万美元储蓄的人，还是一个有 100 万美元债务的人？

我想重点强调的是，本书首要关注的是财商教育，而不是讨论使用何种形式的杠杆。我首先建议大家学习掌握自己感兴趣的任何形式的杠杆。

建议

富爸爸讲过：“如果想成为一个富人，你需要知道良性债务和不良债务、良性支出和不良支出、良性收入和不良收入以及良性负债和不良负债的区别。”

由于本章主要探讨债务杠杆，你可以列表对照一下自己的良性债务和不良债务。如果你不大熟悉它们的区别，简单地说，良性债务就是那些每月往你口袋里放钱的债务，不良债务就是那些每月从你口袋里掏钱的债务。比如，我投资公寓的债务每月往我口袋里放钱，而我购买住宅的债务（我的抵押贷款）每月从我的口袋里往外掏钱。

良性债务	不良债务

检查完上面的表格后，或许你应该思考一下，如何处理自己的债务。可能你想减少不良债务，增加良性债务。如果你致力于增加良性债务，那么你年轻富有退休的几率就会大大增加。但是，就像对待装满子弹的枪一样，切记要小心谨慎地对待所有债务。

第4章
你怎样才能提早退休

在穷爸爸和富爸爸的身上，我看到了两个截然不同的杠杆世界。穷爸爸受过良好的教育，工作勤勉；富爸爸则善于运用多种杠杆，那就是他工作较少，挣钱却远远超过穷爸爸的原因。如果你想年轻富有地退休，掌握杠杆原理就显得尤为重要。

从广义上讲，杠杆作用就是“四两拨千斤”。提起工作、金钱和杠杆作用，富爸爸会说：“如果你想致富，就要少工作、多赚钱。为了做到这一点，你需要运用一些杠杆。”他接着对比说：“只知道老老实实工作的人，拥有的杠杆很有限。如果你干活很卖力，财务状况却不见好转，那么你就有可能正在充当别人致富的杠杆。如果你有钱存在银行储蓄账户或退休金账户里，就有人用你的钱作为他们的杠杆。”

杠杆无处不在

富爸爸画了下面这张图，来给当时年龄还小的我们说明杠杆原理：

不用杠杆的人

使用杠杆的人

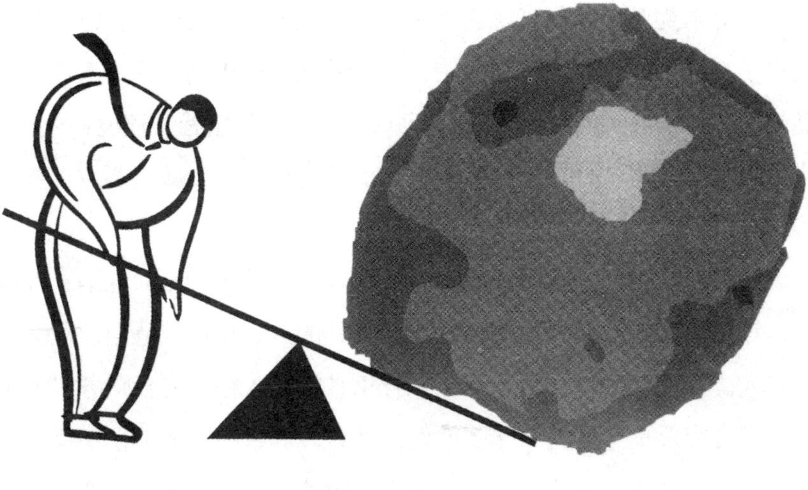

富爸爸说："杠杆无处不在。"他还说："人类比动物有优势，就是因为人类本能地寻求越来越多的杠杆。开始时，动物比人类跑得

快，但今天，人类却可以比动物跑得更快、更远，因为人类发明了诸如自行车、汽车、火车、飞机等交通工具作为杠杆。开始时，鸟可以飞翔，人类却不行。但现在，人类比任何鸟类都飞得更高、更远、更快。”

杠杆就是力量

动物只能运用天生就有的杠杆，基本上无法获得更多的杠杆，那就是它们最终失去自然的优势而让人类主宰地球的原因。当一些人使用比其他人更多的杠杆时，同样的事情也会发生。富爸爸说：“拥有杠杆的人比没有杠杆的人更有优势。”换句话说，就像人类通过发明各种杠杆从而超越了动物一样，使用这些杠杆的人比没有使用的人更有力量。简而言之，“杠杆就是力量”。

在解释人类怎样获取越来越多的杠杆时，富爸爸说：“鸟类利用天生就有的翅膀作为杠杆。人类观察鸟类飞翔，然后运用自己的智慧发现了自己怎样也能飞翔的秘密。一个能从美国飞到欧洲的人，比只能划着小船横渡大西洋的人拥有更强大的杠杆。”富爸爸还说：“穷人比富人更少使用杠杆。如果你想致富而且持久富有，就需要掌握杠杆的力量。”

好消息是，今天人类发明的杠杆工具越来越多，比如电脑、互联网，等等。能够适应并使用这些杠杆工具的人，往往就是走在社会前列的人。没有学会使用越来越多杠杆工具的人，往往就会财务状况不佳，或者需要更辛劳地工作才能勉强度日。如果你每天工作仅仅是为了得到一份薪水，而不是为了获取人生中的一些杠杆优势，那你就正在落后于时代。新杠杆工具的诞生速度之快是前所未有的，使用这些杠杆工具的人就会领先，不使用的人就会落后，像动物那样曾经落后于人类。

与生俱来的杠杆

在纽约学习世界商业史时，我发现 5000 年前人类就开始利用帆和风推动船只渡过广阔的水面。在这里，风和帆就是杠杆，使船只航行更远、装载更多，而人力更少。使用大帆船的人比不使用的人更富有。这让我逐渐明白，变得富有的人是那些发明工具去利用天生的杠杆的人。今天，我们只需点一下鼠标，就可以比过去任何船只运送更多的货物和财富。

没杠杆的人为有杠杆的人工作

在人类历史上，落伍者总是那些不能利用新式杠杆工具的人。不能使用这些杠杆工具的人，为那些能使用这些杠杆工具的人工作，而且他们体力劳动的强度超过了后者。富爸爸经常说："没杠杆的人为有杠杆的人工作。"

陈旧而过时的杠杆

因为技术源于人类智慧，作为交通和交流工具的杠杆形式，与祖先相比，我们也有更多的选择。今天，除了步行，我们还可以骑自行车，开汽车或者搭乘飞机。我们也可以选择使用电视、电话或者电子邮件与远方的朋友交流。

正如在交通、交流的杠杆形式上有了更多选择一样，我们在财务杠杆的形式上也有了更多的选择可以利用。能够利用更多财务杠杆工具的人，在财务上就会成功。运用陈旧过时的或者不充分的财务杠杆工具的人，就有可能在财务安全和财务未来上处于危险境地。现在，数百万的人利用共同基金作为自己的财务杠杆工具，为退休做准备。共同基金虽然并不陈旧过时，但也绝不是一个成熟投资者应该选择的财务杠杆工具。这也正是本书要讨论的问题。如果想年轻富有地退休，人们或许需要用更快捷、更安全、信息更丰富的财务杠杆工具作为共同基金的补充。

为什么不愿使用财务杠杆工具

具有讽刺意味的是，穷人和中产阶级认为财务杠杆工具充满风险。因此，大多数人不愿意使用更快的财务杠杆工具。穷人和中产阶级更倾向于使用体力杠杆而不是富人使用的财务杠杆来改善自己的财务状况。体力杠杆也就是努力工作。富人更富的主要原因就是他们使用财务杠杆工具，而穷人和中产阶级不愿使用，即使有所使用，他们使用的方式也大大不同。

债务杠杆能让人成功，也能让人失败

在前一章中，我谈到了运用债务获得可以产生收益的房地产项目。在这个案例中债务就是我的杠杆。因此，与那些只是努力工作、用积蓄或其他资产净值进行投资的人相比，我能够更大地投资、更快地成功。懂得如何运用债务获取资产的人，比那些不懂得运用债务力量的人，具有明显的财务杠杆优势。富爸爸说：“富人运用债务获取财务上的成功，穷人和中产阶级运用债务得到的是财务上的失败。”但是，为了使用债务作为杠杆工具，人们需要更多财商教育。下一章将讨论如何获得这种财商教育。

穷爸爸常说："既不要借债，也不要放债。尽快付清账单和各种抵押贷款，负债很危险。"这些观念和信条就是穷爸爸终生辛劳，在财务上却从未成功的部分原因。富爸爸比穷爸爸工作量少了很多，但年纪越大挣钱却越来越多。富爸爸与穷爸爸的生活不同，因为富爸爸懂得如何利用财务杠杆的力量，而穷爸爸却认为那充满风险而从不使用。

具有讽刺意味的是，穷人和中产阶级认为运用债务购置资产风险太高，但是他们却热切地用债务来购买负债。穷人和中产阶级因为运用不良债务的杠杆力量，从而在生活中落伍。富人运用良性债务的杠杆力量，促使自己更加成功。勤勉工作、积极储蓄、避免债务的人，在财务上远远落后于经过培训的利用债务作为财务杠杆的人。一般人认为有债务是坏事情，或者糟糕地利用债务，因此他们大多为了退休而努力避免债务、积极储蓄。对他们来说，避免债务、积极储蓄是一种明智而安全的生活方式。但其实，对他们来说更明智的选择应该是接受财商教育。

其他形式的杠杆

为了提早退休，我和金除了债务还使用过其他的杠杆形式。为了建立一家有11个办事处的企业，我们不得不利用其他人的时间(other people's time，OPT）建立另外一种资产，这种资产就是企业。在这个案例中，杠杆就是雇员，目的是使资产创造得更快、发展得更大，也更有价值。

大多数人不能更快地致富，仅仅因为他们存在银行的钱、他们的时间和劳动都被富人作为杠杆，来获取和创造资产以致富。如果我不能利用别人的时间和别人的金钱（other people's money，OPM）这两种财务杠杆，我就不能在很短的时间内获取如此多的资产。

好消息是，除了 OPT 和 OPM 这两种你可以用来获取或创造资产的杠杆之外，还有许多其他形式的杠杆。正像 5000 年前人类利用风和帆推动船只航行一样，你也能找到许多不同的杠杆形式来帮助自己。一旦你掌握了杠杆原理并且去努力寻找，就会发现有无限的杠杆形式。富爸爸多年前曾经对我说过："人类本能地不断寻求更新、更好的杠杆形式。"仔细想想渔夫为什么花很长时间编织渔网。拥有渔网的渔夫显然比徒手捉鱼的人有更多的杠杆，当然这仅仅是在渔夫懂得如何使用渔网的前提下。拥有 4 平方千米土地的农场主，比只有 0.4 平方千米土地的农场主有更多的杠杆，当然也是在他能够管理更大农场的前提下。电脑更是一个威力强大的杠杆工具，但同样，这取决于使用者怎样使用它。

下面是一些其他的杠杆形式，你的健康、时间、教育和社会关系等都可能帮助（或者阻碍）你达到年轻富有地退休的目标。

健康

显然，健康是一种极其重要的杠杆形式。但人们通常只有在失去它的时候才认识到它的价值。如果你身体孱弱，无法享受提早退休带来的快乐，那么提早退休又有什么意义？

时间

时间也是一种重要的杠杆形式。人们一旦在财务上落伍，通常就很难有时间赶上。如果一个人正忙于应付财务状况上发生的困难，也就很难做好准备抓住突然出现的机会。我常常听到有人说："他太幸运了！他在恰当的时间处在了恰当的位置。"但我认为，更准确的说法应该是："他很幸运，是因为他受过教育，经验丰富，作好了当机会出现时抓住机会的准备。”

甚至是提早退休带来的空闲时间，也帮助我增加了我的财富。现在我有充裕的时间去寻找和发现机会。

教育

教育也是一种重要的杠杆形式。如果以一生为单位，高中就辍学参加工作的人与大学毕业后参加工作的人相比，收入差距以数百万美元计。一个大学毕业却没有多少财务知识的人，与那些接受过财商教育、上过或者还没有上过大学的人相比，财务状况往往会差很多。我遇到过很多离开学校时就深陷助学贷款债务的大学生。但比助学贷款债务更糟的是，他们中的许多人急于找到一份工作，于是又陷入更深的消费债务中。这就是虽然受过良好教育但缺乏基本财务知识的代价。拥有高薪职位却没有受过财商教育的人，往往会比低薪的人更快更深地陷入债务。这些都是不明智的。

财商教育不仅可以帮助你年轻退休，而且能帮助你长久地拥有财富。

社会关系

商业关系和个人关系也可以成为你的杠杆。下面就是一些社会关系中的杠杆实例：

- 我看过许多人因为公司老板或经理无能而备受煎熬。也看过有些人因为同拥有丰富财务知识的人合作而财务状况良好。
- 一些工会，如教师工会或者飞行员工会就是社会关系杠杆的一种形式。一些专业协会，如美国医疗协会也是社会关系杠杆的一种形式。工会或者专业协会都是由那些具有专业杠杆的人联合组成，以避免具有强大财务杠杆的人侵犯自己的利益。

● 许多人财务状况良好，因为他们有优秀的财务顾问。也有许多人财务状况不佳，因为他们的财务顾问很无能。正如富爸爸所说："许多财务顾问被称为掮客，因为他们常常比你更没钱，所以听取他们的建议一定要小心。"富爸爸还说："代价最高的建议往往就是那些所谓的免费建议。这些建议常常来自你贫穷的亲友，内容关系到金钱、投资和企业运作。"

● 大多数人都听说过强强联姻，它是两个实力强劲的人结合在一起，从而更加强大的一种婚姻组合。我们也看到过许多夫妻陷入财务困境，因为他们的婚姻不是相爱、和谐与发展的组合。如果没有我妻子金——我最好的朋友和商业伙伴，我肯定不会像今天这样富有。

● 说到婚姻，我曾经听人说过："如果你的配偶不想致富，你就几乎不可能致富。"我不敢断定这句话百分之百正确，但可以肯定它确实有些道理。

因此，不论起积极作用还是消极作用，你周围的人都是你重要的杠杆资源。也许你还可以扪心自问一下，周围有多少人阻碍了你增加财富，有多少人帮助你改善了财务状况。关于金钱，你的社会关系就是重要的杠杆资源。富爸爸过去常说："致富不是看你知道'什么'，而是看你认识'谁'。"

工具

水管工人使用合适的工具找到自己的杠杆；医生使用医疗器械完成工作；汽车是我们许多人的一种杠杆形式；通过因特网我们可以与世界上其他地方的人做生意，它也是一种非常重要的杠杆工具。

空闲时间

在空闲时间你也可以找到杠杆。我知道有很多人通过看电视、购物打发时间，但我也认识或看到过很多人利用空闲时间致富，而不是靠他们的工作。惠普公司、福特汽车公司是从车库起家，戴尔电脑从学生宿舍开始创业。我有一个朋友，工作日是律师，周末则成了房地产投资商。他 39 岁就退休了，现在为一些慈善组织无偿提供法律服务，然后整日陪孩子玩，或者打打高尔夫球。

寻找为你工作的最好杠杆

我想反复强调：今天你可以使用很多杠杆形式获取或创造资产，从而更快地取得财务上的成功。如果你不愿意，也不一定必须利用 OPM 或 OPT 来致富。但是，如果你想年轻富有地退休，就要找到为自己工作的最好的杠杆。

我还想再次重复富爸爸的话，因为它基本概括了本书的主题："只知道努力工作的人，拥有的杠杆很有限。如果你工作很努力，财务状况却不见好转，那么你就有可能正在充当别人的杠杆。"他还说："如果你有钱存在银行储蓄账户或退休金账户里，别人就正用你的钱作为他们的杠杆。"

越来越……

杠杆的一个定义就是用较少的付出做更多的事情的能力。富爸爸补充说："杠杆是用越来越少的付出，做越来越多的事情的能力。"用越来越少的付出做越来越多的事情是他的观点中非常重要的一点。富爸爸说："富人与穷人、中产阶级的区别就在于'越来越'。"

富爸爸进一步解释说："富人不断增加越来越多的杠杆，这就是他们越来越富有的原因。穷人和中产阶级不愿增加更多的杠杆，而正是这一点决定了他们一生的财务状况。"也就是说，当一个人不愿意再增加杠杆时，他就会变成穷人。中产阶级也是这样。真正的富人永不停止增加他们的杠杆。

穷爸爸就是一个典型的例子，他曾说："接受良好的教育你就可以找到一个好工作。"对于很多中产阶级的人来说，他们的教育仅仅停留在学术和专业教育上。但富人不会停止，他们还要通过增加财商教育使自己拥有越来越多的杠杆。

穷人和中产阶级的区别在于，前者一般比后者接受的教育少。穷人甚至常常连基础教育也没有，或者不像中产阶级那样受过专业教育。穷人接受了一些教育，中产阶级所受的教育稍微多一些，但仍不足以使他们致富。

在前面几本书中，我说过有 3 种不同的教育，它们是：

1. 学术理论教育
2. 专业教育
3. 财商教育

穷爸爸接受了专业教育，但对财商教育却没有兴趣。这决定了他一生的财务状况。富爸爸从来没有停止他的财商教育，这也决定了他一生的财务状况，那就是富有。穷人之所以穷，是因为他们通常缺乏上面 3 种基本教育。

现在，生活中的落伍者还包括那些获得了一些杠杆，却不能获得更多杠杆的人。即使你 10 年前大学毕业，也不意味着你不需要再设法获取更多的杠杆。正如富爸爸常说的："大学学位并没有赋予你停止学习、停止获取更多杠杆的特权。"他继续说："银行里的百万美元存款同样也没有赋予你停止学习的权利。事实上，如果你停止学习，你的钱很快就会转移到那些继续学习的人手中。转移到那些懂得真正的杠杆是持续地用越来越少的付出做越来越多的事情的人手中。"

杠杆的未来

今天，有些高中生将自己一手建立的企业卖出，挣了数百万美元，在还没有开始工作时就可以退休了，因为他们使用了与父辈使用的截然不同的杠杆形式。但同时，婴儿潮中诞生的不少人却需要回到学校学习，以保住手中的饭碗。这种区别就在于他们对"杠杆"和"越来越"这两个词有不同理解。今天，竞争也不仅限于你所在的城市甚至国家。财务上的成功者将是那些愿意用越来越少的付出做越来越多事情的人，而不是那些用越来越多的付出做越来越少的事情的人。

在下面一章中，我所提到的一些金钱数量可能听起来有些难以置信。毕竟，在你工作非常辛苦却只有 5 万美元年薪的时候，很难想象年收入上百万美元却不用工作的滋味。我强调要争取拥有越来越多的杠杆的观念，是因为不论你现在挣多少，只要你愿意持续思考用越来越少的付出做越来越多的事情，就有可能不用工作而年收入上百万美元。如果你不愿这样思考，那么每年挣 5 万美元都可能很困难。

具有讽刺意味的是，不愿意思考用越来越少的付出做越来越多事情的人，往往就是那些用越来越多的付出做越来越少的事情的人。好消息是，只要你愿意思考用“越来越少”的付出做“越来越多”的事情，你就真有可能用越来越少的工作挣得越来越多的收入。你所要做的就是将这种观念铭记在心，那么，年轻富有地退休对你来说就容易多了。

建议

找一张纸，写出你对以下问题的答案：

我怎样才能以更少的劳动为更多的人服务，同时我又获得更好的回报?

如果你想不出任何答案，就继续思考。这是一个非常重要的问题，如果能找出答案并付诸实践，你就有可能成为百万富翁，甚至亿万富翁。这就是富爸爸将这个问题称为“百万美元问题”的原因。

在下一章，我们将讨论心智作为杠杆工具的力量。能否回答诸如此类的问题，对于能否年轻富有地退休至关重要。

第 5 章
心智的杠杆

为什么有人做得到，有人却做不到

在《富爸爸投资指南》中，我提到了富爸爸曾经给我上过的一课，现在仍然值得重复。

那天，富爸爸、他的儿子迈克和我正一起走过一片美丽的海滨地产。富爸爸停下来，指着那块地方说："我刚刚买下这块地产。"

我很吃惊他能够买下如此昂贵的地产。虽然当时我很小，但我已经知道夏威夷靠海的房地产是相当昂贵的。因为富爸爸那时还不很富有，我想知道他怎样买下这么大的投资项目。富爸爸将要与我分享这个秘密——他如何投资自己本来买不起的项目。这是他致富的秘密之一。

不同的现实

简单地说，富爸爸买得起一块昂贵的地产（尽管他那时并没有多少钱），是因为他已经使"买得起"成为他想象中的现实。穷爸爸尽管那时挣得比富爸爸多，但他会说："我买不起。"因为购置这样昂贵的地产的想法，超出了他想象中的现实。

最重要的一课

多年以来，富爸爸给了我很多重要的教诲，那些教诲深刻地影响了我的生活方向。关于个人现实的力量是最重要的一个教诲。读过《富爸爸穷爸爸》的朋友，或许还记得富爸爸禁止我和迈克说“我买不起”。富爸爸懂得个人现实的力量，他的教诲是：

你认为真实的就是你的现实。

作为一个有信仰的人，富爸爸常常引用《圣经·旧约》中的教义——“言即肉身”。他几乎每天都说这段教义，以至于我们虽然很小也可以理解。他一直对我和迈克说：“‘言即肉身’的意思是，凡是你认为真实的，就会变成你的现实。”当他路过那块美丽的海滨地产时，他不会说“我买不起”，即便他当时并没有多少钱。他用数月时间作出如何买下这块地产的计划。他努力将超出他的实际的部分转化为他的现实。使富爸爸更加富有的不是金钱，而是他不断拓展自己现实的能力，这使他最终越来越富有。

投资有风险吗

许多人常说：“投资有风险。”对他们来说确实如此，因为他们认为那是真实的，那就成为了他们的现实，尽管投资未必总伴随风险。生活中总是有风险，你穿过马路或者骑自行车也有风险，但行为本身并不一定是冒险。许多人认为投资有风险，因为他们认为自己的想法是符合实际的。

几个月前，我和一家著名银行的一位知名投资顾问一起参加电台的节目。那位知名投资顾问首先向我在《富爸爸穷爸爸》一书中的观点发起挑战，他说："罗伯特·清崎认为，如果一个人想致富，就应该创建自己的企业。清崎先生没有意识到，大多数人无法创建自己的企业，创建企业风险太大了。统计显示，9/10 的企业在建立后 5 年内倒闭。因此我认为清崎先生的观点很危险，请他对这些事实作出解释。"

电台主持人很高兴在自己的节目中出现争论，他用愉快的腔调问我："好吧，清崎先生，你如何解释上述事实？"

诸如此类的质疑以前遇到很多次了，我已经准备好平静地回应这种挑战。停顿了一下，我清了清嗓子，说："我以前也看到过、听到过相同的统计数据。根据我的经验，这些统计是准确的。我看到过许多公司在创办后的 5 年内倒闭了。"

"既然如此，那你怎么能建议人们创办自己的企业？"那位知名投资顾问带着一丝怒气问。

"首先，"我回答，"我没有建议人们创办自己的企业，我是说每个人都应该关注自己的事业。当我说'关注自己的事业'时，意思是他们应该关注自己的投资组合。那并不意味着一定要创办自己的企业，尽管一家运转良好的企业常常是富人的一项资产，使富人变得更加富有。"

"那么，风险呢？"那位知名投资顾问问，"你怎么看待 9/10 的企业倒闭这个事实？"

"是的，你怎样看待？"主持人问，意识到讨论并没有演化成激烈的争论后，他的愉快情绪少了一些。

"首先，"我回答，"当 9/10 的企业倒闭时，注意有 1/10 的企业成功了。一旦我认识到企业倒闭的几率是 9/10，我就知道自己需要做好至少失败 9 次的准备。"

"你准备做 10 次失败 9 次？"那位知名投资顾问略带嘲讽地问。

“是的，”我回答，“事实上，我就属于那失败的9/10，我个人曾经连续失败了两次，但之后我在第三次时成功了。”

“那么，你失败的感觉如何？那值得吗？”那位知名投资顾问问。他本人只是一个银行的雇员，并不是一家企业的老板。

“第一次失败时我感觉糟透了，第二次失败时感觉更糟。但对我来说，这都是值得的。如果没有前两次失败，我就不会提前18年退休，也不会拥有今天的财务自由。”我回答，“每次失败后我需要一些时间恢复。尽管失败的感觉很糟糕，但如果有必要，我在精神上已经做好了失败10次，甚至20次的准备。我不想失败那么多次，但我愿意继续努力。”

“对于我和大多数人来说，这听起来太危险了。”那位知名投资顾问说。

“我同意，”我回答，“如果你不愿经历失败或者仅仅失败一次就退出，这确实很危险。如果你认为失败是很糟糕的事情，这就更麻烦了。富爸爸曾经教导我，失败是成功的一部分。尽管我过去很成功，但我仍然明白这个几率不会改变。每次我创办一家企业，我都会不断提醒自己有9/10的可能会失败。”

“你为什么那样说？”主持人问。

“因为我需要永远对那个几率保持谦虚和尊重。我看到过太多的人创办了一家企业，挣了许多钱，就骄傲自大，认为自己超越了几率的限制，于是又创办新的企业。因为有过去的经验和成就，他们成功的几率可能要高一点，但我们所有人都还是要保持足够的谦虚，明白对所有刚成立的企业来说，失败的几率都是9/10。”

“那很有意义，”主持人说，“因此，现在你创建一家企业时仍然会很谨慎，仍然会尊重1/10的成功率。”

“对。”我回答，“我有几个朋友就曾经很自负，将原来企业的所有资金都投入到新企业中，最后一败涂地。如果你想成功，就需要永远尊重这个几率，不管你过去有多么成功。每一个专业桥牌选手都知道，仅仅因为刚刚拿了一手好牌，并不会改变下一手牌好坏的几率。”

“我会牢记这一点。”主持人说。

“我仍然认为那太冒险了，”那位知名投资顾问说，“你本人和你书中的观点都很危险。大多数人不能像你那样做，他们不会准备创办自己的企业。”

“你同意吗？”主持人问我。

“他说的有一定道理。”我回答，“我们的学校教育体系培养人们成为雇员，而不是成为企业老板，这就是多数人不准备创办自己企业的原因。所以我同意这位投资顾问先生的观点。”

我停顿了一下，让大家听清楚我同意的评论。尽管我也感到了那位投资顾问的挑衅，但我仍然在尽力避免一场争论。我继续说：“我仍然要提醒您，不到 100 年前，很多人都开着手工作坊，我们中很多人都有亲戚是农场主或小企业主。可以说他们都是企业家。尽管也有风险，他们仍有能力自己经营。只是直到亨利 · 福特创办了巨型企业后，越来越多的人才成为雇员。但即便有了像福特汽车、通用电气这样的超大型企业，独立小企业还是很兴旺。”

“事实上，小企业带来了大部分的就业机会，贡献了很大比例的国家税收。所以尽管有风险，但越来越多的人还是继续创办自己的企业。如果没有他们，失业率将会更高。如果没有这些人主动承担风险，美国的经济就仍然落后。这些自主经营的企业给了我们所有克服风险和发展的机会。如果这些人不去承担风险，美国就不会像今天这样繁荣。是甘冒风险的人带来了我们社会的繁荣。”

那次访谈又持续了大约 10 分钟，最终我们也没有达成一致的看法和观点。显然，我们来自不同的现实。随着这场争论的继续，我似乎听到富爸爸在说："生活中的许多争论都是因为人们的现实不同。"

风险回报率在你这一边

我很想对那位投资顾问说一句话：风险回报率或许就在我这一边。但那势必又会引起一场关乎谁是谁非的争论。我没有在电台宣讲我的观点，但现在我愿意与大家分享：做任何事情都会有风险，但并不一定都要冒险。

多年前，富爸爸对他的儿子和我解释风险与回报以及拥有制胜战略的重要性，其中制胜战略包括可能的失败。富爸爸很清楚刚成立的公司有 9/10 的失败率，但他更知道 10 次中成功 1 次的回报远远大于另外 9 次失败的损失。富爸爸进一步解释他的观点："多数人只考虑什么是明智的，什么是危险的；财商高的人考虑的是风险与回报。也就是说，他们不立刻下结论说某件事情太危险、对或错、好或坏，而是会衡量风险与回报。如果回报足够多，他们就会制定一个战略或者计划，以提高成功的机会，而不会在意在成功之前失败多少次。"

赢家战略

举个例子，我有一个朋友，他用自己简单的风险回报战略，进行股票当日交易。他坚信在 20 次交易中总能找到 1 次获利的机会。因此他建立了一种被称之为金钱管理的战略。如果他总共有现金 20 万美元的话，那么他只用 1/10，也就是把 2 万美元投入市场交易，而每笔交易他只冒 1000 美元的风险。换句话说，他的战略就是，永远保证有足够的资金在 20 次交易中失败 19 次。我曾经见过他在 14 次交易中损失了 1.4 万美元，但接着在下一次交易中一下子赚了 5 万美元。他的制胜战略中允许在 20 次中失败 19 次，尽管他从来没有连续失败过那么多次。每次获胜后，他又马上回到原来的几率，1/20 的获胜率。他懂得几率不会因为他有多少钱而改变，他仍然准备在 20 次中失败 19 次。

输家战略

逃避失败、希望百分之百成功的一般人，通常有个输家战略。希望百分之百获胜、从不失败，是输家的现实。富爸爸曾说：“制胜战略必须包括失败。”现在多数人的退休计划中却没有考虑失败的可能。大多数人简单寄希望于股票市场的持续走高，这样当他们退休时，养老储蓄金会维持他们以后的生活直到终老。那是一个没有失败余地的计划，是一个输家计划。赢家们明白失败应该是任何计划的一部分。当我在海军陆战队时，我们总是要完成一些应急计划，这些计划主要用来应对事件的发展超出我们预期的情况。现在，许多人没有退休应急计划，没有考虑退休后可能出现的市场严重恶化，或者养老金不够用。换句话说，涉及退休计划时，大多数人都有一个输家战略，因为这个战略没有为失误留下任何余地。

输掉 98% 的机会

在直接反应营销中，大多数销售员都知道他们发出的信件中有 98% 将不会成交。因此专业的销售员估算他们市场活动的回应率为 2%，有的甚至更低。这些 2% 的回应需要承担另外 98% 没有回应的邮寄成本。一旦销售商发现邮件的回应率有 2% 或更高，他们就会增加邮件数量，即便他们明白还将损失掉 98% 的机会。他们知道在成功率只有 2% 的情况下如何致富。

输家总认为失败是坏事

富爸爸说："输家就是那些总认为失败是坏事的人。输家不能容忍失败，常常千方百计地逃避失败。很多输家仅仅在有把握的事情上下赌注，这些有把握的事情包括安全的工作、稳定的薪水、有保证的退休金、银行存款利息等。输家总是输个不停，赢家也总是赢个不停，只是因为赢家懂得输本身就是赢的一部分。"

富爸爸在我们还是小孩子的时候经常问："你们愿意尝试 100 次而失败 99 次吗？"

他想听到我们这样回答："如果成功 1 次的回报，超过了失败 99 次的风险和成本，那我们就愿意。"并希望我们能进一步了解："如果我们知道能够赢得 100 万美元，风险回报率是 1 ∶ 100，最小赌注是 1 美元，我们就会拿出 100 美元，按照我们的策略，每次下注 1 美元，赌 100 次。在我们赢了 1 次后，我们会运用同样的几率重新开始，因为这个几率几乎不会改变。我们可能会增加赌注，但仅仅是在能够承受 100 次中连续输 99 次的情况下。"

富爸爸憎恶赌博，决不允许我们参与赌博。他仅仅是用这个简单的事例，教育我们运用风险与回报的方式进行思考，而不是用正确或错误、冒险或安全的方式进行思考。

为什么莱特兄弟是对的

富爸爸曾经对他的儿子迈克和我谈过他的基蒂霍克之行，那个地方位于北卡罗来纳州，在二战结束他刚刚离开军队时到过那儿。他说：“孩子们，有朝一日你们应该去一趟基蒂霍克，看看奥维尔·莱特和威尔伯·莱特的智慧。他们兄弟俩明白首次试飞肯定有风险，但他们并没有让自己的飞行变成冒险。”他解释莱特兄弟找了一片平坦开阔的松软沙地进行试飞，他说：“这两个年轻人知道他们可能会失败，所以他们找了一个相对安全的着陆地点。他们没有选择从大桥或者悬崖上开始试飞，而是找了一块平坦开阔的沙地，那里有助飞的强风。他们在那里不断经历失败直到成功。

“正因为莱特兄弟乐于运用智慧克服风险，所以他们彻底改变了世界。有朝一日，你们应该去那个地方看看。两个勇敢的年轻人选择在那里试飞，经历失败，所以我们今天能够飞翔。在现实生活中，大多数人永远不能在财务上实现腾飞，是因为他们选择逃避失败。”2000年8月，我终于站在了那片松软开阔的沙地上，看到了富爸爸50多年前看到的一切：那的确是一个完美的试飞的地方。

现在，富爸爸给我们讲述莱特兄弟故事的情形仍历历在目。他当时为我们画了一幅图。

接着富爸爸说：“如果一个人经常说出下面这些话：

1. 我买不起。
2. 你做不了。
3. 我做不了。
4. 那是不可能的。

那么，他们往往是从自己的现实情况出发，评论超出自己现实的观念。”

他接着说：“当莱特兄弟宣布他们将进行人类首次飞行时，许多人说‘人类永远不能飞翔’。事实上，说这种话的人就包括他们的父亲——一位受人尊敬的教士。”

看看富爸爸画的草图，你会发现对于大多数人来说，人类能够飞翔的理想超越了他们所能想象到的现实。因此，他们的评论都仅限于自己的认知范围。

那么多人说“人类永远不能飞翔”，就是因为人类飞翔的想法超出了当时大多数人的想象范围。但是对于莱特兄弟来说，飞翔的理想并没有超出他们的可能性范围。他们奋斗多年来将这种可能性转化为现实。说到金钱的时候也是如此，富爸爸像莱特兄弟那样做了，而穷爸爸没有。现在，人们常说“打破常规，创造性思维”。富爸爸认为：“‘打破常规，创造性思维’的确不错，每个人在一两天内都可以做到。但是问题在于，你能长期坚持这样吗？如果你能，你就会变得越来越富有。”

在前面提到的那次电台访问中，我对那位投资顾问说，因为回报远远超过了风险，我愿意在10次创业中失败9次，但我怀疑他根本就没有听懂我的意思。而且可以肯定，他没有听懂我接下来的话：“我在创业的时候，就明白自己很可能失败。我认为自己可能不会成功，我知道自己必须从失败开始。”这种思维模式肯定与他的想法格格不入。问题的关键不是谁对谁错，而是我们各自的现实不同，这也决定了我们的思维以及对世界的看法相去甚远。

心智的杠杆

我不是鼓励大家辞职，盲目地开始创业或者参与赌博，这样做与希望通过中大奖获取退休金一样愚不可及。下面将主要探讨个人现实的差异。

我们认为，心智是人类最强有力的杠杆工具。在大多数情况下，凡是我们认为真实的东西最终都会变为现实。那些认为投资充满风险的人，常常会找出所有事实来证明自己想要证明的观点。这些人会打开报纸，读出所有投资失败的例子。换句话说，人的心智具有选择的能力，能引导人关注自认为真实的事情，而对其他现实熟视无睹。就像很多人对莱特兄弟说："人类永远不能飞翔。"对哥伦布说："难道你没有看到地是平的吗？"人们永远认为自己的观点是正确的。

为了能够年轻富有地退休，最重要的事情之一就是掌握自己的现实。如果你能做到这一点，用越来越少的努力，赚越来越多的钱就会越来越容易。如果你不能掌控和改变自己的现实，致富所用的时间就会比你想象的还要长。最终使富爸爸走上致富之路的，不是前面提到的诸如海滨地产一类的东西，而是他不断拓展现实的能力。正是这种不断拓展的能力，使他在购置了那块海滨地产以后，很快又寻找更大更好的地产项目来检验自己的想法。

同时，正是由于穷爸爸没有能力改变自己的现实，才造成他工作虽勤勉，却没有获得财务成功。也正是穷爸爸的口头禅"我买不起"，限制了他的现实。其实，穷爸爸是一个非常聪明的人。如果他愿意改变自己的现实，也一定能够买得起那块海滨地产。但是他本人不知道，正是他的现实阻碍了他的致富之路。他真的认为自己买不起价值数百万美元的地产，然后他的想法变成了现实。

归根结底，富爸爸和穷爸爸的主要区别就在于他们各自拥有不同的现实观念。一个愿意不断拓展自己的现实的人，即便当时买不起，他也会说："我怎样才能买得起那块海滨地产？"而另一个人则选择说："我买不起。"正像我说过的那样，不是海滨地产决定了他们两人的贫富，而是他们自己对现实的选择。

头号杠杆

头号杠杆是你的心智杠杆，因为你的现实就在那里形成。我和金为了年轻富有地退休，需要不断掌控、改变和拓展我们的现实。现在，我常对人们说："从辛辛苦苦工作一年挣 5 万美元到几乎不用工作一年挣 100 万美元是从改变你自己的现实起步的。”

现实的改变并不一定是要想得更大、更好，也许就是简单的一种观念的改变。例如，不要像许多不成熟的投资者那样说“风险太高了”，而是要问风险的回报率是多少，或者赚钱之前我需要赔多少次。也不要说：“那块地产太贵了！”而是要读介绍买得起地产的人的书，或者请教那些买得起的人，看看他们是怎样买下来的。重要的不是那块地产，而是你的现实的改变。

为什么富爸爸变富，穷爸爸变穷

富爸爸拥有不断掌控、改变和拓展自己现实的能力。因为他能够不断拓展自己的现实，所以他工作越来越少时，却越来越富有。相反，穷爸爸选择了生活在他自己的现实里，生活在一个他认为真实的世界中，这也可能是他唯一的现实。因此他越来越努力地工作，却贫穷地退休。他有一个固定不变的现实，不知道如何去掌控、改变或者拓展。他常常说“我买不起”“我永远不会富有”“我对金钱没有兴趣”“如果退休，我的收入就会下降”，而不是去改变他的现实，结果，他所说的最终都变成了现实。

如果你想年轻富有地退休，就需要改变、拓展自己的现实并使之成为一种习惯。就像富爸爸一直提醒他的儿子和我的那样：你的思想和语言必将成为你的现实。

多年来不断开拓我们的现实

那个新年夜坐在加拿大寒冷的山上，我意识到需要思考自己现实之外的一些问题，并且要持续思考，直到那些可能的想法变成我的现实。正如莱特兄弟耗时多年以生活在大多数人的现实之外一样，我、金和拉里多年来也生活在许多人的现实之外。事实上，我们还不得不生活在自己的现实之外。我们常常与别人争论，偶尔也会受到各种指责，如被称为梦想家、笨蛋、莽汉、冒失鬼等。我、金和拉里认为，至少 4 年内，我们难以看到任何可见的成果。也就是说，将我们的现实转化为可能达到的目标需要经过 4 ~ 8 年的时间。

现在，当有人问我什么可以致富时，我说："那就是你拓展自己的现实的能力。如果你不愿意拓展自己的现实，致富之路就会无比漫长。"

建议

富爸爸教他的儿子迈克和我拓展现实的一个方法，就是阅读自己偶像的传记。比如，富爸爸让我们阅读约翰·洛克菲勒、亨利·福特的传记。最近，我还阅读了介绍比尔·盖茨、理查德·布兰森、乔治·索罗斯等人的书。

当听到有人说"我已经太老了"，我就会问他们是否愿意读读桑德斯上校的故事，他直到 60 岁时才开始致富。当我听到有位女士说"我不会成功，因为这是男人的世界"，我会问她是否读过美体小铺创始人安妮塔·罗迪克，或者进入纽约证券交易所的首位女性穆里尔·希弗的故事。而当有人说自己太年轻了，我会请他们去读读介绍比尔·盖茨的书，盖茨在不到 30 岁时就成为世界首富。如果这些故事还不足以拓展他们的现实，我怀疑还能有什么东西能够说服他们。

另一本伟大的书是《健康超音速》，由比尔·菲利普斯所著。一个朋友看到我的腰围逐渐变粗，就向我推荐了这本书。我刚刚读完这本书，正在按照书中介绍的计划锻炼身体。菲利普斯讲了很多与富爸爸曾经教导我的一样的事，当然他讲的主题是身体健康，富爸爸讲的是金钱与财富。

如果不考虑主题，我发现其实这两个过程非常相近。比如，菲利普斯写道，在开始减肥之前，要明确为什么要减肥，这就是富爸爸称之为“为什么”的问题。菲利普斯对于梦想和目标也有十分精辟的论述，阐明了两者对于整个减肥过程的重要性。而且，我还发现菲利普斯的健康与富爸爸的富有、菲利普斯的饮食与富爸爸的超越自我之间都紧密相关。

菲利普斯鼓励人们多吃，而不是少吃。如果你想减肥、增强体质、恢复健康，他建议每天吃六餐。他认为，许多想通过节食挨饿减肥的人，往往只能饿很短时间。在节食期间，他们减掉了肌肉而不是脂肪，然后又会狂吃一顿，结果适得其反，比以前更胖了。因为饱餐之后，他们有了更多热量，却缺少肌肉锻炼来消耗新增的热量，所以就更胖了。我太熟悉这个过程了！

富爸爸曾经说，同样的事情也发生在那些想通过节衣缩食、降低生活水平、减少各项开支来致富的人身上。大多数采用这种方式的人，最终都没有致富。一个人想致富，需要付出更多，但他们必须清楚怎样付出，在什么东西上付出。正如富爸爸所说：“支出也有好坏之分。”我们大多数人知道食物也有好坏之分。就像有人想通过挨饿减肥一样，如果想通过节俭致富，只能在财务上愈来愈脆弱。接着，他们也会突然陷入一种狂热，但不是狂吃，而是疯狂消费。结果，正如狂吃的人吃掉了好多垃圾食品一样，疯狂消费的人买回来的也是一些没有价值的东西。

菲利普斯还说：最大的动力发生在你“接受”失败之后。我认为他想说的是：只有你不能再进一步，已经失败时，才会好好接受治疗，重新发展。也就是说，只有让自己的体力超越极限，你才会变得更加健康。致富的路上也是如此。我注意到很多人没有成功，是因为他们不惜一切代价地逃避失败。正如前面那位投资顾问因为9/10的新企业失败，就反对人们自己创业一样，大多数人将失败看成坏事情。富爸爸教导我，失败是进步和成功的一部分。我本人就在失败后学到了更多的东西。尽管有时失败也会带来伤害，但失败后恢复与振作的过程最终给我带来了更多的精神力量和致富力量。

我遇到过许多人，他们之所以不能成功，只是因为他们成功地避免了一切失败。他们避免超越自己认为可能发生的现实，因此也失去了发现自己生活中新机会的可能。正如我一直说的，正是富爸爸不断改变和拓展现实的能力，最终使他致富。菲利普斯谈到健康时说了同样的道理：待在自己如何强壮的现实中，你就永远不会更健康。如果想变得更健康、更富有，你就必须不断超越自己的现实，需要置身于新的可能中。如果你确实不断地超越自己的极限，你就会获得最好的杠杆，获得使自己更健康、更富有、青春常驻甚至更加美丽的杠杆。对我来说，那就是梦寐以求的杠杆。

如果你愿意拓展自己的现实，可以从阅读介绍那些已经达到你想达到的境界的人的书籍或聆听介绍他们的磁带开始。穷爸爸鼓励我阅读关于林肯、肯尼迪、圣雄甘地、马丁·路德·金等伟人的书。事实上，穷爸爸和富爸爸都鼓励我通过阅读拓展自己，只是由于他们来自不同的现实，所以推荐给我的书也就不尽相同，我很乐意亲历这两个现实。

如果你真想年轻富有地退休，就应该从拓展、改变自己的现实入手。

第6章
什么才是真正的冒险

有两个能干的父亲，给了我了解不同现实的机会。尽管有时会迷惑甚至矛盾，但是能了解到两种不同的现实，对我个人的长远发展十分有利。我意识到他们两人都认为自己是正确的，有时还会认为对方错了。

穷爸爸在州政府升迁得很快，不久就被提升为夏威夷州教育厅厅长。看到他迅速的升迁，人们开始议论，或许有一天他会参加州长竞选。

在穷爸爸仕途发达的时候，富爸爸正在为摆脱贫困、实现自己的致富梦想而辛勤工作。到他的儿子迈克和我上中学时，他已经成了富人，并且越来越富有。他为之奋斗了20多年的计划还在继续。一夜之间，人们开始关注他，关注他的一举一动，他再也不是那个默默无闻的人了。人们想知道忽然在夏威夷大手笔购置房地产的这个人是谁。富爸爸从一无所有开始，制定了一个长期计划，并按计划努力，现在终于成为富有而有影响力的人物。

40岁时，富爸爸从我们生活的小镇搬走，接着又在怀基基海滩做了好几桩大的房地产生意，当地报纸上有关他这位财富新贵的文章连篇累牍。不久，他拥有了怀基基海滩的大片地产，以及一些外岛的海滨地产。富爸爸不再是生活在荒僻小岛上的穷小子，他已经进入主流社会，成为人们关注的焦点。

当穷爸爸和富爸爸的职业生涯取得重大成功时，我正在纽约的商船学院读书。迈克成了富家子弟，住进了怀基基海滩的一个豪华顶层公寓。他一边在夏威夷大学读书，一边参与管理富爸爸那日益庞大的商业王国。他所住的豪华顶层公寓让人羡慕，但实际上，在上学的同时，迈克还要负责经营他居住的整个公寓楼。

圣诞节在家休假时，我和迈克在富爸爸的办公室聊起了在大学里学了什么、新结识哪些朋友。我的新同学来自美国各地。我对迈克和富爸爸说："我注意到，人们对金钱的看法有很大区别。我的同学有些来自非常富有的家庭，有些来自非常贫穷的家庭。尽管大多数人在学习上都很聪明，但穷人和中产阶级家庭出身的同学与富有家庭出身的同学对金钱的看法确实不同。"

富爸爸立刻回应说："他们的看法不是不同，而是正好相反。"他坐在桌子前，抓起黄色的便笺，写了下列几组可作对比的词语：

相反的观点

中产阶级	富人
工作安全	创办自己的企业
大房子	公寓
储蓄	投资
富人很贪婪	富人很慷慨

写完之后，富爸爸回过头来看着我说："你的现实由你认为什么明智、什么危险这样的认识所决定。"

看着他刚刚写出来的几组对比的词语，我问："你的意思是，中产阶级认为工作安全就很好，创办自己的企业则太冒险了？”我很熟悉这种看法，因为穷爸爸就是这样认为的。

“是的。”富爸爸说，“他们对工作安全还有别的看法吗？”

我想了一会儿，却想不起别的来。我回答：“我不知道你想问什么。我爸爸和很多人都认为有一份安全稳定的工作是聪明的做法。还有什么我没有想到？”

“你忘了我的看法，”富爸爸说，“我说过，中产阶级和穷人与富人相比，对金钱的看法不仅不同，甚至正好相反。那么我的看法是什么？”

富爸爸的很多看法一下子涌上了我的心头，我说：“你认为创建自己的企业很好，而追求所谓的工作安稳实际上却很危险。这是不是就是你的看法呢？”

富爸爸点了点头。

“你是说创立自己的企业并没有风险吗？”我问。

富爸爸摇了摇头，他说：“不，学习建立自己的企业跟学习其他任何事情一样，也会有风险。我是认为一生只追求工作安稳，比冒着一定风险学习建立自己的企业更危险。在这里，一种风险是短期的，另外一种风险则是终生的。”

当时正值20世纪60年代后期，大家都还不知道“裁员”这个词的含义。我们绝大多数人都只知道上学、找工作，并终生工作。等到退休时，公司或者政府将会照顾你的生活。学校和家庭都在教育我们：接受良好的教育，成为一名好雇员。虽然没有明说，但都在暗示：上学、成为一个称职的雇员，是一件很聪明的事。现在，我们大多数人终于明白，工作安全已经是过去的事了，但在当时，没有一个人对这种看法有丝毫质疑。

我看了富爸爸在纸上列出“富人很贪婪”与“富人很慷慨”作比较，明白了自己当时的现实是什么。在我们家里，富人一直被看做是冷酷贪婪的人，他们唯利是图，为富不仁。

富爸爸指着他写的对比词语，说："你能理解他们认识上的区别吗？"

"他们的看法完全相反，"我小声说，"不仅是不同。那就是许多人很难致富的原因。致富需要的不仅仅是认识上的不同。"

富爸爸点点头，并希望让我们进一步加深理解。他说："如果你想致富，那么你就需要学会用与现在相反的思维方式去思考问题。"

"只要用不同的思维方式就行了吗？"我问，"难道不要求做事方式也有所区别？"

"并不一定，"富爸爸说，"如果为了工作安稳而工作，你将辛劳终生；如果为了建立自己的企业而工作，或许在起步阶段会辛苦一些，但是后来你的工作时间会越来越少，而且可能比前者多赚十倍、百倍，甚至千倍的钱。你说哪个更聪明呢？"

"那投资呢？"我问，"我的爸爸妈妈一直说投资风险太大，他们认为储蓄更明智一些。难道你投资时做的事情不一样吗？"

富爸爸听到我父母的这种看法笑了起来。"储蓄和投资需要完全一致的行动。"他说，"尽管有时人们的想法完全相反，但他们将做同样的事情。"

"同样的事情？不是其中一个更有风险吗？"我问。

"不。"富爸爸又笑了，他说，"让我给你们上人生中非常重要的一课吧，但在讲之前我能不能先问你们一个问题？"我们当时已经长大了些，富爸爸可以更深入地讲他过去教给我们的事情了。

"当然，你可以问任何问题。"我回答。

"你的父母是怎样省钱的？"富爸爸问。

"他们尽量从多方面省钱。"我想了想，然后回答。

"好的，能不能举一个例子，举一个他们花了很多时间去做的事情。"富爸爸说。

“可以。每周三等到超市宣布本周特价食品时，我的父母就会找到超市的宣传单，并依此采买一周的食品。他们致力于寻找商家的食品优惠活动，会在这上面花好多时间。事实上，我们家的饮食完全取决于超市进行哪些食品的促销活动。”我说。

“接着，他们会做什么？”富爸爸问。

“然后，他们到镇上的各个超市去买回低价处理的东西。他们说，购买这些特价食品可以省不少钱。”我回答。

“我对他们的这种做法并无异议，”富爸爸说，“他们购买低价处理的衣服或其他东西吗？”

我点了点头，说：“是的，他们买汽车时也是这样，不管新的旧的。他们花了很多时间购物，为的是能省钱。”

“所以，他们认为省钱是聪明的做法？”富爸爸问。

“确实如此。”我回答，“事实上，当他们找到特价食品时，一下子会买很多，放在家里的大冰箱里。就在前几天，他们发现猪排特价，就买下足够吃6个月的猪排。他们热衷于到处寻找这种省钱的方式。”

富爸爸忍不住放声大笑：“猪排？他们买了多少猪排？”

“我不知道具体有多少，但的确很多，我们家的冰箱又被塞满了。不仅仅是猪排，他们还从另一个商场买了特价汉堡包，都放在冰箱里。”

“换句话说，他们买来冰箱，就只是为了存放这些特价食品吗？”富爸爸笑着问。

“是的。”我回答，“他们努力节省每一分钱。他们用很多时间搜集各种优惠券，购买各种特价商品。他们这样做错了吗？”

“没有，”富爸爸说，“那样没有错。只是他们有一个和我不同的现实。”

“你不这样做吗？”我问。

富爸爸笑着说：“我一直等着你问这个问题。现在，让我来给你讲最重要的一课吧！”

“这一课是关于你为什么从来不像我父母，是吗？”我又问，期待着富爸爸的回答。

“不是，”富爸爸说，“是关于我如何与你父母做同样的事情。事实上，你已经见过我做那些事情。”

“什么？”我说，“你也买特价商品把你的冰箱塞满吗？我从没有看到你那样做。”

“是的，你没看到过，”富爸爸说，“但是你看过我低价购入投资项目，以扩充我的投资组合。”

听到这句话，我愣了半天，接着问道：“你买东西是为了扩充自己的投资组合，而我父母是为了塞满他们的冰箱？你的意思是说你也做同样的事情，但是买下、塞满的东西不同？”

富爸爸点了点头，他想让自己的教诲能够进入20岁的我的大脑。

“你们做着同样的事情，但是，我的父母越来越穷，你却越来越富。你所讲的就是这样的一课吗？”我问。

富爸爸点了点头，说：“这只是其中的一部分内容。”

“另一部分是什么呢？”我问。

“好好想一想，”富爸爸说，“我们一直在说什么主题？”

我想了一会儿，最终这堂课的另外一部分慢慢在脑海中浮现。“哦——”我说，“你和我父母虽然做着同样的事情，但你们的现实却不同。”

“你快要理解了。”富爸爸说，“他们怎么看待聪明和冒险呢？”

“嗯，”我大声说，“他们认为节约、储蓄是聪明的，而投资是冒险的。”

“还有呢？”富爸爸说。

“他们认为投资是冒险行为，所以他们努力工作，省下钱来储蓄。事实上他们正与你做着相同的事情。如果他们改变自己的现实进行投资，像买猪排一样精打细算，他们一定会越来越富有。你和他们做着同样的事情，但是你收购企业，投资房地产、股票、债券，以及寻找其他商业机会。你为了投资组合而购买，他们为了自家冰箱而购买。”

“所以我们做着同样的事情，却是从不同的现实出发。”富爸爸说，“决定他们长期贫困或成为中产阶级的因素是他们的现实，而不是行为本身。”

“他们的精神现实使他们贫困，”我轻声说，“正是对什么是聪明什么是冒险的不同认识，决定了我们一生的社会经济地位。”我使用了刚从大学经济学课上学到的新词汇。

富爸爸接着说：“我们做着同样的事情，但是我们的出发点不同。我从一个富人的心态开始行动，你的父母从一个中产阶级的心态开始行动。”

“这就是为什么你一直说‘你认为真实的就是你的现实’。”我轻轻地加了一句。

富爸爸点了点头，继续说：“因为他们认为投资充满风险，所以关注到的就是那些已经或即将亏损的例子。他们的现实使自己对其他现象熟视无睹，只看到自己认为真实的事情，即使那并不完全真实。”

“所以一个认为工作稳定是最明智选择的人，会找到为什么工作稳定明智的例子，也会找到为什么建立自己的企业充满风险的例子。人们会寻找证明自己现实的证据。”迈克补充说。

“完全正确。”富爸爸说，“这样有意义吗？你明白了吗？”

我点点头，心中还在回味富爸爸刚才所讲的内容。我指着黄色便笺上富爸爸写的“大房子”和“公寓”，说：“我的父母一直梦想着购买更大的房子，而你一直在投资更大的公寓。你们都在做着相同的事情，但是你越来越富有，而我的父母仅仅为‘大房子’而得到了更大的抵押贷款。这就是心态和现实的力量的另外一个例子，不是吗？”

“是的。”富爸爸说，“为什么你的父母一直想买更大的房子？”

“因为我爸爸不断加薪，所以纳税也在不断增加。他的会计师就劝他购买更大的房子，这样就可以因偿还更多抵押贷款而获得更大的税收减免。”我回答。

“他自己也认为这是一个明智之举，是吗？”富爸爸问，“因为他认为房子是自己的资产，还可以从政府那里获得大笔税收减免。”

我点头补充说：“而且他们认为购买公寓充满了风险。”

“我们都得到了同样的税收减免，不过我因此更富有，而你的父母却压力更大，工作更辛苦。我是由于良性债务而得到税收减免，这些债务使我更富，而你的父母是因为不良债务而得到税收减免。现在，你明白‘聪明’与‘冒险’是如何决定人们的现实了吗？”富爸爸问。

我和迈克一起点了点头。“现在完全明白了。”迈克说。

“但是，‘富人很贪婪’与‘富人很慷慨’是什么意思呢？”我指着最后一行问。

“首先，你不能将个人的穷富与他是否贪婪、慷慨联系起来。世界上有许多贪婪的穷人，也有不少慷慨的穷人，反之亦然。”富爸爸说，“正如我经常和你们说的那样，致富之路有很多。你可以通过购买便宜东西积累个人财富，但问题是此后你终生只能不断购买便宜东西。你可以通过和富人结婚致富，这非常普遍，但我们都知道那会让你付出什么代价。招摇撞骗也可以致富，但不蹲监狱也可以致富，为什么要冒蹲监狱的风险呢？靠运气有时也可以致富，但问题是如果还想更富裕，你就只能依靠智慧而不是运气了。”

以前已经听富爸爸讲过好多次了，这一次我真希望他能够讲讲怎样慷慨地致富。于是我又追问：“‘富人很贪婪’与‘富人很慷慨’之间到底区别在哪里？”

“你们还记得我曾经说过的，用‘越来越少’的付出做‘越来越多’的事情吗？”富爸爸反过来问我们。

我和迈克都点了点头。

“很好，用越来越少的付出做越来越多的事情，就是慷慨的一种形式。事实上，慷慨是致富的捷径。”富爸爸说。

“你是说，通过为更多人服务而致富？”迈克说。

“对。”富爸爸说，“任何时候当我想赚更多钱时，我必须要做的就是问自己，我怎样才能为更多的人服务。”

迈克转过头来对我说：“爸爸从来没有对你说过这些吧，我想你得准备好听他下一堂课了。我们现在已经不是小孩子了，可以更好地领会他的观点。”

“领会什么？”我问。

“我应该告诉他吗？”迈克问。

“你已经开始了，所以你可以完成你开始的话题。”富爸爸说。

迈克转向我，开始低声说：“你爸爸一直对你说富人贪得无厌，不是吗？”

我点点头，说：“说过很多次。”

“他那样说的原因是，他认为雇员在某个职位上干得时间越长，富人支付的薪水应该越多。他称之为资历或任职期限，对吗？”

我点了点头。

“但你能理解吗？在大部分情况下这些人通常只完成了和他之前同样的工作量，或者做的只是相同的工作。”迈克轻声问。

“我理解，”我回答，“但我爸爸不这样看，他相信薪水应该随着忠诚度和资历的增加而增加。”

“所以你爸爸认为富人很贪婪，因为他们不愿为雇员的忠诚度和资历付薪水。是吗？”

“是的。”我回答。

“你认为做同样的工作，却希望得到更多的薪水是贪婪吗？”迈克问，“或者，如果所做的工作超出了职责范围，却希望为加班或额外的工作得到报酬？”

“但那正是我爸爸的观念中人们赚钱的方式啊，”我说，“那是他们的现实。”

“还是那个问题，”富爸爸说，“还是‘现实’的问题，我们来自不同的现实。在我看来，干同样的工作却希望得到更多薪水就是贪婪。我认为如果想得到更多的钱，首先就要用越来越少的代价，做越来越多的工作，并为越来越多的人服务，那样我才能致富。”

“这就是爸爸让我们阅读亨利·福特的传记的原因，”迈克说，“亨利·福特成为世界上最富有的人之一，是因为他为越来越多的人提供了成本越来越低的汽车。在我爸爸看来，福特是一个非常慷慨的人。然而，很多人却认为福特非常贪婪，在他们的现实里，福特剥削工人。这种分歧源于各自不同的现实。”

“我理解，”我说，“在我长大时，我注意到，用越来越多的劳动换取越来越少的收入的人，与那些用越来越少的劳动换取越来越多收入的人之间，有区别。在我爸爸看来，大学教授授课最少，获取的报酬却应该最多。他们被称为‘终身’教授，那是我爸爸向往的现实。”

“而且他们认为那是很‘明智’的想法，”富爸爸说，“但那不是我所向往的方式。”

“那就是你爸爸的房子比我爸爸的房子更大的原因，”迈克说，“我爸爸花去多年时间购买、建造公寓，以便为更多的家庭提供他们可以买得起的房子。他建的公寓越多，房租就降得越多。如果没有像我爸爸这样的人，许多低收入家庭将负担越来越多的房租，因为他们没有多少选择的余地。公寓越多，就意味着房租越低，这是基本的经济学供求理论。你爸爸努力工作，为的是自己和家庭能有更大的房子。他不为别人提供房子，却仍然认为富人很贪婪。那是你爸爸的现实，不是我爸爸的现实。”

我安静地坐着，为迈克和他爸爸能够尽可能委婉地与我谈论这个话题而感激。他们竭尽全力为我指出“贪婪”与“慷慨”的区别。在20岁的时候，我的现实开始转变。我明白了自己应该选择自己想要的现实，应该选择富爸爸的现实。在那种现实中，很多富人都很慷慨。从此以后，我明白了如果想要致富，首先必须设法变得更慷慨。我懂得了可以尝试用更少工作获得更多收益而致富，但是，我更懂得了可以通过为更多人做更多事而致富。我选择了那种现实，正如富爸爸所说：“这两种想法不是不同，而是正好相反。”20岁那年，我开始用与我的家庭完全相反的思路思考问题。我意识到我家的思维方式实质上是贪婪的思维方式。为了年轻富有地退休，我需要做的就是让自己越来越慷慨，而不是越来越贪婪。

在《富爸爸财务自由之路》中，我讲过，不同的人处于不同的象限，那张图表如下：

不同的象限代表不同的现实。一个人如果想改变自己所处的象限，或者想要处于两个甚至更多的象限，就必须改变自己的现实。例如，E象限代表雇员，他们往往从工作安全的现实看待世界。

S 象限代表了小企业主或者自由职业者，他们用个人独立、自由或者坚韧不拔的精神看待世界。B 象限代表大企业家。即便在 S 象限与 B 象限的对比中，你也会看到杠杆的力量。小企业主与大企业家的主要区别之一在于他们服务对象的多少。大企业家竭尽全力建立一个系统，为尽可能多的人服务。小企业主常常依靠自己个人的力量为他人服务。S 象限的问题是小企业主即使整日劳作，也不能像大企业家那样为那么多人服务。因此，小企业主与大企业家的一个区别，就在于小企业主用个人的力量为人们提供服务，而大企业家则利用一个系统为尽可能多的人提供服务。

I 象限代表投资人，那是富人的训练场。投资者用钱生钱。他们不必工作，因为他们的钱在为他们工作。

建议

也许你想对自己进行一个快速测试，测试的内容通常如下：你的家人对下列问题所涉及的现实是如何回答的？

	明智	冒险
1. 工作安全	____	____
2. 建立自己的企业	____	____
3. 一幢大房子	____	____
4. 公寓	____	____

5. 储蓄　　　　　　　　　　____　　　　____

6. 投资　　　　　　　　　　____　　　　____

7. 富人是　　　　　贪婪的____　慷慨的____

现在你或许想在自己的现实上进行同样的测试。我请你首先对你家的现实进行测试，是因为家庭的现实情感影响力非常大。在对比了你自己和你家的现实之后，你可能就会理解同一个家庭的不同成员之间，现实也有不同。

为了年轻富有地退休，我在找到和接受自己的现实之前，不得不拒绝自己家庭的某些现实。我和金为了能够年轻富有地退休，我们必须寻找为越来越多人服务的途径，而不是妄想多挣钱少服务。

第 7 章
怎样才能少工作多赚钱

“如果你想致富，”富爸爸说，“就不要老想着加薪。相反，你要开始思考怎样才能为更多的人服务。事实上，如果你严肃对待致富问题，就真的不要寄希望于加薪。如果获得了加薪，你就是在为一种不合适的钱而工作。”

在前面几章中，我曾经讲过如何通过增加债务提早退休，而不是像大多数人那样避免债务。这种思想背后的逻辑是，债务也有良性债务与不良债务之分，而大多数人背负的是不良债务。收入也是如此，有良性收入与不良收入，但大多数人没有意识到这一点。大多数人未能致富，是因为他们努力工作，得到的仅仅是不良收入。当你要求加薪时，就是在要求增加一种不良收入。如果你想年轻富有地退休，就需要为良性收入努力工作。

在“富爸爸”系列的前几本书中，我讨论过 3 种不同类型的收入，分别是：

1．劳动收入。劳动收入就是你为钱工作而得到的收入，它以工资的形式付给你。当你要求加薪、奖金、加班费、佣金或者小费时，它还有更多形式。

2. 证券收入。证券收入通常来源于纸资产，如股票、债券和共同基金。将来，绝大多数退休金要依靠证券收入。

3. 被动收入。被动收入通常来源于房地产投资。它也可以来自于专利权或者知识产权，比如歌曲、图书或者其他知识产品的收入。

富爸爸为什么不喜欢劳动收入

在富爸爸的观念中，最糟糕的收入莫过于努力工作带来的劳动收入。对他来说，那是最糟糕的收入，主要有以下4个原因：

1. 它是纳税最重的收入，而且你不能控制纳税的多少和时间。

2. 你不得不整日为此劳作，耗费自己最宝贵的时间。

3. 劳动收入几乎没有什么杠杆可以利用，大多数人增加自己劳动收入的主要途径只能是更卖力地工作。

4. 你的工作通常没有什么剩余价值。也就是说，你工作拿到薪水，接着又工作又拿到薪水。这样反复轮回，在富爸爸看来，为劳动收入而工作几乎没有什么杠杆可用。

随着年龄的增长，我总感到富爸爸不喜欢劳动收入是一件很有趣的事情。他常常说："对孩子最糟糕的建议，莫过于让他上学读书，以便谋得一份高薪工作。"他那样说不是因为他反对学校，而是他反对让孩子耗费一生，仅仅是为了劳动收入。我知道，大多数人梦想高薪职位能给自己带来很多劳动收入。这也正如我在前面所说的，很多人的现实不仅仅是不同，而是正好相反。富爸爸说："让人终生为了一份工资而工作，就像教人做一个生活的高薪奴隶。"

为什么富爸爸喜欢被动收入

尽管拥有全部3种收入方式，但如果让富爸爸从中选择，他肯定每次都会选被动收入。这是为什么呢？因为那是他可以劳动最少的一种收入，纳税也通常最低，而且长期以来为他带来的收益也最高。也就是说，他努力争取被动收入，是因为从长远来看，他付出的劳动会越来越少，服务的人却会越来越多，随着年龄的增长收入也会越来越多。

为了年轻富有地退休，我必须明白要努力赚哪一类钱。我和金能够提早退休，就是因为我们制定了努力工作获取被动收入的计划，而不是像大多数人那样争取劳动收入。另外一个区别就是，我们打算退休时拥有更多的被动收入，而不是简单的证券收入，而后者正是大多数人退休后将依赖的。大多数人退休后主要依赖的证券收入，不会总是一种优质的收入，因为在3种收入中，它的税率第二高，而纳税往往是个人一生中最大的一笔支出。下一章将会进一步做出解释。

富爸爸拥有上述3种收入，是因为每种收入都有各自的优点和不足。穷爸爸努力工作，仅仅是为了一种收入。当用一生来衡量时，这个小小的不同造成了他们人生巨大的差异。

富爸爸穷爸爸为不同的收入而奔忙

富爸爸穷爸爸为不同的收入而奔忙。穷爸爸反复强调："好好上学，那样你才能找个一个好工作。"富爸爸却说："不看你挣多少，而看你留下多少。"他继续说："得到劳动收入最辛苦，能留下来的却最少。"

50% 的钱

富爸爸常常将劳动收入，也就是薪水，称为“50% 的钱”。因为不论你挣了多少钱，政府总是通过这种或那种方式从中至少拿走 50%。如果你现在年薪 5 万美元，那么至少有 2.5 万美元要被政府拿走，而且大多数在你接到这笔钱之前，就已经被扣除了。即便你拿到了剩余的 2.5 万美元之后，各种税还会接踵而至。就像大多数人所了解的那样，你在赚钱、消费、储蓄、投资甚至死亡时，都被课税。事实上，如果没有做好准备，去世时你所承担的税费将会非常高。正如富爸爸常说的：“如果你对去世后自己的钱没有一个计划，那么政府就要替你想办法了。”

在富爸爸看来，一个人辛辛苦苦地工作，劳动收入却被政府至少拿去 50%，实在是不明智。

（几年前，税率甚至超过了 50%。最近几年税率下调，但作为补偿，许多可以合理避税的网眼被堵塞了。事实上，在富爸爸主要依靠劳动收入的那些年，他常常称自己的劳动收入是 80% 的钱，因为这就是当时政府从高工资收入者那里拿走的数额。）

穷爸爸从来不懂不同类型收入之间的区别，因此他为了那 50% 的钱辛勤工作，然后听从会计师的建议购买更大的房子，以便获得从来没有真正得到过的税收减免。他从不深究不同收入之间的区别，而是重新回到学校进修，以便能升职加薪。也就是说，他努力工作，努力学习，挣得越多，纳税也就越来越多，因为他是为了 50%的钱而工作。

富爸爸很难理解那些耗费生命只为寻求高薪工作或者希望加薪的人，他经常说：“当你获得加薪时，政府同样也会得到更多钱。”对他来说，浪费生命只为得到 50% 的钱，在财务上实在不是明智之举。

20% 的钱

大多数人想利用富爸爸所说的 20% 的钱，也就是资本收益、股票增值或者有时还包括房地产增值来维持退休生活。在几年前这个比率还很高，也就意味着为了资本收益而工作现在似乎显得更明智一些。如果你听到政客们说，“我的对手正在给予富人税收减免”，他们通常说的是证券收入上的税收减免。

许多人在财务上更聪明些，不愿意为了劳动收入而卖力工作。许多人寻求股票认购权，如果公司经营成功，他们将获得 20%的钱。(其中一部分被当做劳动收入，但随后增值的部分可能会是 20% 的钱。)如果公司没有达到市场预期价值，那么股票认购权也就一文不值。关键在于人们能否理解有利税率，以及不同类型收入的不同杠杆作用。贫富差距不断拉大，是因为大多数人没有意识到有不同类型的收入。他们辛勤工作，为的却是错误的收入类型。

0% 的钱

我和金能够提早退休的一个原因是我们利用了纳税递延的资金——这种被富爸爸多次称为 0% 的钱。纳税递延资金是资本收益中没有即时纳税的钱，而且只要我们选择纳税递延，一般都可以得到。

例如：我们首付 5000 美元，买下了总价为 5 万美元的房子。两年后，我们以 10 万美元的价格转让。我们得到的资本收益是 5 万美元，但我们选择先不缴纳 20% 资本收益税，也就是 1 万美元。如果从股票或者共同基金中赚取同样一笔钱，大家可能只有马上纳税，而我们则可以选择延迟纳税，用这次 5 万美元的收益，加上当初 5000 美元的首付金，共 5.5 万美元投入到下一个项目中。也就是说，我们两年之中获得了5万美元，得到1000%的收益，并且没有马上纳税。我们合法地延迟了纳税，而且用从技术上讲属于政府的钱作为首付，投资一幢更大的价值33万美元的公寓。接着，我们利用银行的钱和卖家的部分资产净值，填补了剩余的27.5万美元的资金缺口。我们不仅运用了他人的钱，还运用了政府的钱，从而使自己能够年轻富有地退休。从1988年到1994年，我们多次运用了这种投资策略和纳税策略。

在美国，与投资有价证券相比，投资房地产的一个优势是可以合法获得免税代码。政府允许这样做的目的是为了鼓励投资者继续将资金投入到房地产项目上，从而为那些不买房或者买不起房的人提供住处。这些税收减免政策让我和金这样的投资者不断提供大量出租房屋，从而抑制了租房成本。由于房地产业是美国经济的重要组成部分，上述税收刺激让美国房地产业充满生机，从而使国家经济一直保持强大。如果房地产业受到伤害，美国经济势必受到严重冲击。

免税的钱

可以获取免税的钱还有不少途径，其中一个就是投资免税的市政债券。比如，一个人用1000美元投资年利率为5%的免税债券，意味着这个人每年可以获得50美元的免税。尽管这听起来并不令人兴奋，但仍有很多时候这样的结果也是人们渴望得到的。

免税的0%的钱

另外一个延迟纳税的途径，就是从改造现有房产中计提折旧[1]。比如，购买10万美元的租赁房产。其中土地价格是2万美元，建筑

[1] 折旧，是指在固定资产使用寿命内，按照确定的方法对应计折旧额进行系统分摊。

物价格是 8 万美元，政府允许对建筑物进行折旧，而且折旧费不用纳税。如果政府同意我们 20 年共 8 万美元的折旧计划，那每年可以抵消 4000 美元额外收益而不用纳税。4000 美元看起来不是一个大数目，但当你的投资组合达到数百万美元的时候，仅仅是折旧费，与其他并非必须的损失加起来，就非常可观。

富人合法获得税务减免的一个办法，就是不断延迟自己的房地产的资本收益，直到他们去世前，再将那些房地产转变为一些类似于剩余资产慈善信托的东西。当他们那样做的时候，他们可能就永远不必为过去延迟过多次的资本收益和用过的折旧纳税。正是这些法定的税收减免，才使如此多的富人在生命结束前，捐出他们的毫宅或者其他财产。通过捐赠资产的税收延迟，他们家族往往变得非常富有，甚至无需资产还会变得更富有。他们有了足够的钱收购其他资产，可以再次慷慨捐赠了。

称职的建议

这时，对你最好的建议就是寻找能干而称职的顾问。我不是税务律师，不是税务会计，也不是房地产律师。这些高度专业化和非常复杂的法律领域，你需要寻找最好的建议，尤其是在你已经或准备致富的时候。正如富爸爸常常提醒的：“代价最大的建议就是所谓的免费建议，它往往来自那些没有致富也没有致富计划的亲戚朋友。”

糟糕的建议

糟糕的建议不仅可以来自朋友和家庭，也可以来自所谓的专业财务顾问。

很多人被告知说，住房是他们获得税务减免的最好途径。但在我看来，这种建议却属于糟糕建议之列。在美国，你每支付 1 美元的利息，政府允许你得到大约 30% 的税收减免。这意味着，如果你缴纳给政府 1 美元，政府会允许你保留 30 美分。但是，如果这样对你有意义的话，那请你就给我 1 美元，我可以返还给你 50 美分。

另外一个问题是，很多财务顾问没有告诉你，如果你的劳动收入超过了 12.5 万美元，你将开始失去房子的利息税减免。这是另外一个不要为劳动收入辛苦工作，然后为了所谓税收减免而购买一所大房子的原因。

获得税收减免的最好办法

在前面几章中，我已经讲过人们对于聪明和冒险的不同认识。在我举的第一个例子中，我提到穷爸爸认为工作安全很明智，创建自己企业就是冒险。富爸爸的观点完全相反，他说："如果你为了工作安全而工作，那么你就会工作越来越多，得到的却越来越少。对我而言，为了获得所谓的一点点安全，付出这样的代价就太大了。"

现在的情形同我小时候相比没有多少变化，多赚钱少工作的最佳途径仍然是拥有自己的企业，这也一直是世界上获得税收减免的最好办法。创建企业的一个原因是：缴税时的区别。

雇员	**企业主**
收入	收入
纳税	消费
用纳税后剩余的钱消费	为消费后剩余的钱纳税

现在，雇员是用税后收入支付许多生活必需品。比如，大多数雇

员不得不用税后收入来买车。对于企业主来说，如果他的车用于企业，或者为了某些特定的用途，那么他就被允许用税前收入购买。当你为了 50% 的钱工作时，你的汽车比老板的汽车实质上贵了许多，即便你的车价本身便宜。企业主甚至还可以用税前收入支付这些费用，比如足球票、旅游费用、餐费、孩子看护费等。企业主用税前收入支付上述费用，而雇员只能用税后收入支付。（当然，企业主的营业费用必须符合法律规定，也可能要受到另外一些限制。）因此，在美国，大多数人不仅为了 50% 的钱而工作，而且他们还得用只剩下一半的钱承担更多的生活消费。当我跟着富爸爸学习这个区别时，我很快意识到工作安全的代价实在是太大了。

特别提醒

> 本书不是一本法律教科书，只是提醒大家一些收入上的不同。因为你为了赚更多钱使用这些税收策略，是减少税务支出的合法途径。但如果你使用这些相同的策略，只是为了最小化税务支出，那么你在技术上就违反了法律。这是非常重要的一点，也是我鼓励大家尽可能寻求最好税务建议的原因。我遇到过太多的人，他们做事的唯一目标就是减少税务支出，最终受到了政府的严厉惩罚。再次提醒大家，在这个法律领域最好的专业协助常常是无价的。

极少的税收减免

当你学习和理解了《富爸爸财务自由之路》，就会很快意识到税法对于雇员来说是最糟糕的。事实上，正是这些低收入的雇员承担着最高的税率——我们的政府就是这样“保护”工薪阶层的。即便是处于S象限的自由职业者，也比处于E象限的雇员有更多的机会得到税收减免。

最好的当然是B象限，因为B象限允许你在税法上利用其他象限的优势。比如，作为B象限的人，我可以利用E象限、S象限以及I象限的各种税收优惠。对于仅是E象限或S象限的人来说，却无法做到这一点。也就是说，在美国，如果你是一个雇员，或者是一个像律师、医生那样的自雇人，你就不能享受到B象限的人所拥有的很多税收减免。而B象限的人却可以方便地使用E象限、S象限和I象限的各种税收减免。再次提醒，如果你想运用法律允许的各种税收优惠，富有竞争力的财务、税务建议和计划都是十分重要的。

辛苦究竟为哪类钱

问题在于，你辛辛苦苦地工作，究竟是为了哪一类钱？如果你是为了50%的钱而工作，就必须比为了代价更低的钱而工作的人更努力，因为E象限人拿到的钱是最昂贵的。如果你问任何注册会计师，他们都会告诉你，因为你处于E象限，他们能为你做的事非常有限。政府已经封堵了这个象限的大多数税收优惠。

对于E象限，也就是雇员象限的人来说，你最大的税收优势就是你的401(k)退休金计划。我也有一个。无论你是否正计划变得安全、舒适或者富有，每个人都应该充分利用自己的401(k)退休金计划优势。对于E象限的很多人来说，这是唯一真正能得到的优惠。

401(k)退休金计划存在的问题

如果符合条件，我鼓励大家充分利用401(k)计划优惠，但我还是发现了401(k)计划的一个主要缺陷。这个缺陷是，尽管你将自己的钱存入其中，像希望的那样，增值情况良好，并且在退休取出时获得了20%的资本收益税减免，但是，实质上你已经是二次纳税，因为你已经为劳动所得缴纳了50%的税。尽管你认为自己正在进行组合投资或投资20%的钱，但提款时你会发现，你还要缴纳与所得税率一样的税费。也就是说，即便你投资了可以获得税收延迟的20%的钱，但是当你需要现金时仍然要缴纳50%的税。那意味着你为了50%的钱辛劳终生，而退休时，你还要缴纳50%的税。（当然，如果你的雇主为你配套缴纳了一定比例的401(k)计划，那么你的贡献就更大了。）

401(k)计划存在的第二个问题是，它只为打算终生贫困的人服务。如果你退休后收入仍然很高，就将继续为退休金缴纳更高税金，因为你的收入提高了，而不是降低了。

我们讨论3种不同层面的财务计划，一种追求安稳，一种追求舒适，还有一种追求富有，每一种计划都有不同的投资渠道。401(k)计划和储蓄是实现安稳和舒适计划的组成部分，却不是致富计划的一部分。

社会保险存在的问题

社会保险存在的问题在于，它只是为那些想做穷人的人服务。如果你退休后忽然发现社会保险不足以维持自己的生活，又出去为劳动收入而工作，政府就会开始减少你的社会保险金。也就是说，在大多数情况下，获取全额社会保险金的唯一方式就是选择做一个穷人。

储蓄存在的问题

对于那些坚信所有的余钱都应该存入银行，或者储蓄是明智的选择的人来说，他们的钱在为50%的钱工作。我也有储蓄，但我并不觉得储蓄像很多人认为的那样明智。我有储蓄，但那只是作为自己安全、保险的财务计划的一部分，而不是致富计划的一部分。尽管我认为让自己的钱去赚50%的钱同时又遭遇通货膨胀，并不是明智之举。

最糟糕的现实

在接下来的几章中，你就会明白为什么从税收角度讲，最糟糕的建议莫过于：上学，找个工作，工作勤勉，积极储蓄，将钱投入到401(k)计划中。这条道路上的每一步都建议人们为了50%的钱而努力工作。穷爸爸之所以贫穷，就是因为这是他给自己和孩子的建议。在说到金钱的时候，这是他心中唯一的现实。

如何获得更多有税收优惠的收入

如果你想年轻富有地退休，就需要听从富爸爸的建议。他建议从建立自己的企业开始。

仅仅通过创建一个小型家庭型企业，购买特许经营权，或者加入网络营销的公司，你就会获得更多税收优惠收入。如果你降低某些花费，仅仅利用税收优惠的收入，你就会在财务上占据主动权。但是，切记你的目标应该是赚更多钱，而不仅仅是少纳税。它们一个是税务规划，另一个则是逃税。

你如果对怎样获得更多有税收优惠的收入感兴趣，可以寻求更多的培训产品。比如，我的个人税务会计师戴安·肯尼迪设计的两种产品：

一种是《走向财务自由之路的第一步》，包括一个4盒装磁带和一本练习簿。第二种是一本书《致富的窍门》，属于富爸爸顾问系列图书，华纳出版公司出版。该书详尽阐述了如何拥有一个企业来帮助自己获得更多的税收优惠。

但要永远记住，即便是像上述这样可以信赖的图书等产品，也无法替代你的专业顾问。对于那些急切渴望致富并且想长久拥有财富的人来说，税务策略不是自己动手就可以解决的。上述两项产品会对你找到称职的顾问有很大帮助，让你知道应该找什么样的人，如何找到这样的人，也可以让你提出更有智慧的问题。

不为赚钱而工作

在《富爸爸穷爸爸》中，我讲过一个故事：富爸爸拿走我 10 美分每小时的工资，让我免费工作。很多人认为那是一个有趣的故事，但不为赚钱工作却不是他们的现实。我想告诉大家这样一种思想：如果你想为纳税延迟或免税的钱而工作，那就意味着在大多数情况下，你要不是为了赚钱而工作。

付酬劳动收入的税率一般是最高的，因此，遇到学校中聪明的年轻人为找到高薪工作欣喜若狂时，我常常为他们担心。一个抱有这种思想和现实的年轻人，就是那种将来为了 50% 的钱工作越来越辛苦的人。直到有一天，在高薪职位上工作到他们 40 岁了，忽然醒悟过来，开始想到：为什么一些朋友在财务上已经远远超过了自己？努力工作的员工财务状况最终落后于别人，主要因为他们是为劳动收入努力，是为加薪或者奖金努力工作。

即使穷爸爸在开始时劳动收入高于富爸爸，但富爸爸还是最终赶上并超过了穷爸爸赚钱的极限。富爸爸说：“你将会投入时间，无论你是否为劳动收入、证券收入或者被动收入工作。为劳动收入而工作的人面临的困境是他们不得不始终努力工作。最终，为证券收入或被动收入而工作的人将会超过劳动收入而工作的人。因为当你为证券收入和被动收入工作时，可以工作更少收入更多，而且纳税也越来越少。”

下列这组数据也可以说明这一点：

劳动收入	50% 的钱
证券收入	20% 的钱
被动收入	0% 的钱

穷爸爸在财务上被富爸爸超过，仅仅因为劳动收入常常来源于劳动，而其他两种收入来源于资产。随着时间的推移，为富爸爸工作的资产数量和规模在缓慢却稳定地增加。对于穷爸爸来说，仅仅知道以一己之力为获得更多 50% 的钱而工作得更加辛苦。

位于 E 象限的人几乎无法控制自己的税费，不得不承担最高的税负，即便退休后也是如此。如果你现在的收入主要来自 E 象限，你或许应该考虑从其他象限赚钱。S 象限比 E 象限多了一些优势，主要在于能够从税前总收入中扣除某些支出。E 象限和 S 象限共同的问题在于，个人劳动的杠杆因素非常小，承担的税率却较高。最能够自己控制税费、具有最大的杠杆潜力，而且有最多合法税收优惠的是位于 B 象限和 I 象限的人。

如果你迫切希望能够年轻富有地退休，你或许应该考虑如何不为赚钱而工作。当你扪心自问：“我怎样才能不为赚钱而工作并以此致富？”这一刻你开始将自己的思想带入另一个现实。如果你的脑海中对于怎样不为赚钱而工作并致富还是茫然一片，就要继续改变自己的现实，花些时间和精力研究一下位于B象限和I象限的人的致富之路。

富爸爸说：“为了钱而工作很难致富，如果你想真正的富有，就要学习如何建立、购买或者创造自己的资产。”他还说：“只为加薪努力工作是很危险的。”因为人们为了加薪而工作，就会更深地陷入“老鼠赛跑”的生活，而另一些人在财务上则会比你更快地取得成功。

许多非常富有的人，是在自己的空闲时间致富。所以，如果你因为财务责任而找了一份工作，那就继续工作，但是一定要更好地利用自己的业余时间。当朋友们打高尔夫、钓鱼、看电视上的体育节目的时候，你就应该开始自己的业余创业活动了。惠普公司、福特汽车公司都是从一间车库开始起家的。切记：当今你从贫穷到富有的速度比以往任何时候都要快。迈克尔 · 戴尔从大学生到亿万富翁仅仅花了 3 年的时间，当同学们在做家庭作业或在街上喝啤酒时，他正在自己的宿舍创建价值上千亿美元的企业。现在他的大多数同学都到了 30 多岁，整日为了 50% 的钱劳碌奔忙。也有不少人现在重新回到学校进修，希望能升职加薪，他们仍然喝着啤酒，看着体育节目。在财务上，他们可能有了自己的大房子，有了新式多功能跑车，孩子也在私立学校就读，他们希望自己的 401(k) 退休金计划能够在自己退休时提供足够的资金。或许一些人会默默地思考戴尔这个大学辍学生怎么能如此幸运！是的，戴尔的幸运始于他与别人不同的现实，他乐于不为分数学习，乐于不为赚钱而工作。

我和金之所以能够提早退休，是因为我们努力创建自己的企业、投资房地产。计划让我们的工作越来越少，收入却越来越多。我们不为钱而工作，而是努力建立、购买或者创造自己的资产，正如富爸爸曾经建议的那样。我们对高薪职位或者加薪毫无兴趣，对没有多少杠杆作用的工作，以及杠杆作用减少了 50% 的收入，也都兴味索然。对我们来说，那不是聪明的选择，而且从长远看，相当危险。在后面的章节中，我将讲述如何用更低的风险获取更多的资产和更高的经济收益。我仍然要提醒，为了学会如何获取资产，或许你需要不为赚钱而学习和工作。能做到不为赚钱而学习和工作的人寥寥无几，这也是能年轻富有地退休的人少之又少的原因。

> 我并不反对纳税，税收是生活在文明社会的一项必要支出。如果没有税收，我们就不会有警察、消防员、教师、清洁工、法院、道路、交通灯，当然也不会有人从政。本章的重点在于探讨合法而聪明地控制自己的纳税数额和纳税时间。

建议

请列出你现在每月各种类型收入的多少：

1. 劳动收入 ________
2. 被动收入 ________
3. 证券收入 ________

在大多数情况下，如果你想退休，就需要被动收入和证券收入。学会获取被动收入和证券收入的速度越快，年轻富有地退休就会越快。你不仅可以提早退休，还可能感到财务更安全。你或许会感到自己更聪明了，因为你将要获得 20% 甚至可以延迟纳税的收入，而不是大多数人孜孜以求的 50% 的收入。

本书的最后一个部分，将讨论更安全、更高效地获得更多证券收入和被动收入的方法。但是再次提醒大家，在你得到那些类型的收入之前，或许更需要不是为了赚钱而学习和工作。经过了严格认真的学习和工作，才能进入另外一个现实。如果你决定要得到更好的杠杆收入，就牢记莱特兄弟的故事吧。他们是那些因为自己乐于学习而不是为了分数而学习的典范。他们不为赚钱而努力工作，没有任何保障，聪明地应对风险，最终使他们自己乃至整个世界进入了另外一个现实！

第 8 章
快速致富的捷径

《富爸爸发现你孩子的财富基因》出版后不久，一份很有影响力的报纸就刊登了一篇评论文章。当时，大部分的媒体都极其赞赏“富爸爸”系列，对我的书进行了公正、客观的评论。不过那份有影响力的报纸上关于这本书的评论文章却不是如此。作者一开头就攻击我不会写作，而且或多或少地暗示我应该重新回到学校学习写作。具有讽刺意味的是，我已经在书中坦言，我由于不会写作在中学时有两次英文考试没有及格。在 15 岁时因为不会写作我被贴上愚蠢和失败的标签，那是我一生中非常痛苦的一件事件。

从那以后，我从来没有说过自己会成为一个作家。写作可能是我最差的技能，因此我在中学度过了一段艰难的时光。在这本书中，我讲述了自己如何克服阅读和写作的困难，并从大学毕业的经历。探讨了如何发现和培养孩子的独特天分，尽管这种天分可能不是阅读和写作，但可以培养他们的理财技巧。那位作者的批评看起来像是针对我的写作技巧，而不是针对书的内容，而写作技巧也是我整个中学时代面临的问题。

那篇文章即将结束的时候，抛出了一个评论，可能想使文章显得客观公正一些，对我的书也作了一点肯定，“该书将帮助你的孩子更容易被雇用”。在这之前，我认为他对我的写作技巧的批评还算公正，但在文章末尾加上，我的书的唯一现实意义就是让你的孩子更容易被雇用，我非常反对。我怀疑作者是否真的读过这本书，书中从来没有说让你的孩子更容易被雇用，它是在鼓励孩子不要成为一个雇员。如果你希望年轻富有地退休，就需要思考如何才能不成为雇员，而不是怎样才能更容易被雇用。再一次，区别出现在思想现实中。

如何才能成为不受雇用者

在心智杠杆的重要性的概述中，我再次重申，你的现实简单的是你认为什么是真实的。或者也就是大家常说的，你的感知就是你的现实。当有人问我："改变一个人的现实很难吗？"我回答："那要根据个人情况。"对我来说，那就是自己内心的一场斗争，就是用富爸爸认为聪明的事情，取代穷爸爸认为聪明的、值得做的事情。在许多方面，将一个人从中产阶级或穷人的现实转化到富人的现实，就像多年用右手吃饭的人突然学着用左手吃饭。虽然不是很难，任何人只要坚持就能做到，但也不是一件很容易的事情。

致富的最快捷径就是尽快改变你的现实。对大多数人来说，这一点说起来容易做起来难，因为他们更愿意舒服地待在自己现实里，即便那是一个财务吃紧、入不敷出的现实。富爸爸说："大多数人宁愿生活在自己原有的天地里，而不愿拓展自己的现实。"他认为，大多数人更愿意一辈子舒服地干着工作，而不愿过几年艰苦的日子来努力改变自己的现实，从而让自己的余生有大飞跃。用前面的比喻来说，那就是大多数人宁愿用右手吃饭、终生贫困，也不愿学习用左手吃饭、快速致富。在很多方面，那也是精神现实所需要的转变。

内容与环境

《快速公司》是一本非常好的杂志，我在此推荐给大家。该杂志最近一篇题为《学习 101》的文章写道：

> 在新经济时代，对于任何想高速成长并保持住这个的个人、团队或者公司来说，学习都是一个最重要的工具。

进一步，文章引用 InterWise 公司战略学习顾问埃斯特·所罗门·格雷的观点：

> 如此，在旧经济时代，内容是主宰；在新经济时代，环境是主宰。

也就是说，从用右手吃饭转变到用左手吃饭，比使用哪一种餐具更重要。

现在的学校教育，仍然在给学生灌输更好的“内容”，而不是让他们思考信息时代怎样改变了我们生活的环境。就像前面提到的那篇书评所说的，我的书唯一的社会现实意义就是让孩子们更容易被雇用一样，大多数教师都试图创造能让孩子更容易被雇用的课程内容。那也是为什么学校教育一直关注内容，而不是环境的原因。

世界的环境已经发生了改变。我的父母成长于大萧条时代的环境下，工作职位稀少，工作安全是最重要的事情，那也是我的父母强调好分数和一份安稳工作重要性的原因。在我父母生活的时代，如果你在一家大公司找到一份安稳的工作，而你又是忠诚、勤奋的，你的一生就被计划好了。公司将会保证你退休后的财务安全。今天，经过 20 世纪 90 年代早期的经济下滑，大多数人意识到，我们的环境或雇用规则已经永远发生了改变。

内容、环境和能力

尽管富爸爸不大使用“内容”“环境”这些词，而是使用“现实”这个词，但他也经常使用“能力”这个词。他会说：“穷人不仅有一个贫穷的现实，而且贫穷的现实还意味着他没有能力让钱留在自己身边。”

他的意思是，当人们说“我永远不会致富”“我买不起”或者“投资有风险”这类话时，实际上已经削弱了致富的能力。他说：“当一个处于穷人或者中产阶级现实的人，突然得到大笔金钱，他们在思想上和精神上往往没有能力去把握这突然到来的巨额财富。因此，那些金钱就会流出，最终丧失殆尽。”这也就是为什么常常听到有人说：“金钱从我指缝中溜走。”或者：“无论挣多少钱，月末我总是资金紧张。”“当有多余的钱时，我会去投资。”

偶尔，我也会引用富爸爸对他儿子和我讲道理时常常使用的例子。富爸爸先准备一个空的水杯，然后拿起一个又大又满的水瓶往水杯中倒水。很快，水杯中的水就溢了出来。继续往里倒，还会继续溢出。富爸爸会说：“世界上有很多财富，如果你想致富，必须首先拓展自己的现实‘环境’，以便能守住你分享到的大量财富。”在培训班上，我也用这个例子说明内容、环境和能力的关系。我先将水倒进 30 毫升的小量杯，然后是一个小水杯，最后是一个大水杯。以此简要说明穷人、中产阶级和富人拥有金钱能力的不同。

如何拓展你的能力

当有人问：“我应该怎样开始拓展自己的现实或环境？”我常常回答：“审视自己的思想。”我也会告诉人们富爸爸喜欢说的一句话：“金钱就是一种思想。”我用富爸爸给我的建议回答这个问题。他还指出下面这些话存在的问题：

1.“我买不起。”
2.“我做不到。”
3.“那错了。”
4.“我已经知道了。”
5.“我试了一次，不管用。”
6.“那不可能，永远不会管用。”
7.“你做不到。”
8.“那不合法。”
9.“那很难做到。”
10.“我对了，你错了。”

富爸爸说：“愤世嫉俗者与傻瓜是孪生兄弟，来自现实和可能性的两端。”他接着说：“傻瓜相信每一种虚无缥缈、不切实际的计划，而愤世嫉俗者对超出自己现实之外的任何东西都嗤之以鼻。”他最后解释道：“愤世嫉俗者的现实里容不进任何新东西，傻瓜的现实里又满是愚蠢的想法。如果你想真正富有，就要有一个开放的思想，一个弹性的现实，以及让新思想转化为现实和有益的行动的能力。”

再次引用《快速公司》杂志的一句话：

> 在旧经济时代，内容是主宰；在新经济时代，环境是主宰。

富爸爸会这样说："如果你想快速致富，就需要对新思想有一个开放的心态，就需要有更好地实现可能性的能力。为此，你需要一个可以快速改变、拓展和发展的现实。用一个穷人的现实，或者一个贫乏和有限的现实去致富是一项不可能完成的任务。"

为什么不能致富

1985 年，我和金以及好朋友拉里坐在加拿大的惠斯勒山上。为了年轻富有地退休，我们决定忍受痛苦，让自己进入新的现实。相信我，有时确实非常痛苦。当有人问我如何才能快速致富、提早退休时，我往往简单地说："我一直在改变自己的现实。"当有人接着问如何改变一个人的现实时，我就会引用罗伯特·肯尼迪最喜欢的一句话："一些人看到本来存在的事物也会问'为什么这样'，我梦想从未有过的事物，却会自问'为什么不能这样'。"

如果你想快速致富，就应该超越现在舒适的现实，进入人生新的可能，就像罗伯特·肯尼迪所说的那样："为什么不能这样？"

拥有一个能够快速拓展现实或环境的心态，是一种重要的杠杆形式。事实上，那可能就是你最重要的杠杆形式，尤其是在这个快速变化的世界。对于富爸爸来说，有一个可以快速拓展现实的心态非常重要。我认为那是他的伟大的个人技能，也是他不断取得财务成功的原因。现在，随着年龄增长，我更加成熟，对富爸爸禁止他的儿子和我说"我买不起"更是充满感激。在未来的日子里，改变和拓展自己现实的能力将会是你个人最重要的杠杆。在未来的日子里，那些善于改变和拓展自己的环境的人将会把不具备这种能力的人远远抛在后边。正如《快速公司》杂志所说的："在新经济时代，环境是主宰。"

如果你想不断发展，年轻富有地退休，就需要持续快速地改变自己的环境，因为环境决定内容，环境加上内容等于能力。

> 有关心智杠杆重要性的讨论就要结束了。尽管谈论精神现实的主题结束了，但我们在后面的许多内容中，仍将涉及这个非常重要的关于个人现实力量的概念。
>
> 本书下一部分将讨论个人财务计划杠杆的重要性。制定个人财务计划之所以重要，是因为大多数人都空有梦想，却没有计划。梦想着年轻富有地退休固然重要，但为了让梦想变为现实，需要用计划去搭起沟通梦想和现实的桥梁。
>
> 你的心智杠杆将要在本书后面的内容中接受检验，因为我们涉及的金钱数额会超出大多数人的现实。如果这些数额超出了你的现实或环境，那么它们将永远停留在梦想里。正如前面所讲，让一个年薪不足 5 万美元的人，想象不久就会拿着超过 100 万美元的收入退休，通常很难。虽然大多数美国人梦想有一天能够带着 100 万美元退休，但是只有不到 1% 的人会实现。对于其余 99% 的人来说，那种现实永远只能是一个梦想。

好消息是，如果你懂得了拥有正确的现实或环境很重要，懂得了制定一个计划很重要，那么，你得以年轻富有地退休的机会，将会大大增加。

如果你能够改变自己的现实，制定一个强大的计划，你就会发现不用工作而赚到 100 万美元甚至更多的钱，会比整日工作赚 5 万美元容易得多。在这里起决定作用的是一个富有弹性的现实或环境，以及计划。下一部分将集中讨论制定你的计划，一个对你年轻富有地退休起高杠杆作用的计划。

第二部分

计划的杠杆

下面是曾任克林顿政府劳工部长的罗伯特·赖克在一次接受访问时的谈话：

"日益扩大的贫富差距向我们提出了一个严肃的问题。"

"作为劳工部长，我的目标就是让美国人得到更多更好的工作。在那个岗位上辛苦工作多年之后，你可能发现工作和薪水已成了自己生活的全部。然而，它们不是。"

"那不仅仅是有一份工作或有很高薪水的问题。"

"在有不可预知收入的新经济时代，出现了两条道路：快车道和慢车道，没有中间路线。"

问题是：你和你的计划是在快车道，还是在慢车道？

第 9 章
你的计划有多快

"给我速度！"

——汤姆·克鲁斯在《壮志凌云》中的经典对白

终生工作、储蓄并将钱投入退休金账户是一个非常缓慢的计划。对于 90% 的人来说，这是一个好的、明智的计划。但是，这个计划绝不适合那些希望年轻富有退休的人。如果你想年轻富有地退休，就需要一个比大多数人快得多的计划。

如果有机会，租一盘电影《壮志凌云》，看看那些年轻的飞行员必须飞行、必须作出生死抉择的速度。对他们来说，控制速度的能力非常重要，因为他们的生命安全取决于自己控制的速度。今天，在人生和商业活动中也是如此。对于每一个渴望成功和致富的人来说，为了适应商业世界的变化，改变和拓展自己环境的速度已经至关重要。今天，不再有富人和穷人之间的鸿沟。现在，最快速变化的是中产阶级和富人之间的鸿沟。坦率地讲，如果你拥有的是一个缓慢的工业时代的计划或环境，那么你在财务上将会被抛在后面。不是被你的同龄人，而是被那些更加年轻、思维敏捷、创意迭出的人超越。由于环境不断加速变化，我们有了 25 岁的亿万富翁，也有了人到 50 还到处寻找年薪5万美元工作的人。不幸的是，很多像这样的50岁的人还在鼓励他们的孩子按自己的步子走，坐自己坐过的慢车上路。

在《富爸爸投资指南》中，我一开始就提出：投资是一个计划。我也说过，大多数人计划终生贫穷，所以很多人像穷爸爸那样说："我退休之后，收入就会下降。"也就是说，他们计划着工作了一辈子，结果仅仅是变得更加贫穷。富爸爸说："如果你想年轻富有地退休，就必须制定一个快速的计划，使你用越来越少的工作，变得越来越富有。"

如何制定一个快速计划

富爸爸关于金钱的一个基本观点是："金钱是一种思想。"接着，富爸爸还说："思想有快慢之分，就像火车有快慢之分一样。从金钱上来看，大多数人坐在慢车上，眼睁睁地看着窗外的快车驶过。如果你想快速致富，你的计划必须包括快速的思想。"

如果我们准备修建一所房子，大多数人首先会请一个建筑师，制定一套计划。但是，当这些人开始创建自己的财富或者为财富制定计划时，却不知道从何做起。他们从来没有为自己的人生制定过财务计划，也没有致富的蓝图。提到金钱，大多数人照搬父母的财务计划，而那个计划往往就是努力工作，积极储蓄。按照那个计划，数百万人在工作之余，透过自己乘坐的火车车窗呆呆地看着各种豪华轿车、私人飞机、豪华住宅等从窗外掠过。

如果你不打算一辈子坐在火车、飞机、汽车上望着窗外发呆，忍受着交通拥堵，或许你应该制定一个更快速的财务计划。下面就是一些如何开始建立和发展一个更快速计划的思想。

首先选择自己的退出战略

经常有人问我："我要怎样开始投资？"或者"我应该投资什么？"我往往用另一个问题回答他们："你的退出战略是什么？"有时，我还会提出第二个问题："你想在多大年龄退出？"

富爸爸反复强调："一个专业投资者在投资之前，一定会制定一个退出战略。"拥有一个退出战略是进行一项投资的基础，因此富爸爸还说："永远要从结果开始。"也就是说，在投资之前，你首先要明确怎样、何时、何地、赚多少钱退出。例如，如果有人对你说："在计划度假之前，你首先应该做的事情是什么？"答案应该是："你想去哪里？"或者如果有人问你："我应该学些什么？"答案会是："毕业之后，你想做什么？"在投资上也是一样。在决定应该投资什么之前，你首先应该明白从何处结束，因此富爸爸反复说："确定自己的退出战略是一个重要的投资基础。"

很多人因为认识到他们供职的公司或者政府将不会照顾自己退休后的生活，所以很多人进行投资，都是为了自己长远的财务安全。尽管今天有更多人涉足投资是个好事情，但是我还是担心，很多投资者在开始投资之前并没有充分考虑自己的退出战略。

你在退出工作之前想赚到多少钱

好多年前，有人给了我下列从美国政府得来的统计数据。尽管这些统计数据已经有些陈旧了，但我认为其中的比率或钱数没有多大变化。

用 65 岁作为大多数人计划退出或退休年龄的基准，问题是，当你的工作时日结束时你想有多少钱？美国联邦卫生、教育、福利部对 20 岁到 65 岁的人进行了跟踪调查，发现：

在65岁的年龄，每100人中：

36人	已经去世
54人	依靠政府或家庭支持而生活
5人	不得不继续工作
4人	生活不错
1人	生活富有

这些统计数据证实了我前面的说法：大多数人看起来都有一个辛劳终生、贫穷退休的计划。他们不是计划贫穷退休，就是对自己的财务计划或退出战略毫不在意。

看看这些统计数据，问题是，当你到了65岁即将退休时，你打算成为哪一类人？穷爸爸尽管接受了高等教育，工作努力，后来又继续回到学校深造，但是到了晚年仍然以处于整个社会的底层而结束。富爸爸的情况完全相反，以在富人阶层的最顶端而结束。尽管他们两人基本上都是从一无所有开始，但是他们有不同的计划和退出战略，一个人计划贫穷地退休，另一个人计划富有地退休。他们65岁之后都仍然在工作，但一个是不得不工作，另一个是想享受工作的乐趣。

你的退出战略的目标是什么

仔细分析了前面那组来自政府的统计数据以后，我感到有必要进一步找出其中的区别，以获取更有用的数据去决定财务退出战略。在这些统计数据上，基于2000年美元的价值，我进一步加上了钱数的不同。到了65岁退休的时候，因为不工作他们的收入降到了下列数额：

穷人	每年不足或刚刚达到 2.5 万美元
中产阶级	每年 2.5 万美元到 10 万美元
小康	每年 10 万美元到 100 万美元
富有	每年 100 万美元或者更多
超级富有	每月 100 万美元或者更多

不幸的是，100 个美国人中只有 1 个人在工作生涯结束的时候可以达到小康水平或者更好一些。根据美国卫生、教育、福利部的统计：100 人中有 36 人会在退休之前去世，那意味着健在的 64 人中，将有 59 人在小康水平以下退休，而只有 5 人能超过富人的标准。一个原因是，这是一个没有明确退出战略的慢速财务计划。

在投资培训班上，我常常问投资者："当你们的工作生涯结束的时候，你们想成为哪一类人？"也就是说，"你们确定的退出标准是什么？"有一个很有趣的现象，即大多数人愿于在退休时处于中产阶级的水平。于是我说："如果你们热衷于此，就坐慢车吧，慢车也会把你带到那里。"我进一步解释说："慢车道遵循着找一个安稳工作、踏实肯干、保持较低生活水准、积极储蓄、投资长线项目的时间表。"

当有人问我："在慢车道上我能达到小康水平吗？"我的回答是："可以，你可以通过一个安稳、高薪的工作达到这个目标，但你必须从很年轻的时候就开始投资，生活节俭，将收入的大部分用于投资，希望市场不要崩溃，并且愿意在 55 岁之后才退休。"我接着解释说："利用工作安全、节俭的计划去达到小康水平，需要付出代价，代价就是运用上述保守的计划，通常很难达到富有或者超级富有。"如果你想在退休时只达到中产或小康水平，那你就不需要本书。针对那些水平的人的书有很多。很多人以中产或小康水平为退出目标，但我深感担忧的是大约有 50% 的美国人不能实现这个目标。

搭上快车

如果你也像我一样是白手起家，期望在富有或超级富有的水平年轻退休，你极可能就得放弃工作安全，搭上快车。为了搭上快车，你需要有开放的精神、敏捷的思维、更好的商业和投资教育，以及更快的计划。也就是说，你需要从不同于常人的思想环境和内容开始。利用安稳的工作和长线投资达到小康水平的人，无需富有和超级富有水平所有的内容、环境以及严格的控制能力，也能达到。也就是说，没有富有和超级富有水平的现实，他们也可能会挣到钱。正如富爸爸所说："成为富人比拥有很多钱要做的多很多。"

我和金决定从小康水平退出生活的老鼠赛跑，这是我们的目标。我们在 1985 年确立了目标后，就从头开始制定我们的退出战略、投资计划，一直到确定下一个战略。一旦有了退出战略，我们就知道应该做什么，从哪里开始。对我们来说，创业和投资房地产就是搭上了快车。这意味着我们要放弃不少周末休息，少看一些电视，也意味着会不断有亲戚朋友追问："你们为什么不找一个工作？"或者"你们为什么过得这么辛苦？"

工作辛苦，缺乏安全感，严格按计划让快车加速前进。当我 47 岁、金 37 岁时，我们通过投资实现了目标。从 1985 年确立目标，到 1994 年实现目标，共用了 9 年时间。1985 年我们确立了一个可以尽快达到小康水平的计划，同时因此得到足以达到富有和超级富有水平所要求的教育和经验。在这里，"足以"一词非常关键，本章和下面几章将对它作出进一步解释。

因为我们的投资每年带来超过 10 万美元的被动收入，我们能够进入富有阶层，仅仅因为我们有时间、资金和基本的资格进入更高的阶层。5 年内，我们从小康达到了富有。下一站是拥有剩余收入的超级富有水平，如果按照计划进行，3 年内就可以完成。

我们的基本计划贯穿所有层次，从理论上来说非常简单，那就是建立企业和投资房地产。如今，我们仍在继续。尽管计划仍然很简单，但我们的教育和经验却增加了。这种教育和经验让我们加快了建立企业和投资房地产的速度。也就是说，我们犯错，改正，并从中学习。通过犯错和学习，我们许多方面得到了改进，比如我们环境的尺度、内容或者知识、掌控更大项目和资金的能力，以及处理更大更复杂问题的速度等。搭上快车给了我们经营和投资的能力，大大不同于那些乘坐慢车达到小康水平的人所使用的能力。

我们起步虽然缓慢，但是我们得到了教育、经验以及志同道合的朋友。在我们稳步推进计划、环境、内容、能力的时候，我们创立公司或收购盈利房地产的速度也在不断加快。当我的许多同龄人达到他们劳动收入的巅峰时，我们的收入潜力才刚刚开始显现。当我的许多同龄人为 8 万～35 万美元的年薪兴高采烈时，我和金的收入正搭上快车。尽管我们收入越来越多，工作却越来越少。一切都按计划在进行。

20 世纪 60 年代，当我上中学时，穷爸爸的收入远高于富爸爸。而到我上大学的时候，尽管穷爸爸正处于自己收入水平的顶峰，但富爸爸的收入还是达到了穷爸爸的 20 多倍。当他们到了 60 多岁时，穷爸爸在财务上只能勉强维持生计。如果没有社会保险和医疗保险，他就会流落街头或者不得不靠孩子养活。而在同时，富爸爸的净资产估计已超过 1.5 亿美元，而且还在不断增加。到他们 65 岁时，富爸爸一年的收入超过了穷爸爸一生的收入。他们两个人都是按照自己的计划行事。正如美国前劳工部长罗伯特·赖克所说："只有两条道路：快车道和慢车道，没有中间道路。"

制定一个为你服务的计划

我估计，90% 的人拥有相同的计划，正因如此，超过 99% 的人退休时生活在小康水平以下。也有人试图达到小康或富有水平，但没有实现。

我强调制定计划的重要性，是因为每个人都要考虑自己的优势和弱势、希望和渴求。我明白我不得不制定自己的计划，因为我在学术上不像穷爸爸那样聪明。我的聪明表现在其他领域，而不在学校教育所认可的那些领域。制定个人计划的第一步就是找到自己的天赋和最适合自己的学习方法。

在《富爸爸发现你孩子的财富基因》一书中，我讲述了 7 种不同的天赋，4 种不同的学习方法。现行教育制度只承认一种天赋，就是语言文字上的天赋，也就是阅读和写作的能力，也只承认一种学习方法。穷爸爸帮助我找到了自己的天赋和学习方法，尽管那是不被由他领导的政府教育部门所承认的。现在，我能够赚钱，主要是依靠执行自己的计划过程中学到的东西，而不是学校学到的东西。

即使你已经走出校门，或者没有孩子，找到自己的天赋和学习方式也是一个很好的实践。如果你想年轻富有地退休，知道自己的天赋和独特的学习方法是计划的一个重要部分。

离开工作安稳的老路

我清楚地记得 20 世纪 70 年代后期我和拉里离开施乐公司的那一天。那是我最后一个传统的工作。20 年后的今天，昔日的许多同事都在为将要来临的裁员而忧心忡忡，因为施乐公司正面临着技术和财务上的挑战。20 年间我们之间的差距不断拉大，不仅是金钱，还有个人现实的差距，新的和旧的现实的差距。

环境的改变

前面讲的并不是我在自吹自擂，而是为了说明短短20年来环境的改变。20年前，找一个安稳的工作，并一步步往上爬是一个明智的选择。我仍然记得，人们不能理解我和拉里为什么要放弃在施乐这样大公司的好前程。毕竟，我们都是不同部门的销售冠军，况且公司还在不断发展，我们的未来似乎一片光明。当时，不仅在那样好的经济环境下离开让人不可思议，放弃一个高薪职位同样让很多人难以理解。人们能够接受的是，应该谋求升职，直到有一天成为经理，甚至一个地区的副总经理。

当我同1975年（大约就是我们离开施乐公司的时候）以后出生的小伙子谈话时，他们中的许多人不愿在公司里做那种“阶梯游戏”。对他们来说，值得一做的是自己创办公司，通过IPO（首次公开发行）上市，然后年轻退休，或者创办另一家公司再接着上市。25年来环境的变化真是太大了，现在我的许多同龄人甚至不知道IPO是什么，但他们的孩子知道。他们的孩子热衷于谈论如何成为一个企业家，或者同一个能让公司上市的企业家合作，因为这些孩子们想走上致富的快车道，而不是像父母那样陷于严酷的生存竞争。这种财务上的严酷竞争，最终催生了大量的救济院和我这一代数百万辛苦劳作的人们。

怎样把握这种变化

我的一些朋友讨厌时尚、音乐和技术的改变，讨厌饶舌音乐，不想拥有互联网企业，对许多网络公司倒闭感到高兴。他们中有些人仍然相信工作安全、社会保险和医疗保险等工业时代的观念和承诺。

一些人主动迎接挑战，也有一些人逃避改变。我的一些朋友热衷于寻找不受互联网影响或威胁的工作，其中一个人找到了教师工作，但不是因为他喜欢教育孩子，而是因为他想在持续变化的世界找到一个避难所。他想寻找一个安稳的、不会被解雇的工作，而现行的教育体系是他在变化的世界中的避风港。

还有一个朋友购买了一家永远不会受因特网影响的企业。她说："我已经太老了，无法学习怎样在网上做生意了，所以我想经营一家与互联网没有一点关系的企业。我没有为退休准备任何钱，因此我打算一直工作，直到自己完全干不动的那一天。"

这是些不会随时代变化调整个人现实和环境的例子。在如今这个中产阶级和富人的差距前所未有地扩大的社会，他们很可能更加落伍。人生之船正在离岸，驶向有更多机遇、金钱和财富的新天地，但许多人选择了被甩在后面，只因为他们不能改变自己的精神现实。他们坚持停留在过去。

预见未来

在伦敦到纽约的航班上，我坐在 IBM 公司的一位高管身边。相互认识后，我问他："你怎样为未来作准备？"他的回答是："成年人看待未来的错误在于，他们是用自己的眼光观察未来。那也就是这么多成年人不能预见到变化即将来临的原因。如果你想看 10 年内世界会发生怎样的变化，只用看十五六岁的男孩女孩就知道了。用他们的眼光观察世界，你就会看到未来。"

"如果你能从自己的视野中跳出来，真正用年轻人的眼光来看世界，你就会看到一个更加广阔的世界，一个充满了巨大变革和无数机遇的世界。相对于汽车带给亨利·福特，石油带给约翰·洛克菲勒，计算机带给比尔·盖茨，以及因特网带给雅虎、美国在线和网景的财富，未来的商业和投资机遇将为我们带来更多的财富。”

我接着问：“我们是不是将会很快看到，一个高中生自己创业成为亿万富翁？”

他回答：“是的，我敢打赌。”

如果你由于错过了离开码头的最后一班船，现在还没有致富，也不必过于担忧，另外一艘通向富裕和机遇乐土的船正准备起航。问题是你是否愿意搭乘？

历史总会重演

我上学时特别喜欢的功课是经济学和经济史。经济史通常汇集了每个历史时期主要的经济学家，包括亚当·斯密、大卫·李嘉图、托马斯·马尔萨斯以及约翰·梅纳德·凯恩斯等。他们的生活故事和在不同阶段观察世界的方式，在研究技术、人类和经济学的发展的方面都十分有趣。

其中一段经济史的命名源于一伙叫勒德分子的人。在 1811 年到 1816 年之间，英国一些手工业工人因为担心失去工作，结伙袭击工厂毁坏机器。现在说某人是勒德分子，常常是说那人攻击技术革新、害怕技术革新或者希望所有技术都销声匿迹。当年的勒德分子已经远去，但现代的勒德分子已经粉墨登场。历史总会重演。

你是否已经严重落伍

我们中的很多人都看过“改头换面”这个电视节目，主持人将一个穿着糟糕的人改头换面，把他从一个小丑变为风度翩翩的大众情人。一个由发型师、形象顾问和色彩专家组成的团队，可以将一个远离时尚的人变成一个时尚宠儿。其中的一些变化确实让人惊异，甚至是革命性、翻天覆地的。

我有一个朋友是世界上最顶尖的专业形象顾问之一，他通过帮助富人改善形象而获取报酬。我是他的客户之一。我付钱请人帮我选择合适的衣服，设计独特的发型，就是为了不落伍。我想与时代同步，与环境和内容的变化同步，追随最新的时尚潮流。我改变个人形象是因为这可以帮助我与时代同步，而不是停留在过去。

这位专业形象顾问也叫罗伯特，他曾经对我说："当一个人为生活感到兴奋和满足的时候，他很可能就会落伍。在那种状态下，他会感到自己极其成功，或充满乐趣，或活力四射，或十分性感，甚或兼而有之。这就是很多与我年龄相仿的人看起来仍然像嬉皮士的原因，他们许多人曾在反对越战的年代非常活跃。另外一个方面，这也是现在很多退伍老兵仍然爱穿旧军服的原因。战争就是他们感觉自己最有活力和生命意义的时候。"

当你看到人们穿着大学时代的T恤，即使他们已经毕业了好多年时，那也是通过着装来怀旧的一种表现。另外一个停留在过去的例子是，一些人年老的时候，行为、外表和着装越来越像自己的父母。还有一个相反的趋势就是有些人开始打扮得像个孩子，以使自己显得年轻，重温自己最具魅力的年代。这些都是沉溺于过去而不随时代改变的例子。当然这实际上并非衣着的变化，而是停留在过去的环境之中。随着年龄的增长，这些人往往变得更固执，更不知变通。

为什么不想固守过去

现在，我们都看到过过分追求时尚和试图让自己看起来很时髦的人，那并不是我想说的。我建议衣着时尚得体的原因之一，就像我的朋友罗伯特说的那样，是因为人们渴望与时代同步。如果你不能站在时代前沿，那你就会生活在过去。

如果你生活在过去，那你就会倾向投资过去的一些项目，这些过时的项目只会让你损失金钱，而不会使你富有。人们购买过时投资项目的一个原因，就是他本人也固守在过去。

将要发生什么

如果想年轻富有地退休，你就应该投资那些将要发生的项目，而不是现有的项目。在投资领域，“早起的鸟儿有虫吃”这名老话非常有道理。

预见未来使你致富

富爸爸经常对他的儿子迈克和我说：“如果想致富，你就要开阔自己的视野，要站在时代前沿，洞察未来。”富爸爸给我们讲了一连串故事：约翰·洛克菲勒因为看到由人们不断增长的汽车需求带来的巨大石油需求而致富；亨利·福特在只有富人才拥有汽车的时代，看到中产阶级对拥有汽车的渴望而致富；在更为现代化的今天，比尔·盖茨因为在 IBM 年迈而聪明的决策者们看好大型机的时候，预测到个人电脑的美好前景，而成为亿万富翁。年迈的 IBM 决策者们没有像亨利·福特那样思考问题，所以断送了 IBM 的未来，造就了微软公司。如果我是 IBM 的投资者，我会让那些短视的家伙走人，还要讨回付给他们的高薪。然而，他们仍拿着红利，投资者却失去了未来。创建了雅虎、网景、美国在线以及其他著名互联网公司的那些年轻人，因为预见到未来，大学没毕业就成为了亿万富翁。

如果你错过了驶向石油时代、电脑时代、网络时代的船，不必担忧，下一班航船又要起航。但如果你沉溺于过去，就会错过下一班航船，或者更糟，搭上“泰坦尼克”号，因为它看起来又大又安全，还非常漂亮，尤其是在今天这个内容和环境都快速变化的时代。

在电影《壮志凌云》中，有一句经典对白，所有战斗机飞行员都喜欢说：“开火！开火！”如果你看过这部电影，或许会记得，向敌机开火的时间要以瞬间来计。如果你等得太久，或者没有准备，就会失去机会。在赚钱这件事上也是如此。可以通过的机会之窗也很狭窄。如果你不能及时应对，只沉迷于过去，打扮得像老爸老妈一样，没有任何准备，缺少必要的商业和投资技巧，你或许根本就看不到机会。你不仅会错过机遇之窗，还可能会紧抓着已经过时的机会，以致满盘皆输。

1999 年，一个朋友对我说：“我听从了你的建议，投资了一处出租屋。我在一个很好的街区用 15 万美元购买了一套联式住宅（两家合住）。这是我赚钱的良好开端，不是吗？”

就因为这点，我一定得祝贺这位朋友。这是一个不错的开始，但问题是，他投资的项目早已经过时。他已经迟到了，在应该投资的时候没有投资。但这仍然是一个不错的开始，好的开始总比一点都不开始强。即便亏掉一些钱，但他至少会获得无价的知识和经验。

但是，他确实没有在应该投资的时候投资。因为我和金在 1989 年到 1994 年之间投资这类项目的时候，他就已经是我们的朋友了。我们在市场处于低谷的时候进入，当我们告诉他也应该购买时，他却说：“不，那太危险了。我可能会失业，你们知道公司已经裁了不少人。而且，房地产的价格现在太低了，如果持续走低怎么办？如果遇到经济危机怎么办？”

机会之窗打开了又关上了。10年后，当房地产价格达到顶峰，股票市场开始波动时，我那位朋友才意识到他应该出手投资了。现在，他投资的项目已经过时、没有方向，就像他本人一样。他已经落伍，选择的目标也已经过时。至少他开始了行动，但我担心他会付出很大的代价，这个代价会远远超过他那价格过高的联式住宅。如果这套联式住宅像过去那样的话，就很难给他带来现金流，升值也会很缓慢。但至少他最后开始了行动，尽管投资的是一个过时的项目。我为他迈出了第一步感到自豪，这是离开他父母老路、离开工业时代的一步。

我和金继续投资我们的企业和房地产项目，不同的是，我们看重项目未来的发展前景，而不是过去。那也就是为什么你们应该与未来同步、当机会之窗打开时准备好出击的原因，就像在1989年到1993年之间我们做的一样。那时，房地产和股票市场的机会之窗都打开了。我在2001年写作本书的时候，股票市场持续低迷，纳斯达克指数跌落了50%。而在1929年大萧条时，股票市场也只跌了42%。经济下滑再次发生了。前面那位朋友开始慌了手脚，意识到他可能在那座联式住宅上付出得太多了。而对于我来说，机会之窗又一次打开了。

在投资培训班上，我有时请金讲讲她的投资经验。她常说我们从1989年开始投资，到1994年停止收购。然后她会补充，根据我们的计划，1985年到1989年间我们在为投资做准备。那时，我们在建立自己的企业，研究房地产投资。大家或许还记得，1985到1989年房地产价格非常高。因此，我和金一直在为机会之窗打开的时候出手投资做准备。当机会之窗终于打开的时候，我们的朋友陷入恐慌，而我们开始买进。那位朋友的计划没有为已经到来的机遇做好准备。今天，他已经落伍，投资着价格已经过高的项目，然而更糟的是，他没有为下次的机会做准备。他像一个老朽之人那样穿着，尽管他实际比我还年轻，像一个老朽之人那样投资。

在橄榄球运动中，获胜的四分卫能将球投向没有接球手的地方。也就是说，四分卫的头脑里必须清楚接球手即将到达的位置，并且将球投向那里，即便接球手当时不在那里。如果四分卫能把这当做常理来做，他将会挣到大钱。足球运动员也必须将球踢向对方守门员存在疏漏的地方。一个计划年轻富有退休的人也必须做同样的事。他必须制定计划，为尚未出现的机会做好准备。这就是立足现实、与时代同步、关注未来非常重要的原因。

制定未来的计划

如果你真的渴望年轻富有地退休，就必须针对未来制定一个计划，为现在还不是现实的未来制定一个计划。就像约翰·洛克菲勒为汽车工业的未来做好准备，比尔·盖茨和迈克尔·戴尔为电脑时代的来临做好准备一样，你也必须为未来的机遇做好准备。如果你不这样，就将投资已经过时的项目，而过时的投资通常没有什么好前景。

如何预见未来

为了年轻富有地退休，你或许需要为未来，也就是现在还不是现实的未来做些训练。正如 IBM 的那位高管对我说的："成年人看待未来的错误在于，他们是用自己的眼光观察未来，那也就是这么多成年人不能预见到变化即将来临的原因。"也许 IBM 已经从年轻的比尔·盖茨那里接受了教训。那个教训就是：如果你想预见未来，就需要从一个年轻的视角出发。你如何应对时尚、音乐和技术的变化，反映了你思维方式和精神环境的弹性。如果你一味固守过去，或者不能与时代同步，或许你会完全失去未来。

预见未来的另外一条途径就是向过去学习。在我的现实中，历史总在重演，即便重演的方式并不完全相同。很多成年人失去了未来，或者错过了未来，因为他们关于未来的计划没有考虑过去。

1998年，我在旧金山与一个大学刚毕业的年轻记者聊天。当我告诉她，共同基金很危险，即将崩溃时，她变得非常生气，开始引用她的股票经纪人的词语和观点对我说："我投资的共同基金3年来一直保持了最高收益率，平均每年增长25%。股票市场是最好的投资领域，因为尽管有1987年的那种下降，但还是已经持续上涨了40年。那是你最好的投资选择。"她从没有报道过对我的那次采访，因为我们对未来的看法相去甚远。今天，她那些神圣的基金已经下跌了超过50%。

虽然她提到的现象和数据有一定正确的地方，但问题是她的数据并没有追溯到足够远的过去。如果她知道市场的历史，就应该明白平均每75年我们就会经历一次萧条。尽管这并不意味着每75年就一定会有一次萧条，但这一点历史就足以解释市场持续40年的上涨。最近的一次市场崩溃和萧条发生在1929年，它使市场花费了大约25年直到1955年才恢复到1929年的水平。我和她的谈话是在1998年，所以她所说的市场上涨了40年的事实没有错。但是，因为没有考虑足够长的历史，她关于未来的观点就不大正确。富爸爸要我做的事之一，就是阅读关于经济史的书。如果你想预见未来，我向你推荐一本伟大的书——《俗世哲学家》，作者是罗伯特·海尔布隆纳。对于任何想通过研究过去而预见未来的人来说，那都是一本伟大的书。

我讲授投资课时，一般会请大家填写一份财务报表。然后，让他们通过财务报表回顾过去，问他们是否也看到了未来。如果他们不喜欢自己所看到的，充满了不良债务、不良收入、不良支出和不良负债，没有未来的财务报表，如果这就是财务报表呈现给他们的未来，我建议他们开始解放思想，追求时尚，扔掉过时的衣服，更新衣橱，改变过去的朋友圈子，开始面向未来。如果你能改变自己的环境，乐于面对未来的机遇，就会有更好的机会实现年轻富有地退休。

不过，我还是惊讶地发现，对于大多数人来说，就是清理衣橱和更新服装这样简单的改变也是如此艰难。很多人出去购买新衣，但样式没有更新。他们购买的仅仅是旧时代的新衣，在那个时代他们感觉生活充满乐趣和激情，感觉自己最为成功。许多人害怕未来，害怕未来会是快乐、时髦、精彩和充满激情的可能性，他们宁愿固守过去。

我在导言中写道，年轻富有地退休很容易，并不难做到。不过对于很多人来说，放下过去、勇敢面对充满未知的未来，比年轻富有地退休要困难得多。对于数百万的人来说，固守父辈们过去的环境、衣着和收藏似乎更安全、更可靠，这也是超过 50% 的美国人退休时仍然处于或接近贫困线的原因。他们爬上慢车驶向生命的终点，都是根据自己的计划。

第 10 章
预见财富未来的杠杆

我在培训班上展示下列退出战略的数据时，很多人无法想象一个财务自由的未来，无法想象无需工作每年却有 10 万美元的收入。

穷人	每年 2.5 万美元或者更少
中产阶级	每年 2.5 万美元到 10 万美元之间
小康	每年 10 万美元到 100 万美元
富有	每年 100 万美元或者更多
超级富有	每月 100 万美元或者更多

很多人无法想象拥有那么多钱，是因为在他们的现实中没有那么多钱。很多人也许梦想拥有那么多钱，也许会说自己有朝一日会赚到那么多钱，但在现实中，大多数人仅仅是梦想而已。统计数据证明了这个现实。

现在创造未来

很多人没有明确的财务目标，因为他们经常使用“总有一天”“或许”“将来”这类词语。富爸爸一直说：“你的未来由你今天的所为创造，而不是明天。”当你看到前面的数据时，或许想扪心自问：“我今天的所为，是否会让自己实现明天的财务目标？”

残酷的现实是：99%的美国人以勉强超过10万美元的收入结束一生。大多数人将沿着父母的足迹，执行着父母的计划。换句话说，他们做着相同的事情，也以相同的目标结束一生。

刚刚从越南回来时，我感到非常沮丧，作为海军陆战队军官，我的收入只有900美元，而富爸爸儿子迈克从他独立投资中每年收入已接近100万美元。因为他的世界与我的世界、他的现实与我的现实之间的巨大差距，我感到挫败和失落。

读过《富爸爸投资指南》的朋友，或许会记得富爸爸在我离开海军陆战队之前，同我坐在一起帮我制定个人计划的事情。正如书中所讲的：“投资是一个计划，而不是一个结果或者过程。”

计划是实现梦想的桥梁

富爸爸画了张草图，画上我站在一条大河河岸上。他说：“计划是实现梦想的桥梁，你的工作就是让计划或桥梁成为现实，这样你的梦想就会变为现实。如果你只是站在河岸的一边，梦想着另外一边，那么你的梦想将永远只是梦想。首先要让你的计划实现，然后你的梦想才会实现。”

1985年到1994年期间，我和金努力实现我们的计划，而不是仅仅沉溺于梦想。我们所做的也就是《壮志凌云》中大多数战斗飞行员所做的。我们每天都在练习，为机遇之窗打开的日子做准备。一旦那一天来临，我们马上出击，然后机遇之窗再次关闭。

正如富爸爸所说：“你的未来由你今天的所为创造，而不是明天。”也就是说，你今天所做的事情就是你的未来。尽管为金钱所困，但我和金还是不找工作，因为我们没有成为雇员的计划。相反，我们花了大量时间参加各种培训班，学习如何建立企业、如何投资房地产。尽管没有钱，但我们每天都练习创立更好的企业，投资更好的房地产项目。现在，我们做着曾经计划的事情：创建了自己的企业，投资了房地产项目。将来，我们或许还会建立新的企业，投资其他的房地产项目。我没有计划去做穷爸爸做的事情，他在退休后，又找了一份工作，以补贴自己的社会保险收入。他的人生从寻找一份工作开始，又以寻找另一份工作结束。

到 2020 年，将有数百万与我同龄的人像穷爸爸那样，退休后再找一份工作，以补贴社会保险收入的不足。明天他们将做与今天所做的同样的事情。

现实的改变

还有另外一件事情，穷爸爸几乎每天都做，他总是说：“当我有钱后，就去投资。”他的口头禅是：“我买不起。”而当需要实际行动时，他会说：“你瞧，我今天没有一点儿时间，我们明天再说吧。”这些就是他每天的现实，直到他生命的终点。在我看来，造成他贫困的首要原因就是他拥有一个穷人的现实，尽管他赚了不少钱，但他不愿意改变自己的现实。

正如我前面所说，致富的捷径在于不断改变和提升你的现实。但是显然，对于许多人来说，改变他们的现实，改变他们今天的所作所为，是他们致富路上最艰难的事情。当我回到家乡夏威夷时，看到许多朋友还在做着与他们父母所做的完全一样的事情。他们问我现在在做什么，我说在建立企业、投资房地产，他们不少人就说出与我父母当年所说的如出一辙的话："我做不到。""你知道我一直想投资，也许等我哪一天有了钱，我就会开始投资。"当我告诉他们应该提前准备和学习投资，他们通常又会说："噢，你知道我现在有多忙吗？我没有时间学习投资，政府应该提供免费的投资培训课程，那样的话我或许还会去听几节课。我为什么要花钱去学投资？再说，投资风险太大了，我还是愿意把钱存在银行里。"富爸爸会说："听他们讲的话，你就可以预见他们的未来。"

如果你想年轻富有地退休，或许应该开始回顾自己说过的话，预见自己的未来。你可以问自己："如果我一直使用那些词语，像那样思考问题，我退休的时候会在哪个收入水平？是穷人、中产阶级、小康、富有，还是超级富有？"如果你真的希望改变自己的未来，首先要做的就是通过改变你的计划、话语和日常行为来改变你的现实。不管你的梦想是什么，你的未来取决于今天的所作所为。正如富爸爸所说："如果你每天所做的事情就是坐在沙发上，看着电视，吃着糖果，那么你永远不可能遇到美丽的王子或者公主。"

从今天开创你的未来

为什么那么多人退休时年老且贫困？因为他们无法停止正在做的事情，即使那并没有什么前途。他们不能改变自己的环境，这个环境包括工作安全、努力工作、积极储蓄等。很多人都会变老，他们穿着过时的衣服，固守着来自他们父母或者工业时代的观念，远远落后于现在和未来。这问题不是关于一个人的年龄，而是关于一个人的环境。

那么，现在人们如何开始创造富有、自由的未来？还是从你的心智开始，从你每天的话语、思想、行动开始，从你检查自己把时间花在哪里、花在谁身上开始，从你懂得为了搭建一座跨过咆哮河流、实现梦想的桥梁必须履行自己的计划开始。正如富爸爸所说："梦想家整日做梦，而富人制定计划、搭建通向梦想的桥梁。"你应该制定一个面向未来的计划，从现在开始你的未来。对于很多人来说，计划的第一步就是现在不要再做那些将来不想做的事情。如果你不想为了劳动收入辛苦终生，就从现在开始学习如何为了被动收入和证券收入工作吧。一旦你有了答案，就将答案作为你计划的一部分。那可能意味着你需要更多学习、读更多书、听更多录音、参加更多培训班、开始创立一个家庭企业、结识新朋友。也就是说，从今天开始做明天希望的事情。

如何预见未来

常常有人问我："如果现在我还看不清自己的未来，我应该如何预见未来？"或者"我现在年薪不足 5 万美元，这时我怎么想象年薪 100 万美元的未来？"

这是一个非常好的环境拓展问题，我在富爸爸多年前的谈话中找到了答案，他曾经用大写字母在他黄色的便笺纸上写道：

> 视力是你用眼睛看到的，
> 眼界是你用心智看到的。

当我问富爸爸什么可以开阔个人的眼界时，他说："词语和数据。"他强调了学会阅读财务报表的重要性，因为如果不能阅读财务报表，你就无法预见自己的财务未来。事实上，如果你不能阅读财务报表，你就无法看清自己的过去、现在或者未来。我设计了"现金流"游戏，通过教授富人的词语和数据来帮助人们开阔眼界。其中之一就是定期同一帮朋友一起玩“现金流 101”游戏，一旦你掌握了这个游戏，你可以向其他人传授，鼓励他们采取行动。或者你也可以继续玩“现金流 202”游戏，这是上面那个游戏的升级版。当你玩游戏的时候，请记住富爸爸的话：“你的未来在于今天。”当人们问我我怎样快速致富时，我说：“我每天玩‘现金流’游戏。”事实上，你玩这个游戏越多，教别人越多，让这个游戏成为自己生活中的部分越多，你看未来的眼界就会越开阔。也正如富爸爸所说：“如果你想以后有健康的牙齿，就从今天开始刷牙吧。”

快速词语与快速计划

如果你想制定一个快速计划，就需要学会使用快速词语。很多人不能快速致富，就是因为他们在计划中使用的是慢速词语，而不是快速词语。如果你想提升自己的眼界来快速致富，就需要使用快速词语。

如果你想年轻富有地退休，想快速致富，你就需要使用更新潮、更时尚、更快速的商业和投资词语。不使用更快速、更有效的词语，就会像一个职业伐木工那样说：“我不在乎我是否能使用电锯砍伐更多的木材，赚更多的钱。老爸给了我这把斧头，我打算用它砍树直到我死的那一天。”现在很多人准备工作了，却仍然想使用老爸老妈留下的“斧头”去赚钱和投资。

你是否还在挥舞老爸的斧头

讲完宁愿用斧头而不愿用电锯伐木的故事后，我问：你们是否还在挥舞老爸的斧头？

经过一段迷茫的时刻和迷惑的表情之后，偶尔会有人问我：“你是问我在管理金钱时是否仍然和父母一样？”

我的回答是：“是的，那正是我提的问题。”接着，我说：“虽然现在很多人从事的职业与父母已不相同，但是在金钱、投资和退休等事情上，他们同父母的做法完全相同。在金钱方面，很多人仍然在挥舞着父母留下的‘斧头’。”

如果还要进一步解释，我会说：“词语是一种工具，就像斧头也是一种工具。谈起金钱的时候，许多人使用词语这个工具，就像用斧头伐木一样缓慢、陈旧。”

大脑的工具

在我教的一次财务培训课上，一位聪明的年轻女士问：“你的意思是说，在谈到金钱的时候，有快速词语和慢速词语？”

我的回答是：“正是如此。如果金钱是一种思想，那么这种思想是由词语组成的。大多数人使用慢速词语，导致他们只能有一个慢速思想，这意味着他们只能缓慢地获取财富。”

“词语也是工具？”那位年轻女士小声地问，声音小得只有她旁边的人才能听见。

我点了点头，说：“富爸爸曾说：‘词语是大脑的工具，那么多人在财务上挣扎，原因就是他们给了自己大脑一个陈旧、缓慢、过时的词语工具。如果你想致富，首先就要更新你的工具。’”

“你能给我举出一个陈旧、缓慢的词语……工具的例子吗？”那位年轻的女士问。

“当然可以。”我回答，“大多数人认为储蓄很明智，但储蓄很缓慢。通过储蓄你也可以致富，但要付出时间代价，而且是你一生的时间。因此对我来说‘储蓄’是一个慢速词语。穷爸爸教我怎样储蓄，而富爸爸不教我储蓄，他教我如何扩大资本。”

“但是，如果一个人不懂得怎么来扩大资本，那应该怎么办？”另外一个学生问。

“那么，你最好储蓄，或者花一些时间学习如何扩大资本。扩大资本是一项可以学习的技能。”我回答。

“但是，学赚钱不是很难吗？”一个学生问。

“首先，对我来说，这就跟学习任何新东西一样。就像学骑自行车，开始时我非常紧张，犯了不少错误，直到今天我有时还会犯错。但是，我从这些错误中学习，所以随着年龄的增长，我的教育和经验使扩大资本变得越来越容易。而另有一些人，年龄越来越大，却仍然想通过勤勉工作和储蓄改善财务状况。他们使用着可能是从父母那里继承的陈旧、缓慢的词语工具，那是一个非常缓慢的计划。”我说。

“所以，当我好不容易1个月存了100美元的时候，你却可以用同样的时间赚上百万美元。”另外一个学生插话说，“那就是你所说的词语工具，词语也有快速、慢速之分。”

我点点头说：“是的，词语是大脑的工具。”

计划使用更快速的词语

如果你打算制定一个年轻富有退休的计划，你或许应该更新你的词汇，如果你改变了自己的词汇，就可能加速自己的思维。例如：

慢速词语	快速词语
高薪工作	现金流

穷爸爸总是建议我：“找一个高薪工作。”

富爸爸一直建议我："从资产中获取现金流。"

找到一个高薪的工作，在起步阶段看起来是致富的一条捷径，但在大多数情况下，这最终是一条致富的慢车道。记得穷爸爸和富爸爸刚刚开始职业生涯的时候，穷爸爸的收入比富爸爸的高很多，但是到了晚年的时候，情况完全相反，而且两人收入的差距就像太平洋一样大。事实上，很少有人通过工作致富，即使是高薪工作。下面就是一些资产带来的现金流比工作收入更好的原因。

先让我们回顾一下 3 类不同的收入：

劳动收入	50% 的钱
证券收入	20% 的钱
被动收入	0% 的钱

劳动收入：大多数情况下，它来自个人的劳动或工作。

证券收入：大多数情况下，它来自有价证券，如股票、债券和共同基金。

被动收入：大多数情况下，它来自房地产投资。

通常，在作出任何财务决策前，寻求强有力的专业建议包括税务建议是非常重要的。一个税务计划对一个人是合法的，对另外一个人可能就是违法的。在这一部分，我们重点强调的是要懂得使用词语的区别，以及劳动收入与被动收入之间的根本性区别。至于杠杆作用，纳税对于大多数人来说都是反面或者负面的杠杆。一个为了劳动收入奔忙的人，至少要比为了被动收入奔忙的人辛苦两倍。为了劳动收入而工作，就像前进两步然后又后退一步。

即使退休之后你还得纳税

那些说“努力工作、储蓄，然后投资401(k)”的人，实际上在为50%的钱工作。一旦退休，你就开始从401(k)计划中取出退休金，但这些钱需要按劳动收入一样的税率纳税。正如富爸爸所说，这只是50%的钱。此外，储蓄的利息收入也要按工资收入一样的税率纳税。

很多人说：“我必须继续工作，因为政府给我的社会保险金不够我的生活支出。”但是，如果他重新工作，以弥补社会保险金收入的不足，那么政府不仅要对他的劳动收入征税，通常还会因为他现在的工作而降低他的社会保险金。富爸爸说：“多数人打算贫困终生。”他当然明白自己在说什么，他知道政府法律在关注一些人退休后的劳动收入。如果你不贫困，想赚更多的钱，政府没有义务帮助你。很多退休的人发现贫困更好，并由于税收原因而不愿重新工作。

关键在于，选择使用努力工作、储蓄和投资401(k)等词语，就是选择了一种非常缓慢的词语，它们让你只能有一个非常缓慢的财务计划。在财务计划中选择使用这些词语，可能会让你达到小康水平，退休年收入10万～100万美元，但在大多数情况下，却无法让你的收入达到富有或超级富有的水平。正如富爸爸所说：“致富不仅仅是有很多钱。”富人使用着一系列不同的词语，这些词语让他们获得了与众不同的人生经验，比如学习如何扩大资本而不是储蓄。

另外一些词语是：

慢速词语——储蓄，快速词语——赚钱

富爸爸曾建议大多数人学习如何储蓄，但他本人不储蓄。他说：“关注储蓄花了我太多的时间，而且储蓄也没有多少杠杆作用。很多人用来储蓄的钱就是税后收入。”一个人为了储蓄10美元，他应该挣

20 美元，因为这是劳动收入，或者 50% 的钱。另外，你的储蓄利息也要缴纳更高的税金。

富爸爸没有将目光盯在储蓄上，而是花费了很多精力锻炼自己赚钱的能力。他说："如果掌握了如何创建企业和投资，你就会赚到很多钱，你的问题将会是钱太多了。当你有了很多钱以后，你可以将多余的钱放进自己的银行，而不是存进别人的银行。"

在《富爸爸投资指南》中，我讲过两个有关钱的问题：一个是没有足够的钱，另一个是钱太多。大多数人只知道第一个问题，也就是没有足够的钱，这些人绝对应该学习如何储蓄。富爸爸的财务计划是关于处理大量金钱的问题，他的问题是储蓄账户里的钱太多，不得不一直寻找将这些钱投资出去的项目。富爸爸的现实和环境就是拥有大量的金钱。而穷爸爸的现实是缺钱，那就是他一生努力储蓄的原因。

为了钱工作，与赚钱有什么区别？如果你读过《富爸爸穷爸爸》，或许会记得我听了穷爸爸的话准备赚钱的故事。我曾经想通过熔化牙膏管，然后在熟石灰模子中铸出 25 美分、10 美分和 5 美分来。穷爸爸发现后，只好给我解释赚钱和伪造钱的区别。穷爸爸无法传授给我赚钱的方法，因为他只知道为了钱而工作。在真实的金钱世界里，许多富人都是通过赚钱致富，而不是通过为钱工作致富。例如，比尔·盖茨成为世界上最富有的人，就是通过赚钱而不是通过为钱工作。他通过建立自己的公司，出售公司股份成为世界首富。

出售公司股份是赚钱的一种方式。原则上，无论你可能生产什么，只要有一个完备的有买方和卖方的市场，在这种环境下，你就会赚钱。比如，我的书也是一种赚钱的方式，只要通过书商给它们一个市场，那么我的书就会为我赚钱，而不是我为了钱去工作。如果我是一个必须亲自工作挣钱的医生，那我就是一个为了钱而工作的人。如果我是一个发明了新药并通过药品制造商出售药片的医生，那么这些药片就是我赚钱的一种方式，而不是我为了钱而工作。

总之，在大多数情况下，为了钱而工作是一条很慢的途径。如果你明白自己要做什么，那么寻找赚钱的新方法会是你致富的捷径。所以，如果你的计划是为了钱而工作，然后努力储蓄，那你可能仍在挥舞父母留下的又旧又钝的“斧头”。

还有一些词语可以放慢你创造财富的脚步，也有另一些词语可以加快你致富的速度。

慢速词语——升值，快速词语——贬值

如果你不能完全理解升值和贬值的含义，不要担心。我本人完全掌握这两个概念也花了些时间。如果你真的想更好地理解它们，或许应该向会计师或者专业的房地产商请教。如何将这些概念运用于你的财务计划，下面是一个简短的例子。

几天前，一个电视节目播放了高中孩子学习如何投资股票市场的故事。其中一个受访的学生说：“我购买了某公司的股票，因为股票价格上涨，我赚了很多钱。”也就是说，他投资股票市场是为了获取资本收益或者持有的股票升值。大多数人说“我们的房子就是很好的投资”，因为他们希望自己的房子升值。

我也曾听一些朋友说：“我在这个新的高尔夫球场社区购置了一处地产，这是一笔不错的投资，我希望这块地产 5 年内升值一倍。”对他们来说，这是一个很好的投资，他们满怀希望地想在 5 年内升值一倍。

但是，富爸爸教导他的儿子和我使用不同的词语。当进行任何投资时，他总是说：“利润产生于你购买之时，而不是你出售时。”也就是说，他从来就没有将赚钱的希望寄托在投资项目会升值上。对他来说，如果真有升值，那也属于额外收入。富爸爸投资是为了投资的直

接收益，或者说现金流。同时，他常常为了“虚幻现金流”，也就是为了贬值而投资。前面几章里已经提到了有关房屋贬值的例子。他喜欢直接的现金流和贬值，因为他不必等着投资项目升值来赚钱。他说：“等着股票或者房地产升值太慢，也太冒险了。”

关键在于，如果你等着将来赚钱，你的计划就是慢速计划，因为你在使用慢速词语，慢速词语会导致慢速思维。重复富爸爸的话：“利润产生于你购买之时，而不是出售之时。”我遇到过很多人，他们购置了一处房地产，每个月都在赔钱，他们还对我说：“等房地产价格上涨，我就卖掉，赚回自己的损失。”

在澳大利亚，很多人购置房产，每个月都在上面赔钱，但仍然认为这是很好的投资，因为政府会给他们损失的部分减免税收。在我看来，那是一种输家的思维方式。我经常问他们：“为什么不去购买那些每月能给你带来收入并且每月都有税收减免的房地产项目？”得到的回答往往是：“不，我的会计师告诉我，应该寻找一个每月花钱并且可以带来税收减免的项目。”他们宁愿选择风险很大的慢车，也不愿选择有更多利润的快车。

慢速词语——避免风险，快速词语——控制风险

穷爸爸常说，“那太冒险了”“小心行事”“为什么要冒险”。他越相信这些观念，就越容易对自己的财务状况失去控制。作为一名处事谨慎的雇员，他失去了对自己纳税的控制。作为一个将“投资风险太大”“我对金钱没有兴趣”挂在嘴边的人，他失去了越来越多的对自己财务教育的控制。最终，他纳税越来越多，即便退休之后投资了几个自己认为安全的项目，也全无回报，或者赔钱。

我有一位远亲，在军队干了 25 年，退休前是一位军官。现在他每天坐在电视机前看财经节目，看着自己持有的股票价格不断下跌，

越来越低。因为无法控制自己证券投资组合的价值，他感到越来越沮丧。一天，他看到自己持有大量股票的一家公司的总裁有了新式私人豪华飞机，并且宣称自己的员工享有百万美元的红利。于是他也成了名怒气冲天的股东，但他能做的很少。

在《富爸爸投资指南》中，我讲过富爸爸的 10 种投资者控制。对于那些想对自己现在和未来生活有所控制的人来说，这些控制都至关重要。目前，我担心的是 90% 的美国人和许多其他西方国家的人对自己的财务未来几乎无法控制。在发展中国家，这个比例可能更糟。

富爸爸让我制定一个计划，学习怎样越来越多地控制自己的财务未来。他说："为了成为快车上的一员，你需要制定一个怎样获得越来越多控制的计划。在快车上，控制不仅仅是控制金钱的问题。"如果你想更多了解这 10 种控制，可以阅读《富爸爸投资指南》一书。

最后一个关于风险和控制的词语，富爸爸说："一个人越是追求安全，就越是放弃了对人生的控制。"现在，我目睹了两个世界的演化：其中一个我称之为"责任社会"，这个社会群体认为他们自己应该对自己的生活以及生活的最终结果负责；另外一个我称之为"受害者社会"，这个社会群体相信别人、公司或者政府应该为他们的生活负责。在任何群体、家庭或者公司，通常都有两种类型的社会。他们都从自己的环境和现实出发，都相信自己是正确的。两种社会的区分因素之一，就是他们关于风险和控制认识的核心观点。受害者为了避免风险，倾向于将自己生活的控制权拱手让人。然后，当他们发现自己早先交出的控制权被人滥用时，就变得异常恼怒。可以说，受害者常常是他们自己的牺牲品。

在未来几年中，财务受害者会有很多。人们将自己的控制权交给了财务专家，花钱换取他们的各种建议。很多未来的受害者沉醉于一些老套的说法，比如"长线、多元化投资，做多，持有，市场已经连续上涨了 40 年，谨慎行事”。受害者花钱买来这些建议，仅仅因为他们想相信这些建议。如果他们没有明智地选择自己的顾问，就很可能成为财务受害者。

慢速词语——共同基金，快速词语——D 章程 506 条款①

现在，上千万人将自己财务未来和财务安全的赌注押在股票市场和共同基金上，甚至连我自己的退休金计划中也有共同基金。然而，我从来没有打算靠那些共同基金快速致富，也从来不指望用那些共同基金来负担我退休后的生活。我个人对股票市场没有多少信心，也发现共同基金成长过于缓慢并且需要用我自己的钱。正如我在本书前面所讲的，我宁愿用借来的钱致富，而不愿用自己的钱，但银行不会借钱给我投资共同基金。

我说共同基金太慢的另外一个原因是，任何纸资产的巨大利润或者升值都源于公司创建阶段，也就是公司上市之前。富有的投资者开始投资一家公司的股份时，他们通常根据美国证券交易委员会（SEC）制定的 D 章程 506 条款以及其他这种规定进行投资。也就是说，富有的投资者在一个公司还没有公开上市的时候就开始投资，而公众只有在一个公司上市后才开始投资。两者的区别非常大。比如，如果你在英特尔公司上市前投资 2.5 万美元，仅仅依靠市场的涨落，今天的市值就可能达到 4000 万美元。

关键是，在普通人意识到那家公司存在之前，富人已经赚了大钱。那意味着富人的投资风险常常低很多，而回报潜力却大很多。在共同基金购买公司股票的时候，富人的利润已经产生了。接着，公众

---

① 美国证券交易委员会1982年颁布实施D章程，其中506条款规定的是私募发行的安全港规定，对私募进行了详细的规定。

才开始买入买进了上市公司股票的共同基金，而这些上市公司，正是那些在上市前富人已经开始投资的公司。也就是说，富人不是投资共同基金或社会公众股，而是根据D章程506条款通过私募备忘录进行投资。在共同基金与首次公开发行或D章程506条款规定的投资之间，致富潜在速度的差距非常惊人。正如富爸爸所说："投资共同基金是在投资'食物链'的末端。"

这并不意味着共同基金不是好的投资。对大多数人来说，共同基金是一项重大投资。如果你知道自己在做什么，风险是什么，明白股票投资和共同基金投资的整体状况，了解私人公司和上市公司的整体状况，那么投资共同基金仍不失为一种较好的选择。

我能听到有人说："首次公开发行在牛市最繁荣的时候是个好选择，但在股价走低或熊市的时候却不是一个好选择。"这种说法有一定道理，然而，不论股票市场表现如何，富人总是投资不对公众敞开的私募投资。这就是掌握富人投资的词语、词汇和行话会提高你快速致富机会的原因之一。

在不久的将来，富人将会更富，因为他们将在公司首次公开发行之前就介入。他们将不再投资技术、电脑或互联网公司，而将投资新的热门生物技术公司、遗传工程公司，以及名字后面有"系统"或"网络"的新型公司。他们将投资未来的热门公司，这些公司我们甚至还没有听说过。他们将投资公司和房地产项目，只有在赚取了巨额金钱之后，普通人才会知道这些公司和项目。他们通过私募备忘录、有限合伙或其他一些渠道进行投资，而不是通过共同基金。

慢速词语——零售支付，快速词语——批发购买

我们大多数人都知道批发价与零售价，投资上也是如此。富人更富，就是因为他们支付的是批发价而非零售价。

当你观察现金流游戏的时候，你可以看到老鼠赛跑和快车道。在老鼠赛跑中，投资者支付的是零售价，而在快车道中，投资者支付的是批发价。富人更富，就是因为他们以批发价进行投资。

慢速词语——购买股权，快速词语——出售股权

比尔·盖茨不是通过购买微软的股权成为世界首富的。他成为世界首富，是因为他是献售股东[①]。正如在零售支付和批发购买的讨论中所解释的，富人更富，是因为他们是献售股东。为了成为一个献售股东，你需要创建或者与别人合伙创建公司。

慢速词语——上学，快速词语——参加培训班

穷爸爸经常回学校学习，他曾经在芝加哥大学、西北大学和斯坦福大学等著名高校进修。每次从学校回来，他都兴高采烈，热情洋溢，期待着晋升，因为他花了时间去学校进修。

富爸爸参加各种培训班。他说："如果你想成为一个更好的雇员，或者更好的专业人士如医生、律师、会计师，那就去上学。如果你对学位、晋升、工作安全等没有兴趣，那就去参加培训班。培训班是为那些想要更好的财务结果的人，而非关注工作晋升和工作安全的人提供的。"

与在学校授课相比，我更喜欢在培训班授课，因为学校学生的类型比培训班学员更为复杂。我和金曾经商定，我们每年至少要一起参加两个培训班。我们一起参加培训班，是因为我们发现培训班，即便是那些不大理想的培训班，也会使我们的婚姻、友谊和商业合作关系更加牢固。从一般经验来看，信息或教育能让人们团结得更加紧密，

① 献售股东（selling shareholder），即在股票首次公开发行中卖出股份的股东。

如果不在一起学习，就好像在两个人中间嵌进了一个楔子。

多年来，我们参加了许多投资培训班，包括市场营销、促销、系统开发、员工管理和投资等。我们正准备参加一个讲授如何从政府借款投资低收入住宅项目的培训班。这个培训班由政府主办，费用只要85美元，我们希望从学习中获得数百万美元的收入。这就是我认为参加培训班的收获比晋升大得多的意思。

我遇见过一些作家，他们在学校的写作很好，但他们的书却没有我的书卖得好。当我建议他们参加直销、促销训练、文案撰写课程时，许多人一下子很震怒。就像我在《富爸爸穷爸爸》中所说的，我是一个畅销书作家，但不是一个写作很好的作家。

前几天，我遇到了一个朋友，他的女儿在一个很不错的州立大学读书。他为自己花了8.5万美元让女儿完成4年学业而自豪。他女儿刚刚找到了一个年薪5.5万美元的工作，他非常激动。

他问我的培训班费用是多少，我告诉他3天时间大约要5000美元。他为这个价格感到吃惊，他说："我负担不起。这样短的时间，价格实在太高了。"当他问我3天内我会教些什么时，我回答："第一天，我们讲授如何像比尔·盖茨那样创建自己的企业，并通过首次公开发行。如果你不想象比尔·盖茨那样，而只想以批发价购买股票，我们会讲授如何成为一个首次公开发行的主要成员。"我接着说："第二天和第三天，我们讲授如何寻找房地产投资项目，如何做出快速评估，以及如何购买。也就是说，我们教你思考、谈判和分析交易，像唐纳德·川普那样在房地产项目上思考和投资。另一天，我们教如何运用期权交易，也就是对冲基金经理人乔治·索罗斯的交易方式，这与共同基金经理人的交易方式不同。除了这些，我们还会教如何利用公司减少纳税，保护你的资产。你将会见到快车道上的内部投资人，他们将告诉你如何寻找世界上最好的投资杠杆。最重要的是，你会遇到像你一样的人，他们也像你一样思考。也就是说，你可能会结识新朋友，他们致富的速度与你差不多。”

他只能说：“3 天收费这么多，实在是太贵了！”

正如我说过的，词语有快慢之分。对我来说，我更愿意花 3 天时间和 5000 美元学习如何赚取百万甚至亿万美元，而不愿意花掉 4 年时间和8.5万美元去学习在余生每年挣5.5万美元或稍多一点。另外，这 5.5 万美元是劳动收入。

还有一种我经常使用的更快捷、低价、高效的教育手段。1974 年，我离开海军陆战队时，明白自己不会像穷爸爸那样一直在 E 象限。我开始订购南丁格尔—科南特公司的磁带。这个磁带库汇集了世界上一些伟大的商业、励志和领导学大师的资料。至今，我仍然记得当时购买的厄尔·南丁格尔的磁带《带头追猎》。在我负责地区销售工作、计划逃离 E 象限的时候，我反复听那盘磁带。事实上，在健身或开车时，我每年至少还要听一次那盘磁带。

有人问我：“如何去找一个导师？”我经常说：“向南丁格尔—科南特公司索取一份目录，然后准备聆听一些世界上最伟大的导师的教诲。”正如富爸爸常说的：“实际上，富人是在家里和空闲时间致富。”他还说：“让你致富不是老板的工作，而是你自己的工作。”

南丁格尔—科南特磁带库，包括一些伟大的导师，如坦普尔顿基金的创建人约翰·坦普尔顿爵士，以及布莱恩·特蕾西、齐格·齐格勒、丹尼斯·韦特利、奥格·曼迪诺、塞思·戈丁、哈维·麦凯等人的磁带。仅仅是在开车、健身或者散步时，我就学到更多东西，赚到更多钱，找到新的灵感，发现新的观念或做事方式。南丁格尔—科南特提供的录音资料非常宝贵，你只要支付不足 100 美元的费用，就可以在许多私人时间聆听一些世界上最伟大的导师的教诲。你所要做的仅仅是按下播放键，就可以听到你想听到的声音。这些磁带没有给我一个大学学位，但是我在那里找到了财务自由之路，最重要的是，我找到了成为真正的自我的信心。

为什么有些人只寻求内容

上学的人与参加培训班的人的一个重要区别也是在环境和内容上。我注意到当一个上学的人问一个参加培训班的人："你从培训班上获得了什么？"参加培训班的人往往张口结舌，解释不清自己到底学到了什么。原因是，许多培训班更注重环境拓展，而不是内容提高。刚刚进行了环境拓展的人常常无法具体回答学到了什么的问题。一个学校导向的人，一个更愿意做雇员的人，常常很难理解这种不易言传的境界。一个希望自己环境保持不变，仅仅想增加内容的人，只会等待新内容的出现，而很难理解其他乐于拓展自己现实的人。只想要内容的人，如果环境发生一些变化，他们就会变得焦躁不安。这就是他们只寻求内容增加而不关注环境拓展的原因。然而，那些最快速获得成功的人，是同时追求环境拓展和内容增加的人。

是离开老鼠赛跑的时候了吗

几天前，有人问我："我已经玩了一次'现金流'游戏，现在我该做什么？"

我回答："你玩了一次'现金流 101'游戏？仅仅一次？"

"仅仅一次。"他回答。

"你玩这个游戏用了多长时间？"我问。

"大约 3 个小时。"他回答。

"你离开老鼠赛跑了吗？"我问。

“不，从来没有，不过我从中受到了教育。”他说。

“你学到了什么？”我问。

“我感到厌倦。我学到了陷入老鼠赛跑枯燥而辛苦，我学到了让自己痛恨这种游戏，因此我想请你告诉我，我接下来应该做什么。我不想玩游戏，我想致富，所以告诉我接下来应该怎么做。”

我拿起游戏板画了一圈老鼠赛跑标记。

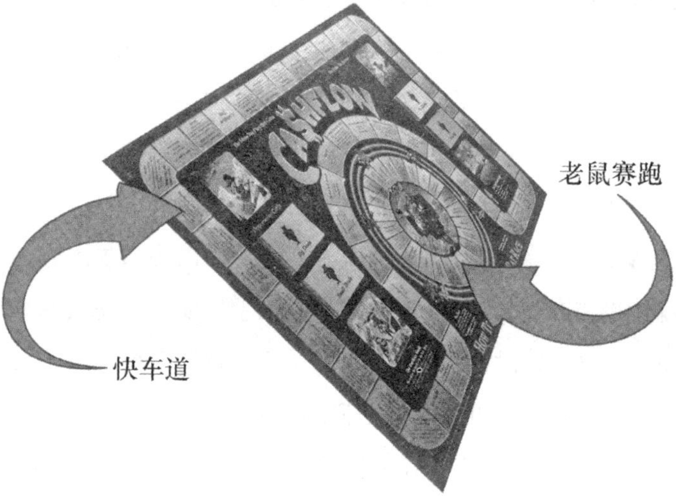

深思熟虑后，我放缓语气，指着老鼠赛跑标记，问：“对你来说，这仅仅是个无聊的游戏？”

他点了点头，笑着说：“是的。我不想玩游戏，我想在真实生活中发财。”

“你认为这个游戏不是真实的生活吗？”我问。

“不是，”他露出一丝不屑，“这个游戏不适合我。”

“有意思，”我说，仍然指着老鼠赛跑标记，“对我而言，这个游戏就是真实的生活。我来问你，你是在哪一条轨道上？是老鼠赛跑还是快车道？”

他一脸茫然，不知怎么回答。

接着，我说："对我而言，这个游戏就是真实的生活。在真实的生活中，我们每个人都在某一条轨道上。"我偶然读到过美国前劳工部长罗伯特·赖克的一篇文章，在这一部分开始时我也引用过。拿出那篇文章，我读了一段赖克的话：

"这不仅仅是有一份工作，或者有很高薪水的问题。"

"在有不可预知收入的新经济时代，只有两条道路：快车道和慢车道。没有中间路线。"

"你的意思是，快车道真的存在？"他问。

我点头说："是的，老鼠赛跑也同样存在。99%的美国人从老鼠赛跑投资。陷入老鼠赛跑的人，越来越落后。正如赖克所说，没有中间路线。这意味着你要么在这条道路上，要么在那条道路上。那么，你想从哪条道路上投资？"

"我有一个高薪职位，挣钱不少，这难道不意味着我是从快车道上投资的吗？"他反问。

"我不这样认为。但我不太清楚真实情况，你必须告诉我。你投资了什么？"我问，"你是百万富翁吗？你每年收入超过20万美元了吗？"

"我在401(k)退休金计划中投资了35万美元，并且我每年挣得超过12万美元。这难道不意味着我符合快车道吗？"他问。

"我不这样认为，"我回答，"至少根据SEC的规定，你不符合快车道的条件。"

"我不理解，"他说，"你能告诉我我忽视什么了吗？"

我深深呼了口气，终于说服他打开了他的环境和大脑，接受新的内容和信息。我总是发现教育那些自以为无所不知的人是很困难的事情。我们都知道，往一个已经装满水的杯子里倒水很困难。同样，教导一个思想封闭或者装满了其他内容的人，让他接受新东西也很困难。

我慢慢地开始说："因为对我而言，这个游戏就是真实的生活，所以我给这个游戏设计了两条道路。现实生活中，我们每个人都在其中一条道路上。正如罗伯特·赖克所说，没有中间路线。"

"你的意思是，我们或者居于老鼠赛跑，或者居于快车道。"他说，现在显露出了一些兴趣。

"是的，"我说，"游戏告诉我们，我们应如何脱离老鼠赛跑。这个游戏的目的就是打开你思维中致富和财务自由的可能性，脱离老鼠赛跑，脱离终生为金钱劳碌却永远不能达到理想生活的辛苦。你玩这个游戏越多，教给别人越多，你的思维就会越开放，更多真正的财务自由思想就会出现在你的心智、环境和内容中。如果你的心智不开放，就很可能成为终生奔忙于老鼠赛跑的99%的人之一。"

"即使我赚了很多钱，也是如此吗？"他问。

"好问题，"我大声说，"这是你问过的最好的问题。答案是：仅仅有钱不能使你脱离老鼠赛跑，也不能使你站在快车道上。那就是富爸爸常说'金钱并不能使你富有'的原因。"

"为什么？"他带着迷惑的表情问，"带着许多钱不能挤上快车道吗？"

"另一个好问题，但答案仍然是否定的。"我说。我现在知道他的大脑已经开始接受新观念，而不再装作无所不知的样子了。我接着说："脱离老鼠赛跑不仅仅需要金钱，在快车道上投资也不仅仅需要金钱。"

我整理了一下思绪，然后问："你还记得《华尔街日报》等财经报刊的一些广告吗？在这些广告中，一个个衣着光鲜、神气十足的男人，站在华尔街举着标语说'我现在有钱进行投资了'。"

“是的，我看过那些广告，但不太理解。”他带着一丝迷惑轻声回答。

“在1995年到1999年之间，这类广告很多。可见，当时很多人从股市或工作中赚了不少钱，他们正寻求快车道上的富人的投资机会。问题是，他们即使有钱，也不被允许进入快车道寻找更好的投资机会。即便有一些偶然的机缘，让他们可以进入快车道，但是对于大多数人来说，最好的投资机会仍然是关闭的，即使他们有钱。”

“即使他们有钱？”他问，“为什么？我不明白。”

“因为在快车道上金钱没有意义，”我说，“在真实的投资中，金钱只能使那些人停留在老鼠赛跑。”

“金钱没有意义，为什么？”他说。

“因为在快车道上的每一个人都已经拥有了很多金钱，这就是金钱不再有意义的原因。为了进入快车道上更好的投资，有意义的是你知道什么，或知道谁。”

“你的意思是，是你这个表中列出的东西有意义，而不是金钱。”他轻轻地说。

“非常正确，”我笑着说，“富人与穷人、中产阶级之间不仅是有区别，而是截然相反。穷人和中产阶级认为金钱非常重要，但是当你致富之后，你会发现金钱不再那么重要。”

我又用了几分钟时间给他展示退出战略的不同水平，我给他解释，很多人都可以达到小康水平，也就是年收入10万～100万美元，但是如果这些钱都是通过努力工作、储蓄和节俭得到的，那么他们可能就不能进入富有和超级富有水平的投资领域。很多人不能投资，仅仅因为他们只有钱而缺乏在快车道上投资所需要的培训和经验。他们有钱，但再也拿不出表中的其他东西了。

“那就是在一些广告中，小康水平的人举着‘我现在有钱进行投资了’的标语的原因。”这位脑子里现在接受了一些新环境的年轻人说，“他们有钱，但没人想要他们的钱，因为他们没有做好进入快车道的准备。”

“是的，”我说，“那就是富爸爸说‘致富不仅仅是挣很多钱’的原因。”

“那我应该怎么做呢？”他问。

“好吧，首先要做的事是回去至少玩12次‘现金流101’游戏，直到你能够在一个小时内离开老鼠赛跑，无论你在游戏中是何种职业、薪水高低、所处市场状况如何，以及遇到什么困难。接着看看快车道上的词语，查找这些词语的一些定义。掌握了这些词语的含义后，再去寻找那些在快车道上投资的人。花时间同他们待在一起，听听他们的词语，了解除了金钱外对他们来说重要的东西。对他们的词语理解得越多，你就能与他们交流越多，并开始看到他们的世界——快车道的世界。”

“你也那样做过吗？”他问。

“不，我一直那样做，我生活中的每一天都是那样做的。正如我说过的，这个游戏就是真实的生活：你不是处于老鼠赛跑，就是处于快车道。”

“那么，你是如何脱离老鼠赛跑的？”他问，“我知道你是从一无所有开始的。”

“我有一个计划，一个怎样摆脱老鼠赛跑的计划。重要的区别是，我的计划从一开始就是一个富有的计划。这个计划让我得到了很多金钱，但更重要的是，让我获得了快车道所需要的词语、教育和经验。因此，首先花些时间选择你的退出战略，然后开始制定你的计划——一个包括快车道所需要的教育、经验和词语的计划。”

那个年轻人点点头，他的心智现在终于开放了。“所以，很多人虽然退休了，但仍然像老鼠赛跑？”

“基本上是这样，”我平静地回答，“他们的生活也是根据计划。他们搭上慢车，在慢车上度过了一生。我不愿意搭上慢车，所以我寻求更好的计划，一个为我自己服务的计划。我希望你也能找到一个更好的计划。”

那个年轻人点了点头，轻声地说：“我会的！”

计划的杠杆小结

在我看来，很多人终生辛劳却以贫困结束，或者陷于老鼠赛跑的生活，原因在于他们根据一个缓慢的计划生活。如果你想年轻富有地退休，重要的一步就是安静地坐下扪心自问：“我在执行什么样的计划？谁的计划？”其他需要问你自己的问题有：

1. 我的退出战略是什么？
2. 我的词语和思想有多快？
3. 现在我处于哪条车道？将来我想处于哪条车道？
4. 我现在工作是为了哪种收入？它是我将来想要的收入吗？
5. 安全的长期代价是什么？

第 11 章 诚信的杠杆

从 1985 年到 1989 年，我和金没有任何被动收入和证券收入。我们为建立自己的企业努力工作，以便获得有更多杠杆作用的劳动收入。我们得到的所有额外收入都用以支持我们建立自己的企业。我们明白自己想要何种收入，明白自己想要收入的定义，明白必须将工资收入转化为被动收入和证券收入，但我们不知道当那一天来临的时候，究竟会发生什么？不知不觉好多年过去了，富爸爸的教诲仍然在耳边回荡："一旦被动收入和证券收入成为你生活的一部分，你的生活将会彻底改变。一定要牢记这一点。"

富爸爸和穷爸爸都坚持自己对词语的理解，区别在于他们关注的词语不同。一个爸爸让我关注与学校相关的词语，另一位则让我关注与金钱、商业和投资相关的词语。有许多夜晚，我手捧词典思索着两个爸爸关注的不同词语的含义。

我遇到过很多自称投资者的人，当我问他们有多少被动收入或者证券收入时，许多人承认自己即使有，也没有多少。他们却仍以投资者自居。穷爸爸和富爸爸都说过："你一定要像你所说的那样，名不副实可不好。"年轻富有的退休者为什么屈指可数，原因之一就是很多人所做的与所说的并不一致，他们使用的词语对他们自己来说并不真实。

不仅仅是定义不同

读过《富爸爸穷爸爸》的朋友，或许会记得穷爸爸和富爸爸对资产和债务的不同定义。穷爸爸自认为懂得这两个词的定义，所以他从未认真地对待过它们。当然，即便他去认真查找这些词，也不会有多好的结果。原因很简单：多数的学术词典从来没有将这两个词的区别解释清楚。

我讨厌从词典上查找词语的含义，然而，我还是一直在查找自己尚未真正理解的词语。为什么我查找它们？因为我认为，词语是人类能够使用的最有力的工具，正如富爸爸所说："词语是大脑思维的工具，词语让大脑看见眼睛看不见的东西。"他还说："一个用词贫乏的人必然思想也贫乏，并最终导致贫乏的生活。"花一些时间思考自己和其他很多人的深刻差异，就会发现正是劳动收入、证券收入和被动收入的不同决定了我们的生活。这些都是相对简单的词语，但是只要明白它们之间的区别，就会使生活有很大的不同。

如果你想改变自己的财务未来，最重要、代价最小的一步就是弄清自己正式使用词语的含义。在电视上，一些大的投资经纪公司不断制造出许多新鲜词汇，比如市盈率、股息再投资计划、市值等有关投资的时髦行话。这些投资公司想让你认为，掌握这类概念对于成为一个像他们那样好的投资者十分重要。不过，如果你真想年轻富有地退休，首先应该弄懂一些更基础、更重要的概念。这些更基础、更重要的词语是你的流动比率（流动资产与流动负债之比）、速动比率、易变现比率（商业银行遵守的流动资产与存款债务总额之比）、债务与收益比率，以及资产与债务、劳动收入与被动收入和证券收入之间的区别。

为什么说后面的词语更重要呢？答案在于，前面的一些词语如市盈率、股息再投资计划和市值实际上与你没有关系，尤其是当你刚刚涉足商业和投资活动的时候。对你和你的生活来说，更为重要的是一些基本比率，比如负债比率、易变现比率等。为什么？因为这些比率对于你个人十分有用，你可以在实际生活中使用。如果你懂得如何把这些比率运用到你的个人生活中，如果你确实将它们运用到了个人生活中，它们就会成为你生活中鲜活的一部分。当这些发生时，你就掌握了词语的力量。

市盈率广泛应用于一些上市公司，如 IBM 和微软。但它不大适用于你个人，除非你想把自己卖掉（但我确信奴隶制现在已经被废除了）。对于不知道市盈率为何物的人来说，市盈率能迅速评估一只股票价值的高低，就像购物者询问每斤猪排的价格一样。猪排售价每斤 2.99 美元与 1.19 美元有区别，但任何一个明智的顾客都知道，仅仅价格便宜并不意味着就是个好交易。市盈率的高低也是如此。

市盈率仅仅可以衡量股票价格与收益之间的比率。比如，如果每股收益是 2 美元，股票价格是 20 美元，那么这只股票的市盈率就是 10。这意味着如果一切保持不变，你需要 10 年才能收回 20 美元。只依据一只股票市盈率的高低，不能评判交易的好坏，正如每斤猪排的价格不能告诉你买卖的好坏一样。在购买便宜的猪排之前，还有其他一些因素你应该考虑。

在互联网热时，很多股票价格很高却没有什么收益。如果你只用市盈率来衡量，那么投资互联网公司就显得十分荒唐可笑。当市场崩溃时，许多人都希望当初购买并存放在冰箱中的是一些便宜的猪排，而不是价格很高却没有收益的股票。现在，即便冷冻猪排也比一些互联网公司的股票值钱。真正可笑的是这样一些人，他们认为你可以对没有任何现实性的承诺投资。许多年轻的互联网推动者有不错的环境，却没有好内容，这个内容就是商业投资的教育和经验。

还有一些更重要、更基础和必要的比率。如果你能理解并运用它们，那么你致富或财务成功的机会就会大大增加。其中更实用的一个比率就是你的负债比率。为什么它更重要呢？因为我们每一个人都能使用这个比率，并且我们应该每月都使用这个比率。举个例子，如果你有长期和短期债务，总额大约是 10 万美元，而你的净资产是 2 万美元，那么你的负债比率就应该是：

$$\frac{10\text{万美元}}{2\text{万美元}}$$

在这个案例中，你的负债比率是 5。问题是，这个数据意味着什么呢？在现实中，它似乎没有多少意义。但是，如果下个月你的负债比率变为 10，那可能就预示着你将无法安排自己的生活。负债比率为 10，意味着你的债务上升到 20 万美元，或者你的净资产下降到 1 万美元。在另外一些场合，这些数字或许还有更多含义，因为它们是与你个人生活密切相关的真实数字。正如富爸爸所说："关注你个人的经营。"这些简单的比率是指导你思考和管理你个人生活的卓越工具。

比率在生活中的运用

正如市盈率反映了投资者对于上市公司管理的信心，作为你个人生活的管理者，你也需要在生活中运用一些比率。如果你想更好地管理你的财务生活，就应该掌握下面一些比率。

富爸爸让我注意的一个比率就是他所谓的财富比率。他的财富比率是：

$$\frac{\text{被动收入}+\text{证券收入}}{\text{总支出}}$$

计算个人财富比率的目的是让你的被动收入和证券收入等于或超过总支出。这意味着你可以放弃你的工作（劳动收入来源），坚持个人的生活风格。一旦你的被动收入和证券收入超过了总支出，这个比率就将变为1或者更高，你也将摆脱老鼠赛跑。这也是玩“现金流101”游戏的目的，我发明的这个桌面游戏教你如何创造被动收入和证券收入。

比如：

$$\frac{600\text{ 美元被动收入}+200\text{ 美元证券收入}}{4000\text{ 美元总支出}}=0.2$$

如果富爸爸看到0.2这个比率，也就是被动收入和证券收入等于总支出的20%，他一定会强烈建议我设法提高我的被动收入和证券收入。正如他所说的：“一旦被动收入和证券收入成为你生活的一部分，你的生活将会彻底改变。一定要牢记这一点。”他认为，对被动收入和证券收入掌握得越透彻，个人生活就会因为个人现实的改变而改变。

富爸爸认为，财富比率是需要掌握的一个非常重要的比率，因为它是你管理个人生活的能力的一个重要指标。他说：“大多数人贫困退休，是因为他们在生活中从来不知道拥有被动收入和证券收入的重要性。”

有5年时间，我和金虽然明白被动收入和证券收入的含义，希望在自己的生活中拥有它们，但我们并没有获得这两种收入。在1987年股市危机以及随之而来的7年衰退之后，突然，我们意识到机会之窗打开了。这是我们获得那两项收入的时候了，我们的财富比率将大于零了。1989年，我们购买了自己的第一套房产，到1994年，我们每月的被动收入超过了1万美元，而总支出不到3000美元。我们的财富比率达到了3.3。今天，即便总支出大大增加，我们的财富比率还是超过了12。这就是让词语成为自己生活一部分的力量。

如果你真的渴望年轻富有地退休，或许也应该让富爸爸的财富比率成为你生活的一部分。我认为，与IBM或微软公司的市盈率相比较，它将对你更有意义。如果你每月都检查自己的财富比率，我认为，与那些期待加薪的人相比，你的生活将会有更显著的变化。富爸爸提出的财富比率，极大地影响了我对生活中什么更重要的判断。

回顾以往的生活，我感到正是这些来自富爸爸的简单教诲让我获得了生活中大多数的财富。现在，我个人的负债比率大约是0.7，这意味着我即便有很多债务，也可以每天晚上高枕无忧。我的债务不断，但我从来没有打算还清债务。关键在于，富爸爸的这些简单教诲对我的生活有着巨大影响，远远超过了我多年前所学的微积分、球面三角学和化学知识。我从来没有使用微积分、球面三角学或者市盈率作出过投资决策，因为这些东西并不实用，与我个人财务成功与否也没有多少关系。

为你的生活注入力量

在这部分，我想从词语、行动以及诚信上强调两点：第一点，一些简单的定义和数字会为一个人的生活注入很大的能量。正如任何一个购物能手都要知道每斤猪排的价格一样，我们每一个人都应该了解自己的负债比率、财富比率，以及其他一些简单数字指标，在此不再赘述。

第二点，仅仅知道词语的含义和满口全是听起来充满智慧的专业术语，距离真正的成功还很遥远。现在，太多人使用着其实自己并不理解的词语，许多金融服务销售人员使用的金融词汇他们自己并不真的理解，一些词语如市盈率，就是为了听起来显得比客户更有智慧。关键在于，如果你渴望年轻富有地退休，持之以恒地提高你的财务词汇就非常重要。但是，如果要全面地提高你的词汇，掌握词语定义之外的东西也十分重要。我认为，一定要让这些词语成为你生活和现实的一部分。比如，当我说被动收入的时候，我都是充满感情，因为它已经是我个人生活的重要组成部分。被动收入对于我的意义，就相当于加薪对于很多雇员的意义。我对加薪没有多少热情，因为对我来说，那是一笔没有前途的收入。

我花了多年时间，学习如何将劳动收入转化为被动收入。花费时间越多，我收获的真实生活经验就越多。我曾经与许多金融服务销售人员打过交道，如股票经纪人、房地产经纪人以及财务规划师等。他们向你推销投资产品，这些产品将可能为你带来被动收入和证券收入；但他们自己却仅仅为劳动收入而工作。在我看来，这就是一种不诚实的行为。

你财务顾问的鼻子有多长

富爸爸喜欢童话，其中之一就是匹诺曹的故事。在故事中，一个名叫匹诺曹的木偶想变成真正的男孩。他经常撒谎，并且他撒谎越多，他的鼻子就长得越长。只有当他找到自己的内心、开始说真话时，他才变成一个有血有肉的真正的男孩。当富爸爸给他的儿子迈克和我讲这个童话时，他说："那是自己的词语变为现实的又一个例子。"

当我想到数百万人将自己的财务未来和财务安全押在股市上时，不禁倒吸了一口凉气。因为失业率节节攀升，市场持续动荡，数百万人为自己的财务未来忧心忡忡。我刚刚在报纸上读到一则报道，一些退休的人因为听信投资顾问和保险推销员的建议，将自己的退休金损失殆尽。报道中说，这些投资顾问和保险推销员开始推销某些虚假的投资项目时，并没有得到所在公司的认可，只因为公司减少了他们的佣金（劳动收入），他们就找了一些新的、虚假的投资产品，出售给那些信任他们并希望年老时有一些被动收入和证券收入的人。

在今后的数十年里，可能将有数百万人在年老时陷入财务困境，仅仅因为他们听信了那些长鼻子的所谓专业人士的谎言。这些匹诺曹们一直鼓吹："股市一直在上涨，共同基金每年红利平均达到了12%，要长线投资，多元化投资，平衡你的损失。"

诚信的力量

尽管富爸爸和穷爸爸强调的词语不同，但他们都强调"诚信"一词的重要性。他们都认为诚信的含义之一就是个人言行的统一，他们都说："听其言，但更重要的是观其行。"也就是说，如果一个人说："早上7点我会在那儿接你。"结果他的确在早上7点接你，那么他当时的诚信就是百分之百。如果一个人说："我会在早上7点来接你。"但是那个人到时根本没有出现，也没有电话，后来也没有道歉，那么他当时的诚信就只有0%。这种人言行不一，不是一个正直的人。

穷爸爸向我指出，词典中"诚信"的一种定义就是"正直"和"完全”。他总是说：“一定要像你所说的那样。”他一直提醒自己的孩子要信守诺言。他说：“从根本上讲，我们就是我们的词语。最终，我们拥有的只有自己的词语。如果你用的词语不好，那么你这个人也不会很好。”因此，他还说：“决不要许下自己不准备信守的诺言。”

前几天在达拉斯市，有两位年轻人问我能否参加我的投资培训班。他们希望能拿到免费门票，因为他们没有钱。由于他们当时很真诚，所以我和金同意送给他们两张免费门票。但他们再没有出现，我终于明白他们为什么会没有钱，即使他们都有很好的工作。

诚信的计划

在我拥有大量财富的计划中，一个简单而重要的组成部分就是讲求诚信，用言行一致来尊重词语的力量。多年以来，富爸爸要求我从小事上就开始信守诺言。他说：“如果你在小事情上信守诺言，那么你在大事情上也将信守诺言。一个不能在小事情上信守诺言的人肯定做不了大事。”在此重提富爸爸的这句话，是因为心怀梦想却一事无成的人太多了。原因就在于，他们虽然有着宏伟的计划，却不能在小事上信守诺言。正如富爸爸所说：“在小事情上不信守诺言的人是不可信任的。如果在小事情上不能信守诺言，就不会有人帮助你实现梦想。如果你不能信守诺言，人们就不会相信你，对你这个人和你所说的话也会没有信心。”

我看到过富爸爸和穷爸爸关于词语力量的建议所展现出的智慧。我曾经看到当压力降临时，很多人就显露出了自己的本性。我有一个经常不能按时赴约的朋友，他一直想知道我不与他在商业上往来的原因。他也经常擅自与合作伙伴、雇员和银行毁约，常常利用法律漏洞欺骗他们。尽管他现在是成功的，但他不得不经常寻找新的合作伙伴。他破坏自己的关系网，而不是建立自己的关系网，所以只能与完全陌生的人重新开始。寻找新的合作伙伴没有问题，但是他的鼻子越来越长，越来越难以掩饰。

我过去的另外一个朋友，面对压力时经常说谎。她不是告诉别人真相，而是撒谎，并且认为自己可以掩饰过去。当面对困境时，她就会说："这不是我的错，我无能为力。而且，我没有撒谎，是你没有听到我在说什么。"正如富爸爸所说的："在小事情上不信守诺言的人是不可信任的。如果你在小事情上不能信守诺言，就不会有人帮助你实现梦想。"

所以，我在这里转述穷爸爸和富爸爸充满智慧的话语："确保你的言行一致。"在讲快速词语和慢速词语的时候，我说过自己计划的一部分就是从精神、情感和行动上完全掌握这些词语。富爸爸要求我制定一个计划，从精神、情感和行动上理解新词语的含义。比如，他说："一旦学会了以批发价而不是零售价购买股票，你的生活将会彻底改变。当你知道用批发价购买股票，自己会变得多么富有的时候，你将再也不想用零售价去购买。"他还说："一旦你懂得了储蓄与赚钱的区别，你的生活将会彻底改变。""一旦你懂得了为什么贬值比祈祷升值好以后，你的生活将会彻底改变。"他说，"如果你用一生去践行自己的词语，并使它们成为你生命的一部分，你的生活将会与那些仅仅在精神上懂得这些词语定义的人迥然不同。"

确保学习和懂得新的快速词语，确保新的快速词语成为我生活的积极组成部分，是我计划的一个重要部分。在富爸爸看来，如果我使用这些财务词语只是为了使自己听起来聪明一点，只是为了给别人深刻印象，那我就是一个不诚实的人。

所以我将穷爸爸和富爸爸的教诲转述给大家，是想让大家在制定计划的时候，一定要全面理解和使用这些新的快速词语的力量，使它们成为你计划的一部分。不能只知道它们的定义，或者更糟的是连定义都不明白就把这些词语挂在嘴边，在别人面前显得自己很专业。让词语成为自己现实不可分割的一部分，你将会掌握它们的力量。

富爸爸常说："世界上有两种人：传教士和教师。传教士告诉人们怎样做，但他们自己却没有这样做；教师告诉人们怎样做，而他们正在这样做或已经这样做过。在金钱、商业和投资的世界，'传教士'太多太多了！"

本章小结

如果你想年轻富有地退休，就要花时间不断更新自己的财务词汇，诚实地践行自己说过的话，不要流于清谈。永远要记住词语是大脑思维的工具，涉及财富的词语，有快速词语和慢速词语之分。

最具破坏性的词语

富爸爸常说："在所有词语中，最具破坏性的词语就是'明天'。"他接着说："穷人、失败者、失意者以及弱者，使用'明天'一词的频率最高。他们经常说：'我要从明天开始投资'，或者'我要从明天开始节食和锻炼'，或者'我要从明天开始读书'，等等。"富爸爸认为"明天"比其他任何词语毁掉的人都要多。他说："'明天'一词存在的问题是你永远找不到一个'明天'。明天并不存在，明天只存在于梦想家和失败者的精神中。凡事推到明天的人将会发现，过去的恶习永远与自己相伴。"他这样结束了关于"明天"的评论，他说："我从未看到明天，我所拥有的只有今天。今天属于成功者，明天属于失败者。"

在下面的章节中，你将学习到今天怎样做简单的事情，这些简单的事情将极大改善你的明天。

第 12 章
童话的杠杆

从丑小鸭到白天鹅

富爸爸喜欢《龟兔赛跑》的故事，他曾经对我说：“我之所以成功，是因为我一直是一只乌龟。我来自并不富有的家庭，在学校并不聪明，我没有读完中学，我也没有特别的天赋。然而，我比很多人富有得多，仅仅因为我从不停步。我从来没有停止学习和拓展自己生活中可能的现实。”

富爸爸喜欢童话和圣经故事，在本书开始我与大家分享了大卫和歌利亚的故事。富爸爸喜欢大卫这个小个子用投石器击败巨人的故事。富爸爸喜欢童话故事，尽管他并不是一个伟大的读者，但他从童话故事中吸取了生活的经验和教训，并用来指导自己的生活，使自己从开始时的一无所有到最终财源滚滚。

曾经有好多次，当我和金濒临破产，几乎身无分文时，我就会找一个地方静静地坐下来，回味富爸爸讲给我的龟兔赛跑的故事。我记得他说：“人的一生之中，会经常遇到比自己更聪明、更快、更富有、更有权力、更有天分的人。仅仅因为他们开始领先，并不意味着你会输掉这场比赛。如果你坚持自己的信念，做那些大多数人不愿意做的事情，每天都争取进步，你就会赢得人生的赛跑。”

富爸爸喜欢的另外一个童话是《三只小猪》，他常常将这个故事和龟兔赛跑的故事结合起来。在我 12 岁左右的时候，富爸爸说：“搭建财务之屋时，穷人用的是稻草，中产阶级用的是木棍，富人用的是砖石。”他还补充说：“作为一只成功的乌龟，缓慢没关系，但一定要确保自己慢慢搭建的是一座砖石结构的房子。”

1968 年，我离开位于纽约的大学回家过圣诞节，富爸爸和他的儿子邀请我到他们的新居做客，新居位于他们新饭店的顶层。我们站在阳台上，注视着白色的海滩和湛蓝的大海时，富爸爸问：“还记得我讲给你的那些童话吗？《龟兔赛跑》和《三只小猪》的故事？”

“当然，我记得非常清楚。”我说。我依然惊讶于他们位于新饭店顶层的新居的美丽。

“那么，这就是砖石结构的房子。”他微笑着说。

那天，富爸爸没有再讲其他东西。他一遍又一遍地给我讲那两个童话，以至于我感觉那些童话都变成真实的了。他就像一只走过更长、更慢而且不安稳道路的乌龟，但他现在爬到了高处，而且还将爬得更高。他时年 49 岁，一路走来已超过了很多兔子。

我也记得穷爸爸用木棍搭建的房子，那是一座价格昂贵的房子，位于火奴鲁鲁的小康生活区。当时穷爸爸刚刚升任夏威夷州教育厅厅长，他也达到了自己人生阶梯的顶端，同富爸爸一样，他也成了公众人物。不同的是他们一个人掌控着自己的未来，另一个却没有。一个生活在砖石结构的摩天大楼里，另一个生活在木棍建成的屋子里。不到 3 年，穷爸爸失去了安稳、可靠的工作，他所有的就只有他那座木棍搭建的房子。

丑小鸭的价值

1968 年，富爸爸站在他那豪华公寓的阳台上，告诉我另外一个童话。我从来没有意识到这个童话对他有如此重大的意义，因为在我和他儿子迈克的孩提时代，他从来没有给我们讲过这个童话。“你知道丑小鸭的故事吗？”他问。

我靠着阳台，点了点头。

“那么，在生活中的大多数时候，我都把自己看做一只丑小鸭。”富爸爸说。

“你在开玩笑吧，是不是？你怎么能把自己看做一只丑小鸭？”我感到难以置信，因为富爸爸是一个英俊潇洒的男人。

“当我 13 岁辍学时，我像一个旁观者那样看待这个世界。在这个世界上，有些人不能适应，有些人已经落伍。我在父母的商店里帮工的时候，那些高中橄榄球队的男孩子常常过来欺负我，推搡我，或者破坏商店。许多次，那些欺凌弱小的家伙，跑进我们的店铺，将货架上的罐头摇下来，或者将橘子扔到路上去，以此向我挑衅。”

“你反击过吗？”我问。

“反抗过两次，但每次都被他们揍得鼻青脸肿。”富爸爸说，“我在这里不只是给你讲那些身强体壮的人欺凌弱小的故事。在这个世界上，还有其他欺凌弱小的人。”

想知道富爸爸接下来要讲的内容，我从阳台朝下看去，听他继续讲。

“我还碰到过一些有知识有学问的人也欺凌弱小。他们走进商店，用高人一等的口气对我讲话，因为他们受过更好的教育。就好像仅仅因为他们觉得自己比其他人更聪明，就可以瞧不起我们这些没有上过学的人。”

“我们学校里这种人很多，”我插了一句，“好像仅仅因为他们自认为比你聪明，或者考了更高的分数，就有权力嘲笑你或冷落你。”

富爸爸点点头，继续说：“在商店工作时，我还遇到过一些社会上的人欺凌弱小。他们瞧不起人，仅仅因为他们出身于富豪之家，或者因为漂亮、性感、潇洒、有名。有许多次，我为他们服务，却被他们嘲弄。记得有一次我问一位很受欢迎的姑娘能否与我约会，她的朋友就嘲笑我。我仍然记得其中一个女孩子对我说：‘难道你不知道富家千金从来都不会与穷小子约会吗？’那的确很伤人。”

“这种事情还在继续发生，”我说，“我遇到过一个女孩子，她说因为我上的不是常春藤盟校，所以不会同我约会。”

“那，至少你在上大学啊，”富爸爸说，“当我的同龄人纷纷走进大学校园的时候，我感到特别孤独，觉得自己已经落伍，成了一个多余的人。所以，这么多年以来，我一直觉得自己就像一只丑小鸭。”

富爸爸从未与我们分享过他的这段历史。我当时 21 岁，明白了自己和迈克拥有富爸爸所没有的优势。我知道有时他的生活异常辛苦，但是我从来不清楚那曾使他的精神和感情上有多痛苦。

站在这个临海的豪华阳台上，我开始意识到，他给我讲他曾是一只丑小鸭的生活，不是让我同情他。他自己很高兴那样。所以我问他：“你用丑小鸭的故事激励自己不断前进，是吗？你并不是用那个童话来可怜自己，是吗？”

“不是，”他同意，“我用丑小鸭的故事、三只小猪的故事、大卫和歌利亚的故事，还有龟兔赛跑的故事激励自己不断前进。我没有被身强力壮的、学校有知识的或者社会上的各种欺凌弱小者打倒，而是利用他们势利的行为激励自己做得更好。现在，我有了砖石结构的房子，我们现在就在这座砖石结构房子的豪华顶层。如果没有那些童话和圣经故事，我今天就不会在这儿。我也就不再是丑小鸭了。通过花费时间建造砖石结构的房子，像大卫那样运用杠杆，像乌龟那样利用时间，现在，我站在了这里，我成长的街区的最高处。”

“你变成天鹅了吗？”我笑着说。

“噢，还没到那种程度，”富爸爸笑了，“关键在于，如果我们愿意，我们就能够成长、发展，使生活发生巨大的变化。另外一点就是，那些童话能够成为现实，丑小鸭可以变成美丽的天鹅，慢乌龟能取得赛跑的胜利。”

丑小鸭变成了富有的天鹅

在我的投资培训班上，我常常列出以下退出战略：

穷人	年收入 2.5 万美元或者更少
中产阶级	年收入 2.5 万美元到 10 万美元之间
小康	年收入 10 万美元到 100 万美元之间
富有	年收入 100 万美元或更多
超级富有	月收入 100 万美元或更多

我请培训班上的学员不要做匹诺曹，如果他们继续做现在正在做的事情，就如实地说出他们将要面临的现实。我问他们：“如果你们继续做现在正在做的事情，等你 65 岁退休的时候可以达到哪一种财务水平？”我同时提醒他们，只有不到 1% 的人在小康或小康水平之上退休。

很多人承认，退休时只要能达到中产阶级的水平就已经心满意足了。他们最关注的是不会在贫困线上退休。仍然有少数人提出了我一直期待的问题：“我必须怎样做才能超过小康水平？”这些人在提出这个问题的一刻，就有了在财务上由丑小鸭变成白天鹅的可能。

在这个投资培训班上，我再次讲起了富爸爸给我讲过的童话和圣经故事。我问他们："你能从这些故事中悟出道理，并运用到自己的生活中去吗？你能从这些故事中找到一些适合自己现实和可能的启示吗？你能想象一只贫困的丑小鸭变成富有的白天鹅吗？"有一些学员能做到，而另外一些人则茫然不知所措，想知道我为什么在投资培训课上讲这些童话故事。

然后，我说："对我而言，从中产阶级的观念转变到小康的观念，其变化就跟从丑小鸭变为白天鹅的变化一样大。"

从慢速计划到快速计划

在我的一次课上，一位年轻的女士问："第一步应该怎么做？"

回答她之前，我在我的活动挂图上画了下面这幅图。

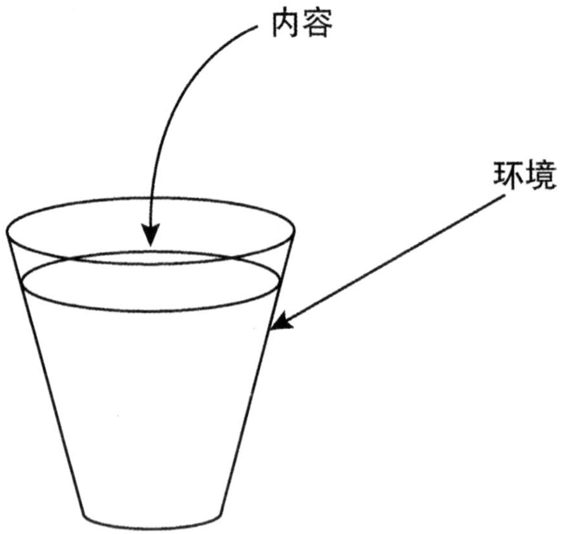

然后，我说：“1989 年，市场崩溃后两年，又一次衰退到来，我和金正在执行着我们的计划。那是一个慢速计划，我们打算 10 年内每年购买两处房地产。但当市场崩溃时，出现了越来越多陷入恐慌的人，于是我们发现了越来越多的交易机会。不到一年时间，我们已经购买了 5 处小型租赁房产，每一处都给我们带来了正现金流。我原以为要找到这样 5 处有投资价值的房产，我们必须看超过 600 处的房子。但现在市场状况不断恶化，越来越多的交易机会出现了。现在我们的问题是：我们没钱了。”

“所以你们有了更多的投资机会，却没有钱了？”那位年轻的女士问。

指着挂图上的玻璃杯子，我说：“我意识到我们已处于自己环境的极限，也就是我们现实的极限。”

“所以这是改变你们现实的时候了吗？”另外一个学员问。

我点了点头，说：“是的，是到了要么改变环境要么失去机遇的时候了。”

课堂上一片寂静，学员们认真地听着我的话，我知道自己已经充分吸引了他们的注意力。我问：“你们中有多少人曾看到机会却没有抓住？”

大多数人举起了手。

“当这种情况发生的时候，”我说，“意味着你已经达到了自己环境的极限，也就是你认为自己的可能性的极限。同时你也达到了自己内容的极限，它是你处理问题和应对挑战的知识积累。”

“接着发生了什么？我们应该怎样做？”一位学员问。

“多数人选择了放弃，他们说‘我做不了’‘我买不起’。很多人会征求朋友的意见，一些朋友会告诫他们要稳妥行事，不要冒险。”

“那你是怎样做的呢？当你意识到自己的计划过于缓慢，而出现了机会时却没有钱的时候，你是怎么做的？”一位学员问。

“我首先做的就是承认自己是一只想放弃的乌龟，但这不是放弃的时候，而是要继续前进的时候。我也知道那是一个更有可能成为白天鹅而不是丑小鸭的时候。脑海中想到那些童话故事的教诲，我选择了继续前进。我不知道该做什么，但我知道自己必须做一些事情。这种局面持续了好几周。一天，我和金在旅行后回到家，刚刚放下手提箱，电话响了。是我很信任的一个房地产经纪人打来的，他兴奋地对我说：‘我今天刚刚发现了一个很好的投资机会，如果你有兴趣，我可以给你比别的客户早半个小时的时间。’”

“那是一个什么交易？”一位学员问。

“经纪人告诉我，那是一幢有 12 个单元的公寓楼，地理位置优越，主人急于出手，标价只有 33.5 万美元，定金 3.5 万美元。经纪人很快传真了一份房产收支概算材料。”

“你立刻买下了吗？”那位学员又问。

“没有，”我说，“我告诉经纪人，给我半个小时，我马上去那里看看。当我赶到那里的时候，我才明白这笔买卖有多划算。于是我冲向一个收费电话亭，告诉经纪人我决定买下它。”

“即使你没有钱？”另外一位学员问。

“我们没有钱，”我说，“我们刚刚买了第五处房产，确实资金紧张，因为我们同时投资房地产和其他生意。但是，即使我们没有钱，我仍然按照卖主的要价，3.5 万美元的定金加上 5 年期 8% 利息的 30 万美元。这是一笔如此好的买卖，我不能错过它。”

“为什么这是一笔好买卖？”另外一位学员问。

“有很多原因，其中之一是主人就生活在那里，他们从没有提高过租金。房客是主人的朋友，主人从来没有想过要房客支付更多租金，因此租金比市场价至少低了 25%。第二个原因是，主人年岁已高，他们没有精力管理这处房产，所以打算自己搬出去。作为不成熟的投资者，他们非但没有想到使自己的房产增值，反而担心随着经济衰退，房产贬值，所以急于出手。第三个原因是，距离那处房产 1.6 千米远的地方正在建造一个计算机芯片工厂，将会有 1000 多名新雇员搬来，这意味着房租会上涨。如果我不用去银行贷款买房的话，这就更是一笔好买卖了。我打电话给经纪人，告诉他我完全接受他们的报价和要求。现在，我面临的唯一问题是，怎样在 30 天内——也就是房主搬出时——筹到 3.5 万美元。”

“所以在那 30 天内，你是不是一直在问自己‘我怎样才能买得起’？”一位学员问。

“连续两个晚上，我和金辗转反侧，难以入眠，”我说，“我们没有问怎样才能买得起，我们一直问自己为什么要这样疯狂。我反复问自己：‘我为什么要这样做？我们现在干得很好，各项投资也运行平稳，我为什么还要打破自己的舒适边际？’我一直在考虑 3.5 万美元的事情，我明白这比很多人 1 年的税前收入还要高，而我现在必须在一个月之内筹到。我想放弃，我的自信心受到挑战，我感到自己没用、愚笨。4 个晚上过后，我终于平静下来。然后我开始问自己：‘我们怎样才能买下它？’”

“那么，你们到底是怎样买下它的呢？”一位学员问，“或者说，你们买得起吗？”

“最终，在激动、祈祷、尽力说服自己不要放弃之后，我们拿着文件来到银行，向银行经理说明了情况，他拒绝贷款给我们。我问他为什么要拒绝，我怎样做才能行。在他告诉我之后，我又去了另外一家银行。尽管我的表现比第一次好了一些，但还是被拒绝了，我又一次问为什么。等到了第五家银行，我已经掌握了银行经理们希望得到的很多信息，了解到他们为什么希望得到这些信息，以及他们希望怎样接收到这些信息。尽管我们的表现有了很大改进，但我们还是被拒绝了。在几乎就要放弃的时候，我们走向了第六家银行。这一次，我们准备得更加充分。我们还明白了一项投资之所以是好投资的原因。在试图说服第五家银行的时候，我们准备的东西已经超出了这项投资本身。这一次，我们的陈述更加清楚更加专业。我们说的都是银行经理们希望听到的。我们的数据精确，将前面其他 5 项投资也囊括在内。现在，我们能用银行经理的词语和数字解释这为什么是一项很好的投资。第六家银行终于答应了。不到两天，银行给了我们 3.5 万美元支票。又用了 3 天，我们去契约暂管办公室办理手续，买下了这处房产。”

“在那之后又发生了什么？”一位学员问。

“房地产市场持续下滑，我们继续购买，”我回答，“即使我们的钱仍然很少，但我们还是继续购买。到了 1994 年，房地产市场回升，我们终于获得了余生的财务自由。1994 年，那幢 12 个单元的公寓楼售价超过了 50 万美元，也为我们带来每月 1100 美元的收益。我们用其中 16.5 万美元的资本收益，通过纳税延迟购买了一幢我们至今拥有的有 30 个单元的公寓楼。这幢公寓楼每月为我们带来 5000 多美元的收益，加上其他产权和投资，我们每月的被动收入超过了 1 万美元，这使我们达到了小康水平。然后，我们就退休了。我们每月的被动收入超过了 1 万美元，而支出只有 3000 美元左右。我们获得了财务自由。”

“那么这就不是运气，”一位学员说，“这是你计划不断加快的结果。”

“我们为机遇作好了准备，并抓住了机遇，”我说，“1994 年后不久，房地产价格飞速上涨，找到这样的机会就很难了。”

“所以，你没有用自己一分钱，就赚了很多钱。”一位学员说。

“是的，那桩交易的确如此。不过，我并不建议你们那样做。如果不懂投资，如果没有现金储备，如果事情并不像你想象的那样进行，那么没有自有资金而投资房地产就有很大风险。我遇到过很多自己没有资金投入的房地产投资者，他们只能发现房地产项目上的支出远远超过了实际收入。我也有朋友因为购买房地产和企业时过度使用杠杆作用，而最终破产。这也是我不公开鼓励大家全额借款购置房地产的原因。在涉足高度杠杆作用的交易之前，我建议大家能有一些购买、销售经验，尤其是管理房地产的经验。在购买那幢 12 个单元的公寓楼之前，我看过数百个房地产项目。我们的生意也为我们带来了现金流，足以应对任何意外的损失。全额借款的房地产项目，往往有太高的杠杆作用，有任何差错，都会很容易地吞噬你的生活。所以，我再次重申：我不向任何人推荐我们的这种做法。我告诉大家这个故事，有一个原因。”

“是什么原因？”另外一位学员问。

我走到挂图前面，在上面添了些东西。

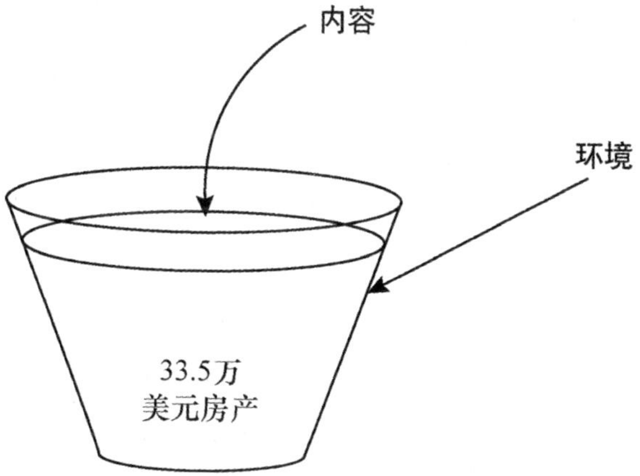

“我告诉大家这个故事，是为了解释愿意拓展环境和增加个人环境的重要性。”我说。

“所以今天，因为你个人现实和教育的积累，购买 33.5 万美元的房产对你来说就很容易了。这是你要说的吗？”一位学员问。

“非常容易。”我回答，“现在回过头去看，把 3.5 万美元支出看做一大笔投入、把一幢 12 个单元的公寓楼看做一个大项目，都是很可笑的事情。但是，在那个时候，那的确是一笔很大的数目，的确是一项很大的投资。对我和金来说，重要的是，我们自愿超越自己的环境和内容。”

“不过，大多数人不愿打破自己的舒适边际，”另外一位学员说，“大多数人更习惯安稳做事，并且说‘我买不起’。”

“这也是我的经验，”我说，“我认为，只有不足 1% 的美国人超过小康水平的一个主要原因，就是大多数人发现，超越个人现实、环境和内容让他们不舒服。大多数人只愿根据自己已有的知识，来解决自己的财务问题，而不是拓展自己的知识，以解决更大的问题。大多数人不是主动迎接更大的财务挑战，而是用自己的终生去应付他们感觉容易的财务问题。他们宁愿做贫穷但美丽的白天鹅，也不愿冒再次成为丑小鸭的风险。”

“你又变成丑小鸭了吗？”一位学员略带嘲笑地问。

“当然，”我说，“在那座 33.5 万美元的公寓楼交易之后，我们发现很容易达到投资 200 万美元的水平。从 1994 年到 2001 年，我们的房地产投资额达到了 250 万美元，被动收入也很容易就增加到每月 1.6 万美元。我们肯定达到了小康水平，是时候开始走向富有了。了解我们的朋友，一定会记得《富爸爸穷爸爸》的草稿完成于 1995 年到 1996 年，“现金流”游戏设计于 1996 年，我又回到了商界。同时，在 1996 年，当我遇到彼得时，我明白是时候学习如何通过首次公开发行程序让公司上市了，这段经历我在《富爸爸投资指南》中介绍过。也是在 1996 年，我和金遇到了莎伦 · 莱希特，《富爸爸穷爸爸》一书出版了。1997 年秋天，我和金以及莱希特女士成立了现金流技术公司。我们进入了一个新世界，拥有了新的环境，新的内容和朋友。我们的房地产投资总额也保持在250万美元。”

“所以，你在别的领域继续拓展自己的环境，但不再扩大房地产投资。这是你要说的吗？”一位学员问。

“这正是我要说的，”我说，“有莎伦与我合作著书、创立公司，我们的小公司迅速成长，远远超出了我们最大的梦想。没有莎伦，我们就不会像今天这样成功。在与彼得合作5年后，在未来几年，我们将有4家到6家公司通过首次公开发行程序上市。在商业运作和首次公开发行程序中，我们的现实得到了显著的拓展。我们进行商业运作和首次公开发行的环境有了质的飞跃。”

“但是，你在房地产上的现实没有改变，”一位学员说，“仍然保持在开始时的33.5万美元，12个单元的公寓楼。总金额也还是保持在33.5万美元到250万美元之间。这是你所讲的，是吗？”

“是的，”我说，“仅仅因为某人在一个财务领域取得进步，并不意味着他可以拓展到所有领域。那就是在2001年，我和金决定回到房地产业，再次拓展自己环境的原因。”

致富变得更简单

多年以前，富爸爸对我说：“富人更富的一个原因就是：一旦找到了致富的模式，致富就会变得很容易；如果你找不到致富模式，致富就总是很艰难，也就必然永远贫困。”

我在现实、环境和内容这些课题上花费了很大精力，主要因为那是富爸爸的致富模式。他的基本模式是从来不说“我买不起”“我做不了”，持续拓展自己的现实。正如你们已经知道的，富爸爸用童话和圣经故事作为自己的生活指南，度过怀疑和畏惧的岁月。但是，他关于加速财富积累的教诲，才是我最感兴趣的。他说："一旦你明白致富模式就是通过不断拓展自己的现实，来增加自己的杠杆，致富就会变得越来越容易。对于那些固守一个现实，认为自己的现实就是唯一现实的人来说，致富的速度就会大大减慢。"

这也就是说，富爸爸认为一旦富有，致富就会变得更容易，速度更快。如果你从来没有致富，生活就会变得越来越艰难和缓慢。明白了这些，我和金就知道又到了拓展我们房地产现实的时候了。我们用了 5 年时间，拓展自己商业运作和首次公开发行的现实，我们致富的步伐比以往任何时候都要快得多。我知道在更高的一个层次，更加富有将会更容易、更快。因为我在富爸爸身上已经看到了这些。

超过 500 万美元的项目会非常容易

2000 年底，股市正趋于崩溃，我们的公司却在迅速扩张，我们的书和游戏在全世界畅销，我们准备上市的公司逐步成型，很快就会赢利。金对我说："我想重新投资房地产，如果我们想保持自己的财富，就需要投资更多稳定的资产。"从此，我们又回到了房地产市场，回到了过去的现实、环境和内容。我们希望再找到只要 3.5 万美元首付、总价 33.5 万美元的公寓楼。但是，即使我们现在可以轻松拿出 33.5 万美元现金而无需贷款，我们还是遇到了麻烦。事情已不像我们预料的那样了。我知道这是再次拓展自己现实的时候了。

此前，我和金一直在寻找总价 400 万美元左右的项目。我们对这个投资数额感到舒心，因为如果需要，我们可以马上支付超过 100 万美元的首付款。我们认为自己懂得很多，但是我们找不到符合我们新计划的有价值可以运作的房地产投资。这时我给一位老朋友比尔打电话，他在房地产项目上有数百万美元投资。找到他以后，我问他我们的方法有什么问题。他回答："400 万美元是个很难办的投资，银行不喜欢那样大的项目，而那个数额又不足以让资深私人投资家感兴趣。不过，超过 500 万美元之后，又会变得容易起来。"

在他说这些话的时候，我明白自己又到了个人现实和环境的极限。400 万美元的项目对我来说简单又舒适，但是 500 万美元却超出了我的舒适边际。我的脑中在呼喊："如果我不能让银行对 400 万美元的房地产投资项目感兴趣，那我又怎么能让他们对 500 万美元的项目感兴趣？"我可以听到我的现实在大声对我喊叫，也可以听到富爸爸的教诲，他让我记住童话故事的启示，并让我牢记，如果遵循原有模式，越富有就会越容易致富。我明白又到了遵循过去模式、拓展自己现实的时候了。

一切变得非常容易

在本书的开始部分，我曾经写道：通过向银行借贷，提早退休会变得多么容易。当我和金决定拓展自己的现实和舒适边际后，我们发现那就像从政府借款一样容易。

我已经讲过，税法总是向处于 B 象限和 I 象限的人倾斜，而对 E 象限和 S 象限的人不利。抱怨税收太重的人大多处于 E 象限和 S 象限。原因在于，如果你身处 B 象限和 I 象限，政府就会急于成为你的合作伙伴，因为你可以提供住房和创造就业机会。我一直知道这些，因为富爸爸告诉过我。但是，我一直不明白政府对于那些帮助它的人能够提供多大的帮助，直到我开始寻找 500 万美元以上的房地产投资项目、并准备进一步拓展自己的环境。

我们的寻找还在继续。现在我们寻找那些远远超出我们舒适边际的大项目。2001 年，我们首次会晤了一个专门推销低收入政府资助住宅项目的代理人，我们向她展示了自己已有的房地产投资组合。其中，房地产投资总额有数百万美元，主要集中在单价三四十万美元的公寓楼。

“你们懂得如何管理多户家庭公寓，这很好。”那个不到30岁的女代理人说。

“为什么？”金问。

“因为政府的要求之一，就是借款人必须要有成功管理多户家庭公寓的记录。你们已经从事这种工作10年以上，并从中获利。很多人希望得到这些政府贷款，但只有很少一部分人符合条件。”那位女代理人说，“正如你们所知，大多数拥有一点房地产项目的人所做的，只是自主经营，收取租金和修理破损。这就是他们从来不像你们那样，学习管理更大项目的原因。”

我和金点点头。我们知道从事房地产投资，远远不止收取房租、修理厕所这么简单。过去10年，我们学到了很多东西。不过，现在又到了我们继续前进的时候了。如果我们继续前进，就必须认识新的人，学习新的词汇，愿意投资更大的项目。听着前面两位新朋友的话，我意识到过去10年来，我们已经变成了能够在房地产市场上投资400万美元的“兔子”和“白天鹅”。我们是小池塘中公认的大鱼。现在是到了继续前进的时候了，我们要在更大的游戏中再次感到不适，再次变成慢乌龟和丑小鸭。

坐在那位女代理人身边的是一位投资银行家，他主要处理免税、有息或无息的政府住房公债事务。当我问他政府有什么类型的财政项目时，他回答：“如果你本人或者你的项目符合要求，政府将会提供95%～110%的财政支持。”

“你的意思是，政府将会为我们的下一项投资提供所有的钱？政府会给钱让我们购买资产？”我问。

“如果你符合条件，还会更多，政府甚至会借钱让你修理或改造你的项目。”

“你是说，如果项目成本是 1000 万美元，政府就会借给你 1000 万美元甚至更多。如果还需要 300 万美元修缮费用，政府将会继续提供？政府将会为我们购置自己的资产提供所有的资金？”我问。

那位投资银行家点了点头，他说：“他们更愿意借给你 2000 万美元，不过 1000 万美元对你来说就是一个很好的起点。等你完成了 1000 万美元的项目，如果你有一个良好的纪录，2000 万美元甚至 5000 万美元的大项目也就不会是梦想了。”

我听富爸爸说过，事情会变得越来越容易。不过没有想到会变得这样容易。我仍然心存疑虑，问：“期限条件呢？”

“我可以保证，它的固定利率在 5% ~ 7% 之间，期限 40 年而且没有追索权。”

“没有追索权？”我吃了一惊，“你是说，如果这个项目经营不善，我无力偿还借款的时候，政府不会追讨我的其他个人资产？银行从来都对没有追索权的贷款深恶痛绝，每次我从他们那里贷款时，他们一定要弄明白我所有的资产。”

“是的，”那位投资银行家说，“但是，你要注意到，这里的很多期限和条件都不同于传统银行的借贷。”

“我注意到了，”我说，“但是，我不明白政府怎么会有这样好？”

“偶尔还会有更好的免税政府公债项目。甚至偶尔还有可以减免的贷款。如果你做得很好，政府就会忘掉你借的钱，就像给你补助一样。”

“政府为什么要这样做呢？”我问。

“因为我们国家面临的一个很大问题，就是如何为低收入者提供住房。政府担心如果没有像你这样的人，千百万人将会无家可归，被迫生活在环境恶劣、犯罪丛生的贫民窟里。政府也在追查那些黑心房东，并将他们中的一些人送进监狱。这些黑心房东盘剥穷人，政府要阻止他们。同时，政府愿意为像你这样的人提供数十亿美元资金，你们被证明可以负责任地管理大型多户家庭公寓项目。”

“政府愿意给我钱，让我变得更富有。”我说。

“正确，”那位像个房地产经纪人的投资银行家笑着说，“那不仅仅是钱，而是一大笔钱。如果你在今后几年干得很好，如果你想做得更大、变得更富有，我会帮你借到数十亿美元。去年，我们一家分部就因为找不到合格的人选，不得不交还了数十亿美元。”

金说：“最好的致富途径，莫过于为更多人做更多的好事情。这激励我思考如何将贫民窟改造成安全舒适的公寓，提供给低收入家庭。”

“那正是政府希望你们做的。我们的大多数问题都来源于贫民窟，犯罪行为产生、犯罪率上升也来源于贫民窟。只要你能将贫民窟改造成安全舒适的住宅，你就可以得到越来越多的资金支持，你想要多少就有多少。”

“所以，我们可以通过成为政府的合作伙伴而更加富有？”我问。

“像你们梦想的那样富有，”那位投资银行家笑着说，“你们所要做的就跟你们过去10年一直所做的一样，利用自己的经验，拥有和管理多户家庭公寓。我们也很乐意帮助你们，让你们更加富有。你们知道吗，寻找像你们这样有这么多年经验的人有多难？当你们准备好以后，只管招呼一声。这位女士就会帮助你们寻找中意的项目，我也会帮助你们联系所需资金。”

会谈很快结束了，我和金向他们道谢，然后走向我们的汽车。坐在车上，我们仍然感到难以置信，半天说不出话来。车子开出了好几千米，金终于说：“你还记得10年前我们购买的那幢12个单元的公寓楼吗？”

“我也正好想到那幢公寓楼。”我回答。

“如果我们当时说‘我买不起’，将会发生什么？如果我们让那3.5万美元难住了，我们的生活会是什么样子？”金说。

我想了一下，说：“我认为我们今天仍然会那样讲。如果我们当时让3.5万美元难住了，那么它今天可能也会难住我们。”车子开出了很远之后，我似乎又听到了富爸爸的教诲：“你的未来取决于今天你所做的，而不是明天。”我转过头去，对金说：“如果10年前我们说‘我买不起’，今天我们可能也还在说‘我买不起’！”

我们静静地往家赶，心中感到既兴奋又感激。快到家的时候，我好像又听到了富爸爸的话：你一旦致富，想要更富就会越来越容易；很多人不能脱离中产阶级的生活，原因就在于他们不相信童话，所以不能从中得到启迪。当我下车的时候，内心再次默默地感激富爸爸，仿佛又听到了他的声音：“永远要记住，不论以什么方式，那些童话总有一天会成为现实！”

第 13 章
慷慨的杠杆

谁是真正贪婪的人

前几天一个晚上，一位著名的周末电视新闻评论员激动地说："我从不涉足商业，因为我不是一个贪婪的人。"

在童年时代，我多次听到了诸如此类的话。来我们家的人很多都在大学、教育系统、工会、和平队或者政府工作。尽管他们没有像那位新闻评论员说得那么直白，但他们还是经常暗示商人经商仅仅因为商人贪婪。

富爸爸有着不同的观点。他经常说："从某种程度上来说，所有人都是贪婪的。渴望基本的生存、更好的生活以及退休后能生活得好一点是很自然的事情。仅仅因为某些人从商或者富有，并不意味着他们比其他人更贪婪。事实上，情况可能正好相反。大多数人不能致富的原因就是他们不够慷慨。"

在上一章中，当我和金决定增加房地产投资时，政府资金的大门向我们敞开了。为了更加富有，我们要做的第一步就是寻找更加慷慨的途径，在这里就是为更多人提供更舒适、价格更低廉的房子。

回顾历史，最富有的人总是在某个方面非常慷慨。正如前面提到的，在汽车仅仅为富人专有的时代，亨利·福特为大众提供买得起的汽车，从而使自己成为了亿万富翁。事实上，很多仅仅为富人生产汽车的公司今天已经不复存在了，然而福特汽车公司却成长为世界工业巨头，继续实践着福特的使命。所以，如果你想年轻富有地退休，贪婪没有关系，只要你坚持寻找为越来越多人提供更多、更好服务的途径。如果你愿意那样做，就会找到你自己致富的途径。

富裕的比率

富爸爸喜欢比率，正如他自己所说："通过一个小小的比较，你就可以说明很多问题。"对富爸爸来说，比率就是简单的比较，如市盈率就是一个简单的比较。谈到金钱，富爸爸说："穷人和中产阶级为了生活苦苦挣扎的一个主要原因，就是他们的比率没有杠杆作用。"他认为穷人或中产阶级的杠杆比率就是1∶1。

当我还在上大学的时候，一天，富爸爸给我看了他的比率。他在纸上写道：

企业	1∶5
工人阶级	1∶300
房地产阶级	1∶450
现金阶级	1∶6000000
股票阶级	1∶2000000

换句话说，富爸爸的企业比率指的是他在5个企业中拥有利润；他有300多名工人在为他工作；在房地产方面，他有超过450名房

客，这还不包括他的厂房、商场和饭店。随着时间的推移，右边的数字持续增加，这就是他工作越来越少，却越来越富有的原因。

穷爸爸的比率从 1 ∶ 1 开始，也以 1 ∶ 1 结束，那就是他越来越贫困的原因。用杠杆比率来衡量，穷爸爸坚信干一天活得一天报酬，他有时干着两份工作。但即便如此，根据富爸爸的定义，穷爸爸的杠杆比率仍然是 1 ∶ 1。富爸爸说："很多人即使有了两份工作，也不过是用相同的杠杆比率工作更长时间。"

从 1985 年到 1990 年，我和金的杠杆比率大致如下：

企业	1 ∶ 1
房地产	1 ∶ 0
现金	1 ∶很少

我们建立了一家企业，拥有一处房产但我们从来没有把它算做一项资产，因为我们每月都需要为它交钱，我们也几乎没有积蓄。股票和其他有价证券也无足轻重，因为这些花钱买来的东西从来没有给我们带来利润。

到 1995 年，我们的杠杆比率大致如下：

企业	1 ∶ 0
房地产	1 ∶ 70
现金	1 ∶ 300000

这时，我们出售了自己的企业，购置了更多能带来收益的房地产，在银行有了一些存款。重要的是，房地产为我们提供的资金，足以让我们维持小康生活并不用再工作。

2000 年，我们的杠杆比率如下：

企业	1 ：7
房地产	1 ：70
现金	1 ：数百万
股票	1 ：1500000

虽然上述比率描绘出了一幅有趣的财务进展图，但真正的收获还是在企业领域。在那里，真实的价值或现金流没有反映出来。我列出这些数据，并不是为了炫耀，因为它们本身并不值得炫耀，我也没有用来吹嘘。事实上，我对是否展示这些数据也很犹豫，因为它们都属于个人隐私，我宁愿不将它们公之于众。我现在公布它们，仅仅是想说明我们的道路和计划。也想借此说明，白手起家的人同样可以建起砖石结构的财务之屋，就像《三只小猪》故事中所讲的一样。

尽管与极度富有的人相比，这些数字不是很大，但我们获取财富的速度在今后几年还会加快。如果一切按照计划进行，我们在几年之内应该会达到超级富有的水平。

或许你从上述数据中已经看出，近年来我们的计划已经转入到建立企业，而不是购置房地产。今后 5 年到 10 年，我们的计划是除了利用政府公债获取更大房地产项目之外，继续建立更多的企业。

在此，我想向你强调的是应该不断拓展自己的环境或现实，持续寻求更快更好的内容或教育。如果你想走同样的致富之路，那我就要再次强调拥有开放的思想，超越个人怀疑、局限和自满，以及不断学习、积极行动的重要性。我遇到过很多渴望以这样或者更快的速度实现财务成长的人，但其中有不少人不愿拓展自己的环境，不愿增加自己的内容。所以，这些人就在一个项目上苦苦挣扎，或者从一个项目到另一个项目，希望那就是能让自己致富的项目。我认为，如果一个人不断有新的环境和内容，那么，不论他从事什么项目，都会变得越来越富有。不是投资项目或新的创意使你富有，而是你的环境和内容使你富有。正如我在其他几本书中所讲的，雷·克罗克因为卖了数以亿计的普通汉堡包而成为亿万富翁，星巴克通过一杯杯地卖咖啡而成为世界著名品牌。

富爸爸常说："如果你不改变自己的环境和内容，你的比率就会保持不变。"我有个朋友，他总有层出不穷的赚取百万美元的新创意。几天前，他给我打电话，让我投资他最近的一个计划。他有一个伟大的创意，主要销售他业余打工的商场中没有的品牌服装，他说："每天都有顾客来这家店里寻找这种品牌的服装，但我的老板却不想卖这种品牌。你为什么不给我投资一些钱，让我在对面开一家店。利润我们五五分成。"

我问他是否愿意参加一些培训，如现金流管理、零售管理、促销、市场营销以及招聘与解聘员工等，他拒绝了。他说："我为什么需要那样做？我已经在这家店里工作了好多年，我不用再学习任何东西就可以管理好一家店。"在我拒绝向他投资之后，他又来电话提出了另外一个项目，但我还是拒绝了。

我拒绝他，仅仅因为我怀疑他是否愿意改变自己的环境和内容。他只想赚钱，不过根据他的年龄，如果会赚钱的话早就应该很富有了。所以，他老想着下一个创意或商机会让他致富，而不考虑有限的个人环境和内容已经在拖他的后腿。即使他真的开了那个店，他的新产品很成功，我仍然怀疑他的杠杆比率还是1∶1。也就是说，根据他已有的环境和内容，他很可能会没日没夜地沉迷于店里的琐事，从而很少有发展的机会。

为什么致富很难

如果环境和内容决定了你的杠杆比率仅仅是 1 ∶ 1，那么你致富的希望将会非常渺茫。没有杠杆，致富就会变得很难。请看下面的现金流象限图：

你或许开始明白，为什么由于杠杆比率的原因，左侧 E 象限和 S 象限的人致富会更难。在很大程度上，E 象限和 S 象限的人杠杆比率就是 1 ∶ 1，很少有例外。比如，大多数雇员同一时间只能为一家公司工作，即使做着第二份工作，杠杆比率仍然是 1 ∶ 1。对一些小企业主或自由职业者来说也是如此。我的那位想开服装店的朋友，很可能被一家店就搞得晕头转向，我很怀疑他能否管理多家店面。一位牙医每次只能处理一位病人，律师和会计师每天可预约的时间也是有限的。

当我与自己的税务顾问戴安娜·肯尼迪谈话时，她说："绝大多数来自 S 象限的高收入专业人士，收入往往在 10 万～ 15 万美元之间。他们赚这么多钱是因为他们专业化程度高，每小时、每个项目的收费也较高。这个群体的最高年收入可达到 50 万美元，但很少有人突破这个界限。"问题仍然是 1 ∶ 1 的杠杆比率。

前面一章提到的童话中，其中一个就是《龟兔赛跑》的故事。兔子起步很快，一个重要原因就是他们有某种天分、智力或才干。他们可能是大学者、接受能力强的学习者、伟大的运动员或者像电影明星一样的艺术家。他们许多人在人生的开始阶段都做得很好。不过对于像我这样的“乌龟”来说，却懂得要赢得比赛，就要运用杠杆比率，富爸爸也采用了这个计划。如果我确实非常聪明，就像研究火箭的科学家，那么我可能会在更加传统的商业领域取得成功，占据有利位置。但是，在人生的开始阶段，我就在学校遇到了麻烦，那时我就知道我必须寻找适合自己的道路，以赢得我的比赛。今天，我的收入远远高于许多刚刚工作时就拿高薪的同龄人，原因就在于我运用的是资本杠杆，而不是劳动力杠杆。

对于希望年轻富有退休的人来说，首先需要作出的决定就是找到自己最有机会赢的比赛。例如，如果你像棒球明星亚历克斯·罗德里格斯一样，签订了一份 10 年总价 2.52 亿美元的合同，再加上一些商业赞助，那么很显然，E 象限就是你最好的选择。即便罗德里格斯 10 年内的杠杆比率仍然是 1 ∶ 1，但考虑到那些现金，这也是一个很好的比率。如果你能做一个像朱莉娅·罗伯茨那样的电影明星，每部影片的片酬达到 2000 万美元，那么很显然，这是你最好的选择。小布什政府的财政部部长保罗·奥尼尔，作为美国铝业公司雇员得到了 100 多万美元的股票认购权，尽管他在工作职位上的杠杆比率也是 1 ∶ 1，但他获得的酬劳具有很高的杠杆作用。如果你认为，自己最好的成功机会是在大公司谋得一个高管职位，那么这或许就是你最好的选择，即便这里的杠杆比率仍然是 1 ∶ 1。我和金之所以选择一条与富爸爸相同的道路，是因为我们认为沿着他的道路，自己最有可能获得财务成功。这条道路要求我们购置资产，不断增加我们的杠杆比率。

乌龟们的一条好路

我个人选择富爸爸的道路还有另外一个原因，这个原因可以在下面的现金流象限图中找到：

（有限）　　　　（无限）

很多年前，富爸爸对我说：“E 象限和 S 象限的收入潜力是有限的，而 B 象限和 I 象限的收入潜力是无限的。”

富爸爸进一步解释说：“出卖劳动力赚钱的问题在于，你的劳动力是有限的。如果你学会通过购买或建立自己的资产来赚钱，尽管步伐会缓慢，但你的收入肯定会增加。事实上，右边的象限就是适合乌龟的象限，它们虽然速度缓慢，但肯定会获得越来越多的资产。”

富爸爸还说：“出卖劳动力赚钱的另外一个问题是，劳动力没有长远的剩余价值。但是，如果你购置了一处房产，并将它出租以获利，那么你购置这处房产所付出的劳动就会一次又一次地获得回报，甚至长达数年。也就是说，你不足一周的劳动可以带来很多年的回报。”例如，1991 年，我和金用 5 万美元现金在一个旅游胜地购置了一处房产。那是一笔好买卖，因为它的原始售价曾经超过 13.4 万美元，我们从一家银行购买了它。从 1991 年以来，我们从这处房产每月获得的纯收入超过了 1000 美元，也就是每年超过 1.2 万美元。但我们购买、出租这处房产所花的时间总共还不足 8 小时。我们也曾想过出售它以获取增值收益，但目前来看这样太麻烦了。

出卖劳动力赚钱的问题还在于，你必须每天早晨都起来出卖自己的劳动力。在大多数情况下，如果你为了钱而工作，你的劳动就没有长远剩余价值。更重要的是，如果你为钱而工作，那你的收入潜力就是有限的。如果你一点点获取资产，你的收入潜力就会是无限的，而且这种收入可以代代相传。你的工作或职业却不能传给你的孩子。

生活变得更容易了

富爸爸指出，通过出卖劳动力为钱工作常常意味着生活会越来越艰难，因为你为了挣更多的钱必须更加努力地工作。他说：“如果你的杠杆比率保持在 1 ∶ 1，生活就会变得越来越艰难。如果你为了不断增加杠杆比率而工作，你的生活就会变得更容易，赚的钱就会越来越多。”

财富的“量子跃迁”

我们大多数人听说过“量子跃迁”的概念，另外有些人运用了“指数”概念，是指某种事物的超常增长。也就是说，1+1 不等于 2。财富的量子跃迁或金钱的指数增加，都意味着 1+1 可能等于 5、6、7，或者更多。也就是说，如果你工作勤勉，建立起坚固的砖石房子，就会常常遇到财富的量子跃迁，这是那些杠杆比率为 1 ∶ 1 的人所无法看到的。

比如，从 1985 年到 1990 年，我和金的生活纯粹就是为财务奋斗。从 1990 年到 1994 年，我们的财富呈指数增加，财务成功突然实现了。从 1994 年到 1998 年，我们的生活再次稳定下来。我们努力建立自己的资产，尤其是在企业领域。我们不再购置更多的房地产，因为房地产价格已经过高，很难找到一个合适的项目。然后到了 1999 年，突然，不仅我的书和游戏开始畅销，我们的其他许多企业和投资也开始火暴起来。

这看起来像是突然交上了好运、遇到了新朋友或者有了新机会，但实际上，多年没有收获的辛劳、偶尔出现的财务困难都为财富的指数增长做好了准备。这种情况发生，是因为资产价值往往以指数增加，而劳动力价值则只是增量增加。例如，2000 年我的会计师告诉我，我的一家公司价值增长到了 4000 万美元。她认为，如果我们愿意，这个价格可以出手。同时，我的一位律师将他的咨询费提升到每小时 25 美元。这就是资产以指数增加，劳动收入以增量增加的一个例子。也是左侧象限收入潜力有限，而右侧象限收入潜力几乎无限的一个例子。

另外一个量子跃迁发生在我们拥有的公司股票上。从 1996 年到 1998 年，我们购买了一家上市公司的股票。突然，那家公司陷于破产境地，我们损失了在那家公司拥有的一切，持有的股票实际上已经一文不值。不过由于这一次教训，我们学会了以较低的价格购买更好的公司的股票。因此，我们继续购买很多好公司的股票，那些股票表现良好，即使在股市下滑的时候也是如此。

在本书的开始，我提到过一位批评我的记者，他说，大多数新成立的公司在刚开始就倒闭了。现在，即使创办公司的风险依然很高，但对一些小公司经营失败了的经验还是增加了我稳妥开办新公司的能力以及获得长远成功的机会。回顾“富爸爸”系列以及富爸爸公司的成功，我感到自己现在的许多成功在很大程度上是得益于过去的失败。莎伦和金在商业上也有过挫折、失望，但这些挫折、失望都转化成教训，促成了我们今天共同的成功。正是我们作为一个团队，学习我们过去各自的经验教训，才给了我们享受今天突然的量子跃迁式成功的机会。

我讲这些东西，是想鼓励你继续前进，即便在人生的道路上会遇到一些困难和挫折。如果你从每次挫折中都能学到一些东西，而不是抱怨或推托，那么你知识的财富就会增加。如果你越来越慷慨，为越来越多的人服务，并增加你的杠杆比率，我就十分确定，你也将经历这些忽然降临的“量子跃迁”或者财富的指数增长，就像乌龟也能得到一阵顺风的推动一样。

网络的力量

我曾经看过梅特卡夫法则，他部分解释了财富的量子跃迁或指数增长。罗伯特·梅特卡夫是3COM公司（为你带来掌上万事通的公司）的创始人之一，他的法则是：在网络中，商业的经济力量等于数量的平方。

有关传真机的故事可以帮助我们更加清楚地理解这个概念。20世纪70年代，我在施乐公司负责销售传真机，当时我们面临的问题是，只有极少数人拥有传真机，知道传真机用途的人就更少了。因为传真机很少，所以它们的经济价值也很低。随着时间的推移，越来越多的人开始使用传真机，它的数量就突然爆发似的增长。今天，我的大多数朋友的家里或公司都有传真机。

所以，在这里，梅特卡夫法则就是：如果你只有一部传真机，你的经济价值就是1。根据公式：

$$1 : 1^2 = 1$$

1的平方的经济价值仍然是1。但当你有两部传真机时，网络的经济价值就不再是简单的增加，而是量子式的变化。你有了第二部传真机时，经济价值就上升到4，而不是2：

$$1 : 2^2 = 4$$

当整个网络上有10部传真机时，数字变成如下：

$$1 : 10^2 = 100$$

S象限的困境

对于独立业主或者其他类型的自雇小企业主来说，他们通常无法享受梅特卡夫法则带来的好处。特许经营的集团公司如麦当劳，比夫妻二人经营的汉堡包小摊更有实力，一个重要的原因就是梅特卡夫法则。

我发现在个体经济中努力工作的人，必须更加辛苦地工作才能维持他们的独立自主。这就是许多专业人士加入各种协会的原因，他们希望自己更有力量。

E象限的联合

多年以来，E象限的人最了解组织工会的价值。通过联合，E象限的雇员比试图单个谈判的人拥有更多力量。现在，NEA 也就是全国教育协会，是美国最富有、最有权力的工会之一。我们的教育体系改革缓慢，一个重要的原因就是教师工会的力量。他们非常了解网络的力量。

强者的力量

富爸爸常说："在大富翁游戏中，可以发现成为巨富的规则。"我们很多人知道这个规则，就是购买 4 座绿房子，用来交换 1 家红酒店。在大富翁游戏中发现的致富规则同样符合梅特卡夫法则。比较富爸爸和穷爸爸的杠杆比率，你或许就会理解富爸爸的经济实力持续增加而穷爸爸的经济实力一成不变的原因。

	穷爸爸	富爸爸
房地产	1 ： 1　一成不变	1 ： 450　持续增长

也就是说，穷爸爸的经济实力保持在 1。1 的平方仍然是 1，他所拥有的只有他的房子。另一方面，富爸爸的经济实力是 450^2。他掌握着 450 多个出租单元，经济实力呈指数级增长。穷爸爸的比率是 1 ： 1，由于税收原因他的劳动收入其实只有 50%，因此穷爸爸虽然工作越来越努力，但经济实力却没有增强。富爸爸的收入增加，经济实力增强，而他的纳税却越来越少了。

1985 年，我和金计划每年购置两处出租房产。1989 年，我们开始购置了第一处房产。等到我们有了 5 处房产时，我们的经济实力就达到了 5^2，也就是 25。不仅是经济实力的增长，随着经验的累积我们的自信心也增强了。当我们购买那幢有 12 个单元的公寓楼时，我们的杠杆比率是 1 ∶ 17，我们的经济实力是 17^2，也就是 289。那些只有自己居住的房子而没有在房地产业低迷时期投资的人，他们的房地产杠杆比率仍然是 1 ∶ 1，经济实力也仍然是 1。我和金的目标是，到 2005 年我们的投资组合中要有 1000 处或更多的出租房产。问题是，经济实力为 1000^2 是多少？

这个例子可以解释 B 象限和 I 象限的人怎样超过那些处于 E 象限和 S 象限的聪明、有天赋又受过良好教育的人，即便开始时 E 象限和 S 象限的人赚的钱更多。梅特卡夫法则解释了富爸爸后来一年的收入比穷爸爸一生的收入都要多的原因，也解释了乌龟可以打败兔子的原因，只要乌龟持续购置资产，而不是像大多数兔子那样为钱工作。

网络销售企业

在理解了关于网络的梅特卡夫法则之后，我明白了为什么网络营销组织给了像你我一样的普通人这么强大的工具。将梅特卡夫法则应用于一家网络营销企业，你就会开始看到这种商业模式的力量。

例如：一个来自 E 象限和 S 象限的人，决定加入一家网络营销机构，学习转入 B 象限。他们工作了一两年，获得了所需的教育和思想观念。假设在这两年里，没有多少事情发生。人们从自己的商业活动中进进出出，并没有做出多大的成绩。那么一两年后，他们的杠杆比率或经济实力仍然保持不变，同在 E 象限或 S 象限没有多少区别：

$$1 : 1^2$$

经济实力为 1

突然，在第 3 年，他的环境开始拓展，并有了新的内容，吸引、训练了 3 名很有实力也想建立企业的人。他们的杠杆比率和经济实力就像下面这样：

$$1 : 3^2$$

经济实力为 9

3 年内他们的实力发生了“量子跃迁”。

5 年后，他已经有了 10 人网络，他们的杠杆比率如下：

$$1 : 10^2$$

经济实力为 100

现在，我们假设这个人认为 10 人已经足够，并且只关注这家企业中的 10 个人。几年之后，假如他网络中的 10 个人也各自发展了 10 人（1 ∶ 10 ∶ 10），那就意味着最开始的那个人现在的网络中有了 100 人。

接着，他用多余的现金开始购买公寓，第一次是有 100 个单元的公寓。

企业	1 ∶ 10 ∶ 10
房地产	1 ∶ 100

在 5 到 10 年之内，这个人不仅从 S 象限和 E 象限转出来，而且做着在原来象限很困难的事情，同时在 B 象限和 I 象限增加了经济实力。突然，这个人产生了转变，有了更多财富，赚了更多的钱，比那些仍然留在 E 象限和 S 象限的同龄人有了更强的经济实力。

15 年后，这个数字可能更让人吃惊。

上面这个简化的例子就是我推荐一些网络营销公司的原因。就像名称中所讲的，这是一个网络，它驾驭着梅特卡夫法则，而梅特卡夫法则衡量着网络的力量。

今天，当我与那些正为他们的退休金或者共同基金担忧的人谈话时，我经常建议他们给自己的投资组合中增加一家网络营销公司。我对他们说："如果你确实按照一些网络营销公司传授你的那样去做，在你的网络中与可信赖的人建立了坚固的企业，你将会发现这家企业比你退休金账户中的共同基金更加安全。如果你真的让你的网络中的那些人富有，那么他们也将使你富有并且安全。在我看来，网络营销公司比股市安全得多，因为你依靠的是你喜爱并相信的人，你们都利用着梅特卡夫法则的力量。那个法则衡量了网络的力量。"

网络决定了慷慨的力量

富有、强大的人理解网络的力量。麦当劳是一个遍布全球的汉堡包销售网络，通用汽车是一个遍布美国的汽车销售商网络，埃克森是一家在全世界拥有油田、油轮、输油管道和加油站的石油公司。如果那些富有、强大的人都在使用网络，你不应该使用吗？安全的道路可能就是建立一家遍布全国的食品连锁店。哥伦比亚广播公司、国家广播公司、美国广播公司、美国有线新闻网和美国公共广播公司都是非常强大的信息交流网络。

富爸爸说："如果你想致富，就必须建立网络，并将你的网络同其他网络连接起来。利用网络容易致富，原因在于通过网络很容易变得慷慨。另外一方面，单独行事的人成功的机会会受到限制。"他继续说："网络是你慷慨相待的人们、企业或机构组成的，因为你支持他们，所以他们也支持你。网络是一种强大的杠杆形式。如果你想致富，就建立一个网络并与其他网络连接起来。”

我们关于富爸爸网站的商业计划，就是建立在与其他机构的网络合作之上，而不是竞争，尤其是如果他们比我们更加强大。今天，我们已经与美国在线—时代华纳公司、时代生活、南丁格尔—科南特公司、美国公共广播公司，其他 40 多个国家的出版商，许多宗教组织，以及一些网络营销公司建立了合作关系。我们共同合作，使双方都更加强大、适应性更强，也更加富有。这里有付出也有收获，共享优长，克服弱点，使我们都更加强壮。

我们发现通过相互协作，使商业伙伴经营良好，我们自己也能得到长足的发展。我也注意到，一些个人或企业仅仅关注自己赚钱，或者自己付出的少而索取的多，他们很难找到好的网络合作伙伴。我还注意到，那些只想索取或只关心自己的人，从长远来看，往往不得不更加辛苦地工作，而得到的更少。

我曾经担任一家公司的董事，那家公司的总经理显然不大关心公司，他关心的只是自己的各种福利待遇。他不关心网络，而这家公司正是它的数百位雇员使它得以生存。他关心的只是他自己。不用说，我们很快聘请了一位新的总经理。建立成功网络的关键在于，首先要确保你所在网络的个人或组织都能受益。你不能像很多人和组织所做的那样，只关心你自己。

多年来，我和金、莎伦遇到过不少人、顾问或者机构，他们只有在先确定会得到钱时才会与我们合作。换句话说，在他们看来，我们付费似乎比他们提供服务更重要。

最近，我们请了一家咨询公司来诊断我们在国内的销售系统。在未做任何工作之前，他们提出要一笔可观的费用。我们付款 3 个月后，他们的报告送来了。翻了一遍这篇晦涩难懂、乏味无聊的报告后，我们发现整篇报告都说的是，我们应该挽留他们，与他们再签订

3 年的合同。至于如何改进我们的销售系统，除了空泛地建议我们加强销售工作外，根本找不出一句切实可行的话来。这是一个置自身利益于客户需求之上的典型案例。不用讲，最终我们没有与他们合作。

上高中的时候，有一次富爸爸让我去旁听他招聘工业停车场管理员的会议。在他的会议室中有 3 位应聘者。富爸爸介绍完那个职位后，问那 3 位应聘者还有什么问题。他们的问题很有意思，比如：

1. "每天的休息时间有多少？"
2. "病假有多少？"
3. "有什么福利待遇？"
4. "什么时候可以获得加薪和晋升？"
5. "带薪休假有多少？"

面试结束后，富爸爸问我有什么感觉。

我回答："他们只关心自己的利害得失，没有人问自己怎样才能帮助你促进企业发展、怎样才能让企业赢利能力更强。"

"这也是我的感觉。"富爸爸说。

"你打算雇佣他们中的一个吗？"我问。

"是的，"富爸爸说，"我是在招聘雇员，而不是合作伙伴。我是在找想赚钱的人，而不是想致富的人。"

"这听起来不是有些贪婪吗？"我问。读过我其他书的朋友，可能会记得富爸爸一直鼓励我不问报酬工作，而不是为了钱而工作。

"是的，"富爸爸说，"但是，从某种程度上讲人类都有贪婪的一面。有些人可能永远不会致富，原因不在于他们贪婪，而在于他们不够慷慨。"

也就是说，他们的杠杆比率可能永远是 1 ∶ 1。再重复一下富爸爸的话：“大多数人可能永远不会致富，因为他们仅仅考虑的是干一天活拿一天薪水。这没有多大的杠杆作用，无论工作多卖力、薪水有多高，他们的杠杆比率仍然是 1 ： 1。”

富爸爸让他的儿子迈克和我学着去无偿工作，其中一个原因就是让我们在得到资产前，学会给予和建立资产。多年前，富爸爸列出下面这个表格解释自己的观点。富爸爸称之为“谁先赚到钱，谁赚钱最多”表格：

5. 企业主
4. 投资者
3. 专家（会计师、雇员、顾问）
2. 雇员
1. 资产（企业或其他投资）

富爸爸说：“企业主必须首先为资产付出，这意味着他必须不断投入足够的资金和资源，以保证资产的强大和增值。很多企业主将自己置身于资产、雇员和其他任何人之前，这就是他们的企业失败的原因。企业主应当将自己获利放在末位，因为他们创建自己的企业是为了获得最大的利润。但为了获得最大的利润，他们必须确保组成企业的其他要素首先获利。这就是我训练你们不为钱工作的原因。你们要学会消除自满情绪，建立不断增值的资产。我希望你们学会建立资产，而不是为了钱而工作。”

很多互联网公司和新创办的公司未能这样去做，没有听从像富爸爸那样人的建议。我遇到过很多人，他们通过借贷，或者向亲戚朋友以及其他投资者筹集资金，建立起自己的企业。然后马上租来宽敞明亮的办公室，买来名车，并从投资者的资本中而不是从企业的收益中给自己支付高额薪水。因为投资者的资金被滥用，而企业仍然没有收入，所以他们维持公司运转、支付给雇员和专家的钱少之又少。在这类冒险中，投资者得到的往往只是一堆账单，很多互联网公司的起步阶段都是这样。

富爸爸对他的儿子和我说："最先要求付酬的人最后得到的最少。企业主应该最后给自己付酬，因为他正在建立自己的资产。如果他只是为了一份高薪，那就不应该建立自己的企业，而应该找一份工作。如果企业主付给帮助他建立资产的人适当的薪水，他的资产价值就会远远超过他付给自己的薪水。"

富爸爸说："大多数人不愿在建立或获取资产的商界，而乐意成为雇员或者自由职业者，因为他们仅仅想得到一份薪水。这就是只有不足 5% 的美国人致富的主要原因之一。只有 5% 的美国人认识到资产的价值超过了金钱。"富爸爸还说："企业主或企业家最终得到了巨额财富，因为他们在开始阶段必须最慷慨。企业主承担了最多的风险，最后得到报酬。如果他们干得好，最终得到的金钱数目会非常惊人。"这就是我每次创业前都要回顾富爸爸教诲的原因，也是我一直免费工作的原因。我免费工作，因为我想最终得到一大笔钱。

很多 E 象限和 S 象限的人能够服务的人和机构很有限，因此他们的收入也很有限。一位居于 B 象限的真正的企业主，会集中精力创建自己的企业，为越来越多的人服务，他们自己也会越来越富有。他们得到了巨额回报，仅仅因为建立了一个系统或资产为更多的人服务。这就是为什么企业主能以指数速度致富，而为了薪水工作的人只能慢慢致富。

你致富的速度能有多快

好消息是，现在致富很容易，代价也不高。你所要关注的只是为越来越多的人服务。在约翰 · 洛克菲勒时代，他成为亿万富翁用了 15 年。他为了成为亿万富翁，不得不寻找更多的油田、建立一个加油站网络和汽油输送系统。这花去了他大量的时间和金钱。今天，建造同样的项目要花费数十亿美元。

比尔 · 盖茨成为亿万富翁大约用了 10 年时间，他预见到运用 IBM 的网络将快速成长。迈克尔 · 戴尔以及美国在线的创始人史蒂夫 · 凯斯成为亿万富翁用了不到 5 年时间。他们中一位利用了人们对电脑持续增长的需求，另一位运用互联网的巨大力量建立起自己的网络。由于新网络的出现，新一代的企业家成为亿万富翁所用的时间和资本越来越少。你也能做到。

如果你理解了网络的力量和杠杆比率的重要性，你也能在短时间内花一点代价就变得非常富有。如果你拥有坚实的商业基础和经验，就可以通过互联网向全世界推销自己的产品。随着互联网上经营成本的降低，网络的力量加强了。史蒂夫 · 凯斯的美国在线（一位年轻的小伙子和一家年轻的公司）能够买下时代华纳和美国有线新闻网（一家由较老的人管理的较老的公司），仅仅因为美国在线有更大的网络。网络越大，经济实力就越强。

我常常说，富人是在空闲时间致富的。很多今天的超级富翁都是在自己家里的饭桌上开始自己的事业，例如惠普公司是从车库中起步，戴尔电脑是从学生宿舍开始。所以，如果你从现在起就充分利用自己的空闲时间，在家里、车库开始自己的企业，那么即便你现在的薪水很低，也同样可以变得非常富有。务必记住："让你致富不是老板的职责，老板只是为你的工作支付报酬，在家里利用空闲时间致富才是你本人的工作。"

无需多少努力和启动资金，就能变得超乎想象的富有，没有比这更容易的事情了。就像我们很多人所预期的那样，有很多高速发展的互联网公司最终破产了。在我看来，这些破产的互联网公司有好的环境，但他们没有好的内容。很多互联网公司有很好的创意，但太缺乏真正的商业经验和基础。很多人都只是想在互联网热中致富，而没有真正想到为更多的人服务。

最近，我看到一家互联网公司支付给总经理的薪水就花去了投资者 100 多万美元，但那位总经理却将公司搞得一团糟。1999 年，另一家互联网公司发给员工的圣诞节红包就超过了 3 个月薪水。但是，在 2000 年圣诞节之前，这家公司就破产了。这些典型案例中，公司的使命不是首先为消费者服务，而是让经理人和雇员致富。最终，是投资者为这些错误埋单。他们违反了富爸爸关于谁应该先拿钱、谁应该后拿钱的教导。这些人，包括投资者，都将目光集中在自己的贪欲上，而不是变得慷慨。

现在，我们富爸爸网站 50% 以上的业务来自美国以外的客户。我们正打算将“现金流”游戏放到因特网上，希望来自非洲、亚洲、大洋洲和美洲的人能够同时玩这个游戏。网站将成为这些玩家的一个虚拟社区，只要每月付费，就可以接受远程培训，学习如何致富而不是如何成为一个雇员。网站的目标就是让社区的人相互帮助，实现年轻富有地退休。我们所有工作的目标，就是为尽可能多的人服务。通过关注变得慷慨，我们建立了一项资产，拥有了一个世界级的网络。

65 亿潜在的消费者

现在，如果你应用比率和潜在市场时仍未考虑网络在线游戏，那就来看看你能否评估出富爸爸网站正在建立的这项资产的价值。今天全世界大约有 65 亿人，其中约 20 亿人是潜在的消费者。特德 · 特纳创建的美国有线新闻网，在全球大约有 3000 万用户。这个有 3000 万用户的网络让特德·特纳富有到可以向联合国捐赠10亿美元。

如果富爸爸网站能够吸引100万消费者，享受我们的服务并每月付费，那么根据梅特卡夫法则，富爸爸网站的经济价值该有多少？如果发展到500万客户，1000万客户，3000万客户，经济价值又将有多少？真正的问题是，渴望学习致富的世界市场到底是什么样？当互联网能够实现即时翻译，来自不同国家和使用不同语言的人能够一起游戏、相互学习时，又会发生什么？（这正是我们在线游戏的计划！）当一家网站开始在这些城市，如凤凰城、东京、首尔、底特律、弗吉尼亚、新加坡、吉隆坡、香港、波特兰、迪拜、开罗、悉尼、珀思、上海、约翰内斯堡、佛罗伦萨、约克角、布鲁塞尔、圣保罗、墨西哥城、河内、伦敦、利马、多伦多、纽约等鼓吹投资热潮时，投资市场将会发生什么？这家网站会吸引多少人，经济价值到时候又有多少？建立这样一个世界级网络的费用是多少？会同洛克菲勒、福特、特纳建立他们的网络时花费的一样多吗？

富爸爸网站的另外一个网络就是教育机构。通过推广教育年轻人如何管理自己的金钱、进行投资、管理投资组合等课程，我们可以开发多少教育网络？如果我们能将部分网络教育课程推向全世界，我们的经济价值会有多少？

将来，当新的宽带技术引入因特网，我们企业拥有了自己的私人电视网络时，我们的经济价值又会有多少？我知道这是未来的事情，但正如富爸爸所说："你的工作就是摆正自己的位置，当机会出现时做好准备。"他还说："提早5年准备没有问题，但不能推迟准备1天。"

我在这里说出自己的计划，并不是自吹自擂，或者说确保一定会实现。那只是一个计划，正如我们都知道的，并不是所有的事情都能按照计划进行。我明白计划或许会调整，或许会失败。但是，正如你知道的，我以前失败过，如果我再次失败，我们的公司将会调整、学习，从而变得更加聪明、更加强大。与大家一起分享我们的计划，是为了说明通过不同网络为越来越多的人服务是一个杠杆，有巨大的力量。能够像特纳那样建立一个电视网络的人并不多，但是，我们大多数人都能使用500美元一台的电脑，建立自己的全球网络。

未来几年，那些做好准备、摆正位置的人将会充分利用宽带网络带来的巨大力量。这些利用新技术的人，可能会比经营电视网络的特德·特纳，开发电脑软件的比尔·盖茨，或者利用网络电子商务的杰夫·贝佐斯，富有得多。

多年前，富爸爸曾对我说："B象限和I象限的人能够获取无限的财富，E象限和S象限的人则受到自己体能的限制。E象限和S象限的人要进入B象限和I象限，首先要转化的就是变得更加慷慨，渴望为更多的人服务，而不是先要求回报。"

如果你观察萨姆·沃尔顿的沃尔玛连锁超市，会发现他所做的就是建立一个巨大的折扣商场网络，这些商场以越来越低的价格，为数以亿计的人带来了大量商品。这就是沃尔顿远比那些每小时收费750美元的律师富有的原因。关键是慷慨。

慷慨的关键词

互联网热期间，有很多关于新经济企业和旧经济企业的讨论。但是，不管是新经济企业还是旧经济企业，所有成功的企业和个人都必须遵循一些既定的法律和原则。

慷慨就属于既定的法律原则之一，它反映在《互惠法》中。这项法律认为"付出将会有收获"，而不是说"收获然后付出"。这项法律已经接受了时间的考验，未来也将继续存在下去。今天，想要照顾自己以及所爱的人，比以往任何时候都重要。不过，如果你想致富，必须首先思考为尽可能多的人服务。这是一条法则。

富爸爸坚信《互惠法》，坚信慷慨是成为超级富有的人的最佳途径。这是他的生活环境，他的行动也与他的环境相统一。

富爸爸常常给我们举例说明如何使用《互惠法》。他一直提醒我们要慷慨待人。他说："如果你想得到一个微笑，那么首先给别人一个微笑；如果你想得到爱，那么首先爱别人；如果你想被人理解，那么首先去理解别人。"他还说："如果你想嘴巴上挨一巴掌，那你就先给别人一巴掌。"

富爸爸不仅认为应该慷慨地为越来越多的人服务，而且相信应该慷慨地对待自己的金钱。沿着这个思路，他相信什一税的力量，相信捐款的力量。那就是富爸爸为教会、慈善团体或学校慷慨解囊的原因。他乐于捐钱，因为他希望得到更多的钱。他常说："上帝不需要得到，但人类需要奉献。"

他说："很多人说他们对自己的时间很慷慨，因为他们没有钱。对自己的时间很慷慨的人拥有很多时间，因为他们乐于奉献自己的时间。他们没有钱，因为他们不愿意奉献金钱。他们不奉献金钱，因为他们对金钱斤斤计较，总是担心自己的钱不够用，因此他们的担心往往变成了现实。如果你想得到更多的金钱，那就奉献金钱，而不是时间。如果你想得到更多的时间，那就奉献时间。"

如果你捐款有困难，可以每次捐出一点。每当你捐款时，你都可以听到自己的现实或者环境在对你大声呼喊：这是一个穷人的现实，你可以重新选择你的现实。只要你为教会或慈善团体捐出 1 美元，你的世界可能就发生了改变。当你真正建立了自己的企业，或者增加投资为更多人服务时，你就永远增加了自己极度富有并年轻退休的机会。

我们公司的政策

玩过“现金流”游戏的朋友，可能已经注意到有很多地方是用来为慈善团体或其他负责任的社会机构服务的。这样设计游戏，与富爸爸的教诲是一致的。

同样，每年 12 月份的假期，我们会给富爸爸网站每位员工一些钱，让他们捐给教会或慈善团体。我们让员工帮助我们决定公司捐款用在哪里。这些捐款由公司支付，但以员工名义捐出，因为我们认为公司的成功源于整个团队的努力，所以应该由团队来决定公司这些善款的用途。这是我们把富爸爸的教诲和我们的产品相结合的一种方式，也是我们在公司最高兴的事情之一。我们发现，慷慨是最好的杠杆之一。

从慷慨地对待自己开始

富爸爸总是说：“心怀梦想，但从小事做起。”在提高个人杠杆比率上，富爸爸的建议非常中肯。在《富爸爸发现你孩子的财富基因》中，我提到了为孩子准备的 3 个小猪储蓄罐，我和金现在还在使用。其中，一个是储蓄，一个是投资，还有一个是给教会或慈善团体的捐款。提高你的杠杆比率，可以从 3 个储蓄罐开始，每天向每个罐子投进 10 美分、50 美分或 1 美元。如果你每天向每个罐子投进 1 美元，到了月底，你的比率可能如下：

储蓄	1 ∶ 30
投资	1 ∶ 30
捐款	1 ∶ 30

这是一个很好的开端。在一个月里，你的比率每天都在增加。想象一下 30 年后会发生什么？关键在于，你真正保持这个习惯，先慷慨地对待自己。富爸爸说：“穷人之所以很穷，一个原因就是他们不知道善待自己。”当然，富爸爸并不是说你可以倾尽所有来买新衣服或者办高尔夫俱乐部会员证。他的意思是，穷人往往不做那些能使自己富有的事情。

首先善待自己，你就会在财务上丰富自己、丰富自己的灵魂和未来。

第三部分
行动的杠杆

想做就做！（Just Do It！）

——耐克

随便说说并没有多大意义，要学会用眼睛观察，一个人的行为比他的语言更值得关注。观察一个人的所作所为，比仅仅听他的讲话更重要。

——富爸爸

人人都能致富吗

我曾经问富爸爸，是不是任何人都可以致富？富爸爸回答："是的，致富并不是很难的事情。事实上，致富很容易。问题在于，大多数人采用的方法不对。很多人辛劳终生，却永远生活在他们期望达到的生活水平之下；在自己并不了解的领域投资；为富人努力工作，而不是努力工作让自己成为富人；做别人都在做的事情，而不是做富人正在做的事情。"

本书的前两个部分主要讲述获取大量财富的思维和计划过程，这两个过程对于年轻富有地退休十分重要。本书的第三部分主要讨论为了年轻富有地退休，一个人必须或者能够做些什么。尽管思维和计划过程很重要，但最终起决定作用的还是你的行为。正如富爸爸所说的："随便说说并没有多大意义。"

有关如何致富的书已经很多了，问题在于那些书中介绍的东西往往难度很大，大多数人根本无法做到。本书第三部分将集中讨论一些几乎人人都能做到的事情，读完之后你将发现，如果你愿意，你就已经具备了致富的能力。或者至少，你会找到一两件你能做的事情，使你更加富有。读完这一部分，唯一的问题将是：你致富的动机到底有多强烈?

第 14 章
习惯的杠杆

富爸爸说："有些习惯让你富有，有些习惯让你贫困。穷人很穷，因为他们有贫困的习惯。如果你想致富，就要培养一个富有的习惯。"

如果你急切渴望致富，就必须反复做下面的事情，从现在开始一直坚持下去。所有人都能做这些事情，但问题是只有很少人能一直坚持下去。

习惯 1　聘请一位簿记员

在本书开始，我说过借 100 万美元比存 100 万美元要容易。这里有一种方法。在借给你 100 万美元之前，银行必须确信你值得信赖。让银行觉得可以放心借钱给你的重要途径之一，就是你拥有明晰、专业的财务纪录，也就是财务报表。

绝大多数人无法得到大额贷款，因为他们的财务记录不健全。很多人不得不支付更高的利息，也仅仅是因为他们的财务纪录不健全。在《富爸爸穷爸爸》中，我谈过财务知识的重要性。最基本的财务知识就是财务报表，那也是打算借给你很大一笔款项的银行最关切的资料。

即使你没有自己的企业，你的个人生活也是一种“企业”，而所有的企业都应该有簿记员。这就是我极力推荐你聘请一位簿记员的原因。有簿记员来记录你的收入、支出、资产、债务等项目，你就开始有了专业纪录。我还要强烈建议你务必每月同簿记员一起检查你的各项数据。反复是学习的方法，通过反复检查各项月度数据，你不仅会养成良好的习惯，而且对自己的消费方式也会有更深的了解，以及早更正并最终掌握自己的财务生活。

为什么不自己记账，而要从外部聘请一位簿记员？主要原因是：

1. 你想开始做一个专业的 B 象限和 I 象限的人。所有 B 象限和 I 象限的人都有自己专业的簿记员。所以从现在开始将自己的财务生活当做一家企业来看待。正如《富爸爸穷爸爸》一书中所讲，富爸爸的六堂课程之一就是“关注自己的事业”，而这是从聘请一位专业的簿记员开始的。

2. 你希望从独立第三方的角度，客观地评估自己的金钱和消费习惯。正如你知道的，金钱是一种感性的东西，尤其在你是它的主人的时候。通过聘请一位与你的财务状况没有感情联系的人，就可以让所有账目井井有条，并向你做出清晰而有逻辑的分析。我记得我爸爸妈妈从来不讨论金钱的事情，只会为金钱争吵、哭闹，那样很难客观地管理或讨论金钱。

3. 穷爸爸不想审视自己的财务状况。他将我们的财务困境看做个人隐私，对家庭、别人甚至包括他自己都保密。孩提时我知道自己家里面临财务危机，但我们从来不讨论这个问题，而将它看做一个秘密。心理学家告诉人们，家庭秘密有可能成为毒药，毒化家庭环境。我知道家里财务困境所造成的感情痛苦已深深地伤害了我们，即便我们把它当做秘密。

4. 通过聘请客观的专业簿记员，可以让你们面临的财务挑战公开化。通过与专业簿记员讨论你的财务报表，可以将你的金钱问题和商业情况公开。随着这种公开，你就可以与专业人士讨论你的财务状况，也就更有可能在需要做出改变或重大决定时当机立断，避免财务状况的进一步恶化。

5. 如果你处于 E 象限，年收入不足 5 万美元，聘请一位专业簿记员每月的费用应该不会超过 100 ~ 200 美元。我听有人说宁愿拿这些钱去购买食品或服装。但这种想法的问题是，花钱购买食品或服装不能解决你的财务问题，更不能让你富有。正如富爸爸所说："有良性债务和不良债务，良性收入和不良收入，良性支出和不良支出之分。"他告诉我，聘请一位簿记员或其他专业财务顾问的支出就是一笔良性支出，因为它可以使你更富有，日子更好过，而且为你准备好一个更美好的未来。

如果你真的请不起一位簿记员，那就想办法交换服务。你可以为他们打扫房间、清理院子，作为交换，他们为你做好财务记录。最重要的是从现在开始去做，不必过多考虑价格，因为长期什么也不做的代价很高。正如富爸爸所说："在生活中，你最大的支出就是没有赚到的钱。"

6. 最重要的是，聘请一位簿记员，会让你更加严肃地对待你的个人财务生活。那意味着，你将至少每月一次与簿记员一起复核、学习、纠正和调整你的财务未来。

在《富爸爸发现你孩子的财富基因》的导言中，我曾提到为什么银行不看你的学习成绩单，而要看你的财务报表。富爸爸说："财务报表就是你离开学校后的成绩单。"上学时，我们至少每学期拿一次学习成绩单。即使成绩不好，这张成绩单也让你和你的父母有机会了解你的优缺点，然后给你进步的机会。在现实生活中，没有财务报表或成绩单的人，如果他们不知道自己某月、某季或某年的状况，就无法作出更正。像看待成绩单那样看待财务报表，努力让自己的财务成绩单以百万、亿万美元计算。这就是簿记员对于你很重要的原因。你的簿记员每月为你提供你的财务成绩单。

你可以按照下面3个步骤去做：

1. 聘请一位专业簿记员；
2. 每月有个人财务状况的准确账目；
3. 每月与你的财务顾问一起检查你的财务报表，及时纠正问题。

习惯2　组建一支成功的团队

在《富爸爸投资指南》中，我说过B象限和I象限的人都是团队运动。E象限和S象限的人在转化过程中常常遇到一些麻烦，原因之一就是他们不习惯利用团队帮助自己制定财务规划，做出财务决策。

小时候，我看到穷爸爸独自承担财务问题。如果遇到麻烦，他就静静坐下来吃饭，如果为金钱沮丧，他就同妈妈争吵，或者深夜独坐，一个人思考如何使收支相抵。很多次，我回家时发现妈妈在哭泣，因为她知道家里又遇到了财务困难，却没有一个人可以倾诉。关于金钱，穷爸爸是一家之主，他从不与任何人讨论家里面临的财务困难。

富爸爸的处理方法截然不同，他会与自己的团队围坐在饭店的桌子旁，公开讨论自己面临的财务问题。富爸爸说："每个人都有财务问题。富人有金钱问题，穷人、企业、政府和教会也都有自己的财务问题。能否正确处理那些问题，决定了一个人的富有或贫穷。穷人之所以穷，仅仅因为他们不会处理自己面临的财务问题。"这就是富爸爸与自己的财务团队公开讨论自己的财务问题的原因。他说："世界上从来没有无所不知的人。如果你想赢得金钱游戏，就必须为自己的团队寻找最优秀、最聪明的人。"穷爸爸在这场游戏中失败，就是因为他认为自己无所不知，而实际上他不是。

簿记员送来月度财务报表之后，你就应该与你的团队开会讨论。团队中可能需要银行经理、会计师、律师、股票经纪人、房地产经纪人、保险经纪人以及其他一些专家。每位专业人士都会从各自角度提出不同的解决方案。但这并不意味着你要完全听从。最重要的一点是，不要将自己的财务问题当做秘密，要听取不同领域比你聪明的专家的意见，最终自己做出决定。

当人们问我怎样学到这么多关于金钱、投资以及商业的知识时，我简洁地回答："我的团队教会了我。"在学校之外，因为把生活当做真实的学校，我学到了更多关于企业、投资的知识。我发现自己对解决生活中的实际问题，比坐在学校试图解决那些假设的问题更有兴趣。

下面，就是我利用团队帮助我学习的一个案例。前几天，我与我的一位律师会面，他为我解释如何运用政府免税公债。他的解释超出了我的理解力，运用的词汇也满是我以前从没有听过的。我没有坐在那里不懂装懂，浪费他的时间，而是中止了这次会面，另外约了时间。在下次会面中，这位律师与另一位会计师使用我们常用的词汇，一起给我和金解释了他要讲的东西。

我在前面讲过，词语是思维的工具。不同的专业使用不同的词语。例如，律师使用的词语就不同于会计师或簿记员。通过花时间充分理解词语，通过掌握词语的意思，我能够更好地使用词语，并将这些词语变成生活的一部分。也就是说，我请不同的专业人士做讲解者，所以我在生活中也能运用这些词语。我能够理解、使用的词语越多，我赚钱的速度就越快，财务未来就越乐观。

这次会面花了几百美元，但我知道回报将是指数级的。它帮助我懂得了如何从政府争取数千万美元的低息贷款。我的律师和会计师这次联手对我进行的培训，大大提升了我的杠杆比率。正如我在前面所讲的，你能以增量式或指数式增加自己的收入，通过接受新词汇并进行理解，我的财富将以指数级增长。

所以，请开始组建你的团队。如果你无力承担一个价格高昂的团队，可以去寻找那些以帮助、指导别人为乐的退休的专业人士。很多时候，你所要做的仅仅是请他们吃顿午饭。你会惊讶地发现，原来有这么多人享受用自己的生活经验帮助别人。你所要做的只是不与他们争论，给予他们充分的尊重，专心听取他们的建议。每个月这样做一次，你的未来将会走向富有！

习惯 3　不断拓展你的环境和内容

我们今天生活在信息时代，不是在工业时代。在信息时代，你最重要的资产不是股票、债券、共同基金、企业或者房地产，而是你头脑中的信息和信息的时代。有如此多的人落伍，就是因为他们头脑中的信息太过古老，或者他们固守着在昨天正确，但在今天却错误的信息。如果你想年轻富有地退休，就需要紧跟信息迅速变化的时代。

那么，你如何与信息时代保持同步？下面就是我持续学习的一些事情。我仅仅是与大家分享我的经验，而不是让大家完全照我一样去做。如果这对你有用，那很好；如果不适合，也不要紧，那就摸索适合你的方法。

1. 南丁格尔—科南特磁带库。1974 年，在我决定遵循富爸爸的教诲后，我知道在富爸爸之外，我还需要寻找更多的导师。我知道我需要传统教育领域之外的信息。1974 年，我碰到了一些包含无比珍贵信息的磁带，这些磁带里面的信息不仅增加了我的信息内容，而且拓展了我的环境。这些磁带不仅给我带来了有关的信息，还拓展了我的现实，使我可以使用这些信息。

25 年后的今天，我仍然在使用南丁格尔—科南特公司的产品。无论什么时候我需要最新信息，我就会浏览他们的产品目录，寻找一盒磁带或者录像带，学习自己想要了解的东西。当我需要一些世界上最伟大的导师永恒、珍贵的信息时，我也能从他们的产品目录中找到。

你可能想要从以下一些磁带开始：

《带头追猎》，厄尔·南丁格尔著。这是一个永恒的经典。南丁格尔是现代商业和激励教育的代表人物之一。如果我们想与信息时代同步，了解历史上伟大人物的智慧是十分必要的。

《网上淘金》，塞思·戈丁著。这盒磁带有很多实践性很强的、基础的、有用的信息，指导人们开创遍布全球的商业网络。对任何一个想致富的人来说，即使不想在网络上从事商务活动，它也有很多十分重要的基本商业知识。

《从大处着想》，布赖恩·特蕾西著。这盒磁带对于那些认识到自己耽于琐碎细节的人来说，是十分必要的。很多人环境贫乏、金钱不多的一个原因，就是习惯于太过琐碎的思考。这盒磁带将帮助大家打开思路，关注生活中更大的可能性。

《不同寻常的生存艺术》，吉姆·罗恩著。这是一个伟大的环境拓展教育课程，因为很多人认为自己应该做大事情，克服大困难，最终成就大事业。吉姆·罗恩指出，做大事情与过不同寻常的生活、做不同寻常生活中的简单事情是有区别的。就像本书开始我说过的，我认为自己的天分、长相、个性或者智商没有什么过人之处。听过这盒磁带之后，我不再整天想着去做那些遥不可及的大事了，而是专注于将身边的每件小事做到最好。

《如何成为一个零缺陷的人》，韦恩·戴尔博士著。这也是一盒伟大的磁带，它教你如何过好生命中的每一天，拓展你的环境或现实去争取更多机会，做到更健康、更幸福，用更好的态度去面对问题。

无论什么时候，当我健身或者开车时，我常常播放南丁格尔—科南特公司的伟大导师的磁带。当有人问我寻找导师的问题时，我常常建议他们直接拿一个磁带目录，寻找自己想要学习的导师。

2. 我订阅的财务和商业通讯：

《路易斯·鲁凯泽的华尔街》，路易斯·鲁凯泽主编。我发现它的见解十分深刻，对于那些想及时了解华尔街动向的人来说，订阅这种通讯非常必要。

《投资战略》，詹姆士·戴尔·戴维森和洛德·里斯莫格主编。他们用全球视野观察世界经济，同样见解深刻，经常与大众观点完全相反，对富有的投资者非常有用。

《音频商业图书摘要》，按月出版的图书摘要和最新的商业图书磁带。我发现，在决定是否阅读某本书之前，先阅读该书摘要和收听录音效果更好。

我们正在进入一个有着前所未有的机遇的时代，这是企业家时代。如果你仅仅追求更高的薪水，就可能错过这个时代，而其他人则变得超级富有。如果你不想错过这个时代，那我建议你养成走在常人前列的习惯，洞察到常人看不到的未来。

习惯 4　不断成长

前几天，我的一个朋友抱怨自己在股市损失了好几百万美元。他在 1995 年以前从没有进行过投资，后来借钱炒股。现在股市崩溃，他几乎赔掉了一切，包括房子。他的抱怨没完没了，我终于受够了，说："长大吧。你现在是个大人了。什么使你认准股市会永远上涨？"

我的意见并没有停止他的抱怨。他继续说："为什么艾伦·格林斯潘不早点调低利率？为什么还要提高利率？正是他和我的股票经纪人的错误我才赔掉了一切。我怎么才能赚回那么多钱？为什么政府不出手救市？"

我离开的时候，重复了刚才说过的话："长大吧。"

富爸爸常说："人们年纪在变老，却不一定会更加成熟。很多人离开父母的保护，然后又接受公司或政府的庇护。很多人希望别人来照顾他们，或者为他们的愚钝和平庸负责。这就是他们寻求工作安稳或政府照顾的原因。太多人终生寻求保障，逃避风险，不愿长大，总想找一个可以接替父母的人照顾他们一生。"我知道很多人如果没有社会保险，就无法生存。我知道有很多还没到年龄可以缴纳社会保险的人，整日在盘算自己未来的养老保险和医疗保险。政府设立的这些保障体系是工业时代的产物，只是为那些最需要的人准备的。不幸的是，今天很多人甚至包括受过高等教育、拿着高薪的人，仍然指望着政府来照顾自己。如今是信息时代，我们作为社会人要不断成长，财务上也要成熟起来，将政府保障体系和社会福利留给那些真正需要的人。

当我中学毕业的时候，我认为自己已经长大，无所不知。现在，我经常说："真希望那时自己懂得能像现在一样多。"过去，我做过许多当时引以为豪的事情，但是现在我不会再那样做了。我认为，所谓成长就是随着年龄增长要做不一样的事情。每天不断做重复的事情，将会阻碍个人精神和感情的发展。世界在变化，变得越来越复杂，我们应该跟上这种变化。

其中一个变化就是，已经不再有工作安全和财务安全。公司将人们推向了冷酷残忍的现实，并对他们说："一旦不为我们工作，别指望我们会照顾你们。"也许还会说："你们最好依靠股市照顾你们不工作后的生活。"然而在冷酷的现实世界，希望股市一直上涨只是天真的幻想，就像希望仙女替你支付牙医账单一样幼稚。成长意味着自觉地对自身的一切，包括行为、持续教育以及成熟负责。如果你渴望拥有一个富有、安全的未来，就应该懂得市场有涨有跌，没有人能保护你。我们成长和面对现实的速度越快，就能更加成熟地面对未来。在信息时代，我们需要不断成熟，摒弃工业时代指望别人负责自己工作安全和财务安全的旧观念。

我担心过不了20年，工业时代就会彻底终结，退出历史舞台。当政府承认它在财务上已经破产，无力兑现许多财务承诺时，我们将会明白过来。如果20年后很多人陷入恐慌，开始抽出自己的401(k)，那么股市就将崩溃，很多人就将沮丧、失望，美国就会陷入衰退甚至是大萧条。假如这种情况发生，数以百万计的婴儿潮一代，以及他们的孩子最终将被迫成长。成长意味着你对别人的依赖越来越少，越来越能自己照顾自己，满足自己的需要，以及别人的需要。对我来说，成长是伴我终生的话题，但是很多人回避成长，仍然想依靠别人的帮助，而不是依靠自己，得到工作安全和财务安全。

不断成长是一个重要的习惯，如果你想年轻富有地退休，就需要比大多数人更快地成长。

习惯5　愿意面对失败

富爸爸与穷爸爸的一个最大区别，就是穷爸爸不愿意直面失败。他认为犯错就是失败，毕竟他是一位教师。他还认为，生活中只有一个正确答案。

富爸爸持续挑战他未知的领域。他认为要敢于梦想，不断尝试新事物，不怕犯小错误。他在晚年对我说："你爸爸一辈子似乎无所不知，避免犯任何错误。所以他到了晚年开始犯大错误。"富爸爸还说："乐于尝试新事物、不怕犯错误的最大好处是能让你保持谦逊的心态，而谦逊的人比骄傲的人学到的更多。"

多年以来，我看到富爸爸常常涉足一些他并不了解的商业、冒险和项目。为了获取需要的知识，他会坐下来倾听、请教别人长达几个小时、几天，甚至几个月。他总是乐于保持谦逊，问一些在别人看来很愚蠢的问题。对此他说："装聪明才是愚蠢。当你装得很聪明时，你的愚蠢就达到了顶点。"

富爸爸还乐于直面错误。如果他犯了错，他总是准备好道歉。他不愿做一个"永远正确先生"。他说："在学校，只有一个正确答案。在现实生活中，正确答案往往不止一个。如果有人的答案比你的更好，那就马上吸收它，这样你就有了两个正确答案。"他还说："那些只有一个正确答案的人常常有 3 个问题：一是他们总是好辩，或者防卫心理很重；二是他们往往乏味无趣；三是他们常常变得陈腐，因为他们没有意识到过去正确的答案现在已经错了。"

所以，富爸爸的建议是："放松一些，每天大胆地做一些事情，冒一点小风险。即使不能致富，这个习惯也能让你的生活充满激情，永葆青春。"

不幸的是，穷爸爸终其一生都在做自认为正确的事情。他上学的时候做正确的事情；他从事教师工作也因为他认为那是正确的事情；他努力工作爬上高位，同样因为他认为那是正确的事情。他不满政府腐败，反对自己的上司，因为他认为自己也是在做正确的事情。在生命的最后 20 年，他只能坐在电视机前生闷气，因为没有人在乎他曾经做过的所有正确的事情。当想到那些他认为犯过很多错误的同龄人，现在却腰缠万贯或身居高位的时候，他就更加恼火。

富爸爸说："有时，你最初认为正确的事情，在你生命快要结束时回头看可能并不正确。太多人未能成功，仅仅因为他们害怕变化，或者不能紧跟时代的变化。他们不能变化是因为害怕犯错。但有时我们都需要犯错。如果我们想学会骑自行车，就必须通过摔跤这一关。大多数人未能成功，只是因为他们想做到事事正确，却不愿直面失败。正是他们畏惧失败，最终造成了他们连续失败；正是他们过分追求完美，造成了他们的不完美；正是他们担心自己形象不佳，最终导致他们形象不佳。"

对于那些担心失败，或者担心犯错的人，我与南丁格尔—科南特公司合作录制了一盒磁带，名叫《富爸爸的秘密》。富爸爸的秘密就是世界为我们准备的并不是失败，而是成功。愿意面对首先失败的挑战，你才会获得成功。这盒磁带将帮助你战胜对失败的畏惧。一旦你真正理解了《富爸爸的秘密》，为了成功你就会坦然直面失败。正如富爸爸常说的："逃避失败的人同样逃避了成功，失败是成功不可分割的一部分。"

总之，富爸爸每天所做的就是敢于犯点小错，而穷爸爸每天所做的就是尽力避免任何错误。这些小习惯上的差别，造成了他们晚年巨大的差距。

习惯 6　倾听自我

对于任何渴望年轻富有退休的人来说，倾听自我是最后一个也是最为重要的习惯。富爸爸常说："我所拥有的最强大的力量，就是对我自己的承诺和我的信仰。"这个习惯是表达你个人现实或环境的另一种方式。富爸爸所说的“你所拥有的最强大的力量”，源于《圣经》中“言即肉身”的概念。换句话说，密切关注你对自己所说的话，因为它们会变成你的现实。

富爸爸说：“失败者关注他们生活中不想要的事物，而不是专注于他们想要的事物。这是他们的特点，是一种习惯。在金钱上也是如此。”

“那么，一个常说‘我不想贫穷’的人，与一个常说‘我想富有’的人之间有很大差别。”我说。

富爸爸点头说：“在我看来，人类大脑听到的其实不是‘想’或者‘不想’，而是正在讨论的词语，如肥胖、健康、贫穷和富有。不论这个词语是什么，那就是你要变成的。”

“所以，当有人说‘我不想赔钱’时，他的大脑听到的是‘我想赔钱’，是吗？”我问，想更进一步地理解富爸爸的教导。

“我是这样认为的。”富爸爸说。

“所以，很多人谈论的，其实是他们不想做的，或者是他们没有能力拥有的。”我说。

“正确。不过我所做的不只这些，这只是我的一个习惯。”富爸爸说。

“不只是说自己所想要的吗？”我问。

富爸爸点点头，接着给我讲了人生最重要的习惯。他说：“有时，我们都会感到恐惧、不安、怀疑，那是人类的天性。当有这些感觉时，我首先要做的就是检查自己的思想。如果我感觉不好或者害怕，我就明白自己可能说了或者想了某些事情，那些事情引起了我这种感觉。”

“好的，”我说，“下一步应该怎么做？”

“改变自己的思想，或用自己想用的词语。”富爸爸说，“比如，如果我害怕失败，我会问自己：‘我害怕什么，我想要什么，怎样做才能得到我想要的？’如果你留意就会发现，害怕都是我的个人现实第一次面对新可能和新现实的时候出现的。”

我点头说：“然后怎么做？”

“然后，我静静地坐下，直到恐惧的感觉消失，我想要的感觉进入我的心胸中。一旦我想要的感觉已经到来，想要的思想也已经有了，我就马上采取行动。我首先做好准备，调整好心态，进入我想要的感觉而非我不想要的感觉，然后我就行动。”

这个过程的基本要点如下：

1. 注意你不想要的想法，调整到你想要的想法。

2. 注意你不想要的感觉，调整到你想要的感觉。

3. 采取行动，坚持不懈，如果有必要马上作调整，直到你得到自己想要的，而非你不想要的。

运用到实践中

几年前，我在拉斯维加斯过夜。我对赌博没有兴趣，但那天晚上为了打发时间，我决定去玩会儿牌。等我坐到牌桌前，一下子紧张起来，很害怕输钱，脑子里也有个声音开始说：“最多输 200 美元就必须住手。”

很快，我将想法调整为：“我用 200 美元做本钱，等赢了 500 时就住手。”我适当运用了我的进入和退出战略。然后我坐到牌桌前，看着庄家发牌，但我没有下注。我能感到自己心中对输钱的深深恐惧。我集中注意力将输钱的感觉转化为赢钱的感觉。当我感到胸中充满了必胜信心的时候，才开始出手。尽管前几局输了，但我还是把思想和感觉集中在赢钱上。一个小时后，我带着赢到的500美元离开了。

几天前，我再次到了拉斯维加斯。我又采取了上次的方法。但麻烦是，无论我怎样把思想和感觉集中在赢钱上，这次还是输了。当输到 200 美元时，我不得不强忍着继续掏钱的念头离开。那次离开赌桌是我做过的最难的事情之一，我真想赢回我的钱。

我离开的时候似乎听到富爸爸在说："即便有了最好的思想和感觉，有时事情也并不一定遂愿。一个赢家必须知道什么时候住手，也必须懂得输钱是赢钱的一部分。只有输家会永远待在错误的地方不愿离开，希望证明自己不是输家，结果输掉了一切。"

幸福的关系

处理各种关系时，选择如何思考和感觉的过程也是有用的。我注意到，当我想到的全是金做得不好的事情的时候，感觉就特别糟糕；而当我想到的全是我和金一起做的美好的事情的时候，就感觉到对她深深的爱意。

正直兄弟有一首著名歌曲叫《你失去了爱的感觉》。在商业和投资领域，很多人已经"失去了胜利的感觉"。

保持信念

在 1985 年到 1994 年期间，我和金关注的就是我们想要的，我们尽力感受我们想要的以及梦想成真时的感觉。即便有时会遇到挫折，但关注于想要的以及感受想要的这种感觉，让我们度过了那段艰难时光。选择你想要的感觉，选择你想要的想法，这是富爸爸教给我的一个非常重要的习惯。现在，只要我以这种方式感觉和思考，就像一盘冷色拉正放在我的面前。

这个习惯的关键在于，可以帮助我调整思想和感觉，尤其当我感到畏惧或者怀疑的时候。对我来说，与让怀疑和犹豫的感觉主宰个人生活相比，这是一个好习惯。尽管这并不能保证我永远成功，但让我在形势不利的情况下往往也能有所收获。请大家记住：所有的赢家都有偶尔失手的时候，但那并不意味着他们要像输家那样思考或感觉。

正如耐克所说："想做就做！（Just Do It！）"在生活中，赢家关注想要的，输家关注不想要的。这就是养成习惯倾听自我十分重要的原因。赢家一直保持赢家感觉和赢家思想，即便在没有赢的时候。这个习惯非常重要。

你能养成这些习惯吗

在进一步讲授之前，我想再次强调上述基本习惯的重要性。这些简单的习惯，每个 18 岁以上的人都可以做到。不过，尽管非常简单，我仍然担心只有极少数人才能养成这些习惯。

如果你能将这些简单的习惯终生保持，下面章节介绍的行动步骤对你来说就非常容易了，而且可能会让你富有的程度超出你最大胆的想象。正如富爸爸所说："《三只小猪》的故事不只是一个童话，更是一个充满了人生哲理的故事。如果你想建造一座砖石结构的房子，就需要良好的习惯，良好的习惯是致富的砖石。"

第15章
资金的杠杆

谁工作得更辛苦，你还是你的钱

2001年3月12日，所有的财经节目都为股市重挫哀号不已。就在一年前，2000年3月10日，纳斯达克指数上涨到空前的5048.62点。而现在，2001年3月12日，纳斯达克指数跌落到1923点，一年来下跌了62%。一天内，股市蒸发了5540亿美元。显然，很多人非常担忧、恐惧或者恼怒。

一位电视评论员说出了我多年来一直关心的事情。他说："很多富有的投资者只会在这次股市下挫中更加富有，因为他们灵活地进出股市。我觉得工薪阶层的人刚刚将退休金丧失殆尽，因为他们的退休金已留在股市里了。"

我的妻子金当时也在看这个电视节目，也听到了上述评论。她说："看着自己的退休金丧失殆尽，一定就像眼看着自己的房子着火，却找不到水龙头来灭火一样。"

在《富爸爸投资指南》中，我说过穷人和中产阶级投资共同基金，而富人投资对冲基金。虽然很多人抱怨对冲基金风险太高，我却不赞同。我认为共同基金的风险更高，因为大多数共同基金只有在市场整体上扬的时候才表现良好。但至少有一部分对冲基金，不论市场是涨是跌都可以获利。从长远来看，你认为哪个风险更高呢？如果你正准备退休的时候，突然看到自己的退休金损失了一半，你的感觉会怎样？如果你有火灾保险，房子烧毁后你还可以在一年内重建起来。但是对很多人来说，如果到了晚年退休金都没有了，他们可能就没有时间再挣来退休金了。

你的资金是否就待在那里无所事事

很多人终生辛劳，一个原因就是他们被教育要努力工作，而不是让钱来为他们工作。不少人说起投资，也只是将钱存进银行或者退休金账户上，同时自己继续拼命地工作。他们也希望钱能为自己工作。但当金融危机到来的时候，他们存着的钱就会遭受重大损失，而大多数人并没有金融危机险。

富爸爸说："大多数人终其一生，搭建的不过是稻草做成的财务房子，根本经受不住风雨、火灾或野狼的袭击。"

这就是富爸爸教导他的儿子迈克和我设法让资金流动起来的原因。为了进一步说明这种观点，在一次郊游时，他让我和迈克反复从一处熊熊燃烧的篝火上跳过。他说："如果快速移动，即便大火也伤害不了你。但是，如果你站在火旁不动，那么即使你不在火上也会被烤得受不了。"那天早上，当我看到股市持续走低，就好像又听到了富爸爸对我们讲这个故事。将自己的钱存着不动的人，会越来越难受。如果你想年轻富有地退休，就需要更努力、更快速地工作，你的资金也需要这样。将你的资金放着不动，就像看着一堆秋天的干草，等着可以点燃熊熊大火的火星。

你的资金周转有多快

我和金能够年轻富有地退休，原因之一就是我们让资金流动了起来。富爸爸常常提起“资金周转”这个概念。他说：“你的资金应该像一只好的猎鸟犬。它帮你发现并捕捉到鸟儿，然后出去寻找下一个目标。大多数人的资金却像已飞走的鸟儿。”如果你想年轻富有地退休，让你的资金像一只猎鸟犬那样工作十分重要，每天出击，带回越来越多的资产。

现在，很多财务规划师和共同基金经理人对普通投资者说：“只管把资金交给我，我会让资金为你工作。”大多数投资者欣然同意，而且照搬这种论调：“长线投资，购买并持有，多元化投资。”他们将资金放在那里，然后回去工作。对大多数投资者来说，这似乎是个好主意。他们没有兴趣学习如何让资金工作，因为他们自己好像宁愿辛苦地工作。普通投资者的这些计划存在很大问题：既不是能带来高收益，也没有必要的安全性。

为了能够提早退休，我和金没有将资金放进退休金账户。我们明白必须让资金工作，而且努力地工作，为我们带来越来越多的资产。一旦我们的资金获得了一项资产，它们又会马上重新出击，为我们带来另一项资产。我们使用的让资金流动起来、为自己带来越来越多资产的战略，几乎每个人都能使用。正如我一再保证的，本书所讲的致富方法和途径，几乎人人都可以做到。

让资金流动起来

我们让资金流动起来的策略之一，就是购置出租房产，然后在一两年内，拿到定金购置下一处出租房产。这正是遵循了富爸爸的建议，像使用猎鸟犬那样运用自己的资金。普通人称这个过程为住房产权贷款，也有人称之为合并贷款，用来偿还信用卡债务。或许你已经注意到，我和金借款投资，而普通人用借款来偿还不良债务（这是鸟儿飞走的一个例子）。尽管这种做法也是资金周转，但这是周转资金离开你，而不是为你带来资产。

一个简单的例子

下面就是我们怎样开始投资，并接着借款进行其他投资的一个例子。1990 年，我和金发现在俄勒冈州波特兰市的一个美丽街区，有一座房子出售。房主要价 9.5 万美元，但没有卖出去。当时经济不景气，人们纷纷缩减开支，市场上待售的房子很多。此前，我们曾打算提出一个报价，但最终觉得不符合我们的投资组合。作为长期租赁房产来考虑，这座房子的价格太高、品质太好。如果这座房子在旧金山，价格会超过 45 万美元。不过，我们还是去看了这座房子，因为我们认为它有很高价值，而且潜力巨大。

在从机场去那座房子的路上，我们猜测那座房子是否仍然待售。大约 6 个月之后，我们终于敲开了房主的门。我们发现，房主已经急于出手，愿意考虑任何报价。他负债 5.6 万美元，因此我报价 6 万美元，最终我们以 6.6 万美元成交。我付给他 1 万美元现金，并承担他现在的抵押欠款。一个月后，房主一家搬了出去，赶往加利福尼亚，非常高兴卖出了他们的房子。他们既没有赚钱，也没有赔钱。很快我们将房子出租，在支付了债务和各种开支后，我们每月可以得到 75 美元的现金流。大约两年后，房地产市场转暖，很多人愿意出价购买这座房子，最高出价达到 8.6 万美元。尽管这个价格很有诱惑力，我和金还是拒绝了。如果出售了房子，我们平均每年就有 1 万美元的现金收入，也就是首付款的100%，用如下数据说明：

8.6万美元	（卖出价）
<u>−6.6万美元</u>	（买入价）
2万美元	（收益）

2万美元等于两年内大约200%的收益；每年收益现金1万美元，大约是首付的100%。

因为交易中还有其他支出，上述数字没有考虑进来，所以只能说是大概数据。

尽管100%的收益很有吸引力，我们还是没有出售。房子所在的街区非常有名，我们感觉三到五年内它可以升值到15万美元左右。我们不但没出售，相反还决定购置更多的房产。现在，那座房子的价格正如我们的预期，并且仍然在带来租金收入。

看到房地产市场坚挺的信号，我和金申请了住房产权贷款。现在这座房子抵押贷款余额不足5.5万美元，房屋估价大约为9.5万美元。而用这座房子做抵押可以贷款大约7万美元，因此我们用这座房子再次筹集资金，还可以得到大约1.5万美元。我们收回了投资，也仍然拥有这项资产。我们的猎鸟犬已经带回了鸟儿，现在又可以出去寻找新的猎物。另外，这只猎鸟犬现在值1.5万美元。

一连几个月，在看了好几百处房子之后，我们找到了新的目标。是同一街区的一所大房子。由于房主让他的孩子在那里免费住了好多年，房子的状况看起来不太好。他要价9.8万美元，经过几次讨价还价，我们以7.2万美元成交，然后投入4000美元进行粉刷、修理，准备租出去了。

1994年底，我们以每处稍低于15万美元的价格将这两处房产出售，然后用得来的钱在亚利桑那州购买了一幢更大的公寓，当时亚利桑那的房价仍然低迷。

除了让资金流动起来，我还要指出另外几点：

1. **我们做得不错，是因为市场低迷给了我们寻找和争取好投资的机会**。如果市场上扬，找到好项目就会更难，我们也会更加谨慎。

2. **今天投资才有意义，不要等到明天**。之所以这样讲，是因为抱着购买、持有、祈祷好运这个战略的人太多了。富爸爸总是说："利润产生于购买之时，而不是出售之时。"我们购买的每一处房产，从购买的那一天起就必须给我们带来现金流，即便在经济不景气的时候也应如此。如果市场没有上涨，我们同样也能受益。

3. **正如本书开始所讲的，在进入市场之前，每一位投资者都必须有一个退出战略**。因为这是一种新型市场，即便投资的是房地产，这也是房地产投资的不同类型。这种不同要求我们重新开始，再次研究，制定不同的进入和退出战略。

4. **前面提到的两处房子现在的售价是 20 万 ~ 25 万美元，波特兰市房地产市场已经复苏**。我们提早出售，是为下一个买家留一些利润空间，也是为了利用当时凤凰城房地产市场调整并即将回升的机会，更重要的原因是我们的投资组合已经调整。又是为了获得更多杠杆，我们不再投资单个家庭房产项目，现在，我们逐渐投资越来越大的公寓。

5. **弄清楚投资者与商人之间的区别**。当我们为了现金流而购置、持有房产的时候，我们是投资者。当我们明确自己的进入以及退出战略的时候，我们是商人。也就是说，投资者为了持有而购买，商人为了出售而购买。如果你想年轻富有地退休，就需要懂得他们之间的区别并学会他们两者的做法。

在我看来，这么多人在最近这次股市崩溃中损失惨重，原因之一就是他们实际上是商人，却自以为是投资者。这再次证明了弄懂词语的定义很重要。

6. **我和金投资长线项目**。但是对我们来说，投资长线项目并不意味着把资金放在那里，等着汇成一笔大数目，想着自己在多元化投资，而实际上所有投资都只是在像共同基金那样的一个篮子里。然后盼望不要有狂风或者火灾。对我们来说，投资意味着每天置身于市场之中，搜集更多信息，得到越来越多的真实生活经验，保持资金流动，不受火灾影响。我们的长线投资不像许多人那样：购买、持有，然后祈祷。

“我想尽快收回投资”

大多数购物者都知道，如果自己对刚刚购买的商品不满意，就可以要求退货退款。如果顾客不满意，大多数聪明的商家都会主动承诺可以退款。但问题是，在大多数退款的承诺中，购物者要想退款，就要先向商家退货。如果你是一个成熟的投资者，就会希望获得退款，并仍然拥有资产。这就是我喜欢投资的原因。我得到了购买的东西，还拿回了自己的钱。所以富爸爸说：“一个真正的投资者需要说的最重要的事情之一，就是：‘我想拿回我的钱，也想继续拥有我的投资。’”

如果你能理解这条投资原则，你将会掌握资金周转的含义。这意味着你会希望尽可能快地收回投资，再去收购其他资产。

加快资金周转的途径

资金周转的思想不仅适用于房地产项目，它实际上还是富人的一条原则或思想工具。一旦你理解了这条原则，就会希望在每一件事情中都能应用到。资金周转是杠杆作用的一个重要方面。

加快资金周转的另外一个方法是了解税法和利用公司实体。例如，某人拥有一家小企业，还部分拥有另外一家房地产企业。如下图所示：

一家公司的租金支出，就是另一家公司的租金收入。你可能不觉得这个问题有多重要。不过你或许知道，企业是在扣除支出之后纳税的，而个人是在消费之前纳税。因此，个人的住房租金使用的是税后收入，企业却可以使用税前收入。租金收入到了另外一家公司实体，但这种收入现在是被动收入，而不是劳动收入。（有一种情况例外，那就是两家公司属于同一个所有者，这时的收入就必须看做劳动收入。例如，如果你在家里开一家公司，付给自己房租，你就必须将这笔房租看做劳动收入。）被动收入如果管理得当，可以让个人或公司少缴税。当然，正如我一直建议的，做这类事情之前要先寻求合格的税收和法律建议。

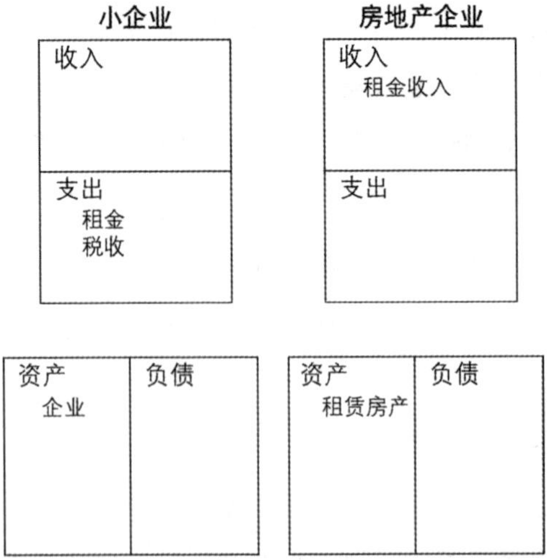

一个采用上述模式管理企业和投资组合的人，能加快资金周转，同时减少税收支出。如果只有一家公司实体，资金就会静止不动，缴税就会更多。

看这两家企业的资产栏，你可以发现企业资产在一栏，房地产资产在另一栏。在这个例子中，这个人的资金被用来创造或获取两种资产，合理避税。这个例子说明资金周转或者资金持续工作，而不是资金闲置的情况。

“你做不到”

我早年经常到一些小公司为雇员们讲授上述战略。当我在自己的投资课上引用上面这个案例时，常常会听到4个字：“你做不到。”正如你知道的，这些词语决定了一个人的现实或者环境。

在授课结束的时候，我总能听到有人说：“这个主意很好，但你做不到。”他们还经常说：“你买不到那么便宜的房地产。”“没有新的抵押贷款或银行家的同意，你买不到新的房产。”“你不可能拥有一家企业，同时拥有另外一家出租房产给这家企业的企业。”“那在美国可能管用，但在我们国家就做不到。”

从此，我不再为雇员或者自由职业者讲授这些投资战略，而只为已经或者渴望成为企业主、投资者的人讲授。我让传统的投资顾问为雇员群体或者自由职业者群体授课，这不是因为雇员或者自由职业者的个人原因，而是因为他们的群体意识。正如前面所讲的，“我做不到”这类话常常决定了一个人来自哪类群体。

上面的案例每天都在全世界发生。在我有业务的所有国家，通过抵押贷款购买房产都是很普遍的事情，但主要是在一些较大的投资上。一家企业租用同一位老板的另外一家企业的房产，这种做法也由来已久。它是一个普遍策略，麦当劳就一直那样做。麦当劳向个人授权经营，然后，这个人向麦当劳支付授权费以及店面的租金。读过《富爸爸穷爸爸》的朋友，或许会记得麦当劳的创始人雷·克罗克所说的："我并不是做汉堡包的，我真正的生意是房地产。"显然，雷·克罗克和他的团队非常精通资金周转以及如何利用资金获取更多资产。

有价证券的资金周转

资金周转的概念适用于所有资产，包括有价证券。当人们查看股票市盈率时，很大程度上也是在查看资金周转。当有人说某种股票的市盈率是 20 时，那意味着按照现在的价格和收益，收回你的投资需要 20 年。例如，如果现在股价是 20 美元，每年分得红利 1 美元，那么需要 20 年才能收回投资。

72 法则

72 法则是衡量资金周转速度的另外一个标尺。这个法则用利率或年增长百分比表示。例如，如果你的储蓄利率是 10%，那么你的存款将在 7.2 年后翻倍；如果你的股票以每年 5% 的速度增值，那就意味着你的股票 14.4 年后会翻倍；如果你的股票以每年 20%的速度增值，那就意味着 3.6 年后会翻倍。72 法则直接用数字 72 除以利率或者收益百分比，得到你资金翻倍的速度。

在 20 世纪 90 年代末的经济繁荣时期，很多财务规划师和投资顾问到处鼓吹 72 法则。几年前，一位年轻的投资顾问告诉我，他的投资组合每 5 年翻一番。实际上他才开始投资只有 3 年，所以我问他怎么得出这个结论的？他回答："因为近两年来，我的共同基金以平均每年超过 15% 的速度增长。”我很感谢他热情地向我推销共同基金，但我还是谢绝了。我想知道他今天会怎么说，我想告诉他牛市和熊市的故事。牛市是沿着阶梯缓慢上升，而熊市是一泻千里。换句话说，正如富爸爸说过的那样：“平均增长是为平庸的投资者准备的。”

家庭资金运作

还有一种资金周转途径投资者可以采用，即家庭资金运作。

我喜欢小盘股的原因主要有两点。第一，我是一个企业家，而不是一个公司法人。我喜欢并理解新创办的小公司所面临的问题，而且能够判断公司的发展前景。第二，小盘股比许多大盘股的增值快 2 ~ 3 倍，在市场正常的情况下，它更便于家庭资金运作。下面举一个例子。

假如你购买 5000 股某公司股票，每股价格 5 美元，那么你共投资了 2.5 万美元。股市对你很不错，不到一年时间，这只股票的价格上涨到 10 美元。现在你持有的股票市值就是 5 万美元。若你像我曾经那样贪婪，你会说：“股市还会上涨，我再等等。”在这里，再一次看出在进入股市之前，有一个退出战略是多么重要。

与其继续等待，将钱放在那里不动，不如先卖出市值 2.5 万美元的股票，加速资金周转。按这种方法，你仍将持有价值 2.5 万美元的股票，尽管数量只有一半，但你已经收回了投资。继续持有的价值 2.5 万美元的股票此时就是家庭资金运作。

我经常使用这种策略，但也不总是这样。有时股价从 5 美元上涨到 8 美元，但没有达到退出战略中的 10 美元，我就会继续持有。有时股价跌到 5 美元以下，损失已清楚地表现在了账面上，我就不再持有，收回账上还有的钱。我得承认，很多时候我卖出股票以补偿原始投资。这时我就感觉好多了，尽管由于抽回一些资金而没有赚到多少钱。

向资金轻松地说再见

我的朋友基思·坎宁安经常朗诵一首短诗：

> 金钱说什么我都无法拒绝。
> 我曾经听到，
> 它向我说再见！

我一直不能理解，为什么有人会为投资的损失痛哭流涕。当他们去杂货店花了钱时，他们不会哭泣；当他们买了车又折价卖掉时，他们不会哭泣。投资与这些又有什么不同呢？

我经常听到一些投资者说："只要不抛出手中的股票，你就不会有损失。"当有人说出这样的话时，往往意味着他们高价买入的股票现在价格走低，正等着股价回升。在一些特定情况下，这样考虑有一定合理性，但仅仅是在一些特殊情况下。另外一种相反的观点认为，应该提早抛掉给你带来损失的投资。有好几次，我投资失误，眼看着手中的股票不升反降。如果股价下跌超过10%，我通常就自认损失抛掉股票，再寻找新的机会。我这样做主要有以下两个原因。

第一，如果我的注意力过度集中在损失上面，并且因为做错了决定而情绪糟糕，我就会抛出。我只想马上结束，重新开始。正如我在另外几本书中所讲的，我明白在10项投资中，好的投资可能有两三项，不好的也可能有两三项，中间的就像是躺着的懒汉。我偶尔也让懒汉躺着，只要他们不让我赔钱。如果他们真的带来损失，我就会立即斩断，反思错误，吸取教训。

第二，我喜欢购物。所以，即使我没有钱购买，也比购买、持有并祈祷升值的人更能享受到购物的乐趣。正如我说的，大多数人在折价卖了自己的汽车后并没有哭泣，因为他们会接着买新车。

蓝筹股能维持多久

我还经常听到另外一种投资战略，那就是“投资长线项目，只购买蓝筹股”。在我看来，这是一种陈腐的理论，因为它只适用于工业时代，并不适用于信息时代。那种旧有的战略不再发挥作用，因为蓝筹股已经不再是蓝筹股了。例如，如果你 20 年前购买了施乐公司的股票，尽管它是蓝筹股，但现在你得到的只有损失。我们需要思考的真正问题是，一只蓝筹股到底能维持多久？

10 年以后，由于技术进步和其他的革新，很多今天的“财富 500 强企业”可能不会存在。维持了 65 年的蓝筹公司，现在只有 10 家。这些数据都证明，旧有的企业战略已不适用于当今世界。

在这个技术发展日新月异的时代，一家公司的兴衰可能就在几年之内。这种快速变化要求我们所有人以更加清醒的头脑，集中精力加速资金周转，而不是将资金放在那里，傻等着市场的涨落。购买、持有并祈祷好运的战略对于普通投资者来说无可厚非，但对于渴望年轻富有地退休的人，则不是一个高明的战略。

第 16 章
房地产的杠杆

用银行家的钱投资

几天前，我与一位朋友以及她的父亲共进晚餐，他是位退役飞行员。那天股市又下跌了 3%，他显得非常沮丧，因为他退休金账户上的收益已经丧失殆尽。当我问他对市场有什么评价时，他说："我的另一个女儿告诉我，如果我的退休金全部损失掉，我可以搬到她那里生活。"

我小心地问："您的意思是，您所有的投资都在股市上？"

"是的，"他说，"哪还会有其他投资？股市是我唯一知道的投资场所。"

并非多元化的投资组合

今天到处可以听到这样的说法："长线投资，花费适中，多元化投资组合，等等。"对于不大了解投资的人来说，这的确是一个伟大的信条。但是，我经常质疑"多元化"这个词。当听到有人说自己有一个多元化投资组合时，我经常会问“多元化”是什么意思。通常他们会这样说：“我投资了成长型基金、债券基金、国际基金和产业基金等。”

我的下一个问题是：“它们都属于共同基金吗？”大多数情况下，回答是：“是的，我的大多数投资分散在不同的共同基金上。”尽管他们的共同基金的确是多元化的，但现实是，他们选择的投资手段——共同基金，却不是多元化的。即便他们说：“我在股市有些投资，也投资了房地产投资信托，还投资了一些退休金计划。”但问题是大多数的投资仍然限于有价证券，因为有价证券投资更容易进入和管理。正如富爸爸所说：“有价证券投资相对干净利索，容易操作。大多数人并非来自B象限，永远不会创立B象限的企业，也不会投资房地产，因为获取、运营和管理房地产项目很有挑战性。”

仅在美国，就有超过11000只共同基金可以选择，并且这个数目还在增加。共同基金的数目甚至比获得共同基金投资的公司还要多。为什么会有这么多共同基金呢？原因上面已经讲过。共同基金干净利索，而这往往又被冠以保护公众利益的名号。公众面临的问题是，这1.1万只共同基金中哪一只是自己最好的选择。你怎么知道今天的一种热门基金明天还会是热门呢？在这个世界上，你今天怎样做才能为明天的退休选择一只成功的基金？如果你80%以上的投资组合是共同基金，那是不是真正意义上的多元化？是不是明智之举？我个人认为，不是。任何人将80%以上的投资组合放在不同的基金上都不是多元化，而是一种规避其他投资风险的消极措施。

共同基金的致命缺陷

你们中一些人或许已经注意到了共同基金隐藏的税收缺陷。不幸的是，仍有很多共同基金投资者没有意识到这一点。这种缺陷就是资本收益税会转嫁到投资者身上。这意味着如果获利需要缴纳资本收益税，而基金不会承担，所以就由投资者负担了。在熊市的时候这种缺陷尤为明显。当然也有例外情况，比如一些退休基金的收益可以享受税收延迟。

假如一只共同基金多年来取得了很大成功。它经营状况良好，投资的股票升值巨大。但突然股市大跌，投资者陷入恐慌，要求赎回基金。这家基金管理公司就不得不立即抛售手中的绩优股，把资金归还投资者。当他们抛售股票之后，就会获得资本收益。比如，一只基金10年前以每股10美元的价格买了某公司的股票，抛售时每股价格上涨到50美元。基金经理早前成功地选择了这只股票，但现在出售的时候，投资者就必须为40美元的资本收益纳税。在这种时候，投资者就要损失钱，因为基金价值已经下跌，投资者却必须缴纳资本收益税。所以，投资共同基金的投资者会被要求缴纳资本收益税，即使他已经损失了钱。我个人不愿意在实际亏损的时候还要纳税，因为这就像为自己并没有得到的收入纳税一样。2001年初，很多投资者的基金价值下跌了一半，却同时必须根据基金管理者提供的报表缴纳资本收益税。对我而言，那是非常严重的缺陷。

这是不是意味着我对投资共同基金一概说“不”？当然不是，我本人就投资了共同基金。在《富爸爸投资指南》中，我讨论过安全、舒适而富有的财务规划。共同基金在你安全、舒适的财务规划中发挥着重要作用。寻找一位称职的财务顾问，让他帮助你制定正确的财务规划，而你在每一项投资中获得的教育越多，你的财务素养就会越高。有一些很好的共同基金，通过研究潜在的基础信息来系统分析所要投资的公司。

投资房地产的好处

我朋友的父亲，那位认为投资的唯一方式就是有价证券的退休飞行员，后来终于明白了共同基金的致命缺陷。在晚餐快要结束的时候，他说："由于基金价值下跌，我损失了很多储蓄，即便如此，我还必须缴纳资本收益税。我希望可以找到其他的投资方式。"

"你为什么不投资房地产呢？"我问。

"为什么？这和共同基金有什么区别？"他问。

"有很多区别，"我回答，"我来告诉你其中一个区别，那非常有趣。"

这位退休飞行员呷了一口咖啡，说："说吧，我洗耳恭听。"

"在房地产投资领域，我可以赚到钱，政府还同意让我将它当做赔钱的买卖看。"我说。

"你的意思是自己不仅赚到了钱，而且获得了税收减免，不必为自己赚到的钱纳税？"他问。

"政府给了我税收减免，而不是让我缴纳资本收益税。"我说，"政府让我赚更多钱，而不是纳更多税。其中一个方法就是通过贬值，也就是富爸爸所说的'虚拟现金流'，那是普通投资者看不见的现金流。"

那位退休飞行员静静地听了好半天，最后问："还有吗？"

"还有很多，"我说，"他们甚至会给我钱。"

"怎么做？"他问。

"如果房子是历史建筑，政府或许会给你一个课税扣除，在促进投资上，这比税收减免好多了。"我说，"你认为政府会给你课税扣除，让你购买更多的共同基金吗？"

"这我知道不可能，"他说，"近来我看到的，全是在为自己损失的资金缴纳资本收益税。这听起来像我为自己赔的钱纳税，而你却赚了钱还得到了税收减免。还有其他我应该知道的吗？”

“还有，”我说，“如果你的行为符合《美国残障法案》相关条款，你就可以获得支出 50% 的课税扣除。例如，如果你投入 1 万美元，修建了轮椅专用道便于残障人士到达你的商业建筑，那你就可以获得最高限额为 5000 美元的课税扣除。”

“你得到了 5000 美元课税扣除？”他问，“如果轮椅专用道用了不到 1 万美元，会怎么样？如果只用了 1000 美元，又会怎么样？”

“你仍然可以得到支出 50% 的课税扣除，”我说，“不过，我还是郑重建议你，做类似的事情之前，一定要听取财务顾问的意见。在做任何事情之前，你必须清楚现行法规以及法规能给你带来的好处。”

这位退休飞行员静静地坐在那里思考。然后问：“还有吗？”

“还有很多，我无法在一次晚餐上讲完，”我说，“不过，我可以告诉你，与共同基金相比，房地产至少还有 3 条优势。”

“只有 3 条？”他带着嘲讽的微笑说。

“第一条优势是，银行乐于借钱给你购置房地产。据我所知，我很怀疑银行是否愿意借钱给你投资共同基金或者股票。或许他们会接受用这些资产做抵押，但只是在你有自己的钱买到这些资产之后。”

他点了点头，说：“第二条呢？”

“第二条优势是，没有资本收益税。”我说，“如果你知道你在做什么。”

“你的意思是，我必须为并没有赚到的钱缴纳资本收益税，实际上我还是亏损的，但是在房地产投资中，你可以规避资本收益税？”他问。

我点了点头，说：“一直如此。通过我们常说的‘1031 条款’，就可以做到。比如，我购买一幢 5 万美元的房子，首付为 5000 美元，余下的 4.5 万美元从银行贷款。然后，我们将房子出租，假设每月的租金收入超过了在房子上的支出。这样，我就从这次投资中获得了现金流。”

“所以，你的钱就为你工作了，”他说。

“是的，”我说，“而且这种收入是被动收入，纳税低于工资等劳动收入，以及你的储蓄和 401(k) 收入。”

这位退休飞行员默默地点了点头。那晚早些时候，我们已经讨论了劳动收入、证券收入和被动收入的区别。

我继续说：“几年过后，你发现自己 5 万美元的租赁房产已经价值 8.5 万美元。你出售了房子，得到 3.5 万美元的收益，但如果你将这3.5万美元收益投资到更大的项目中去，就不必缴纳资本收益税。”

他再次默默地点头，说：“在这个例子中，你获得了 3.5 万美元的资本收益，却无需缴纳资本收益税。我在共同基金中亏损，但还要缴纳资本收益税。你得到了现金流，又用虚拟的损失和开支冲抵了收入。这样你的纳税就更少了，因为它们是被动收入，而不是劳动收入。”

“而且，不要忘记如果符合《美国残障法案》关于公共商业建筑的规定，或者如果本身是历史建筑，还可以获得课税扣除。”我补充道。

“不，不会，”他说，“我怎么会忘记课税扣除呢？每个人都知道它。那么第三条优势是什么？”

“第三条优势是，房地产投资的规模越大，银行和政府就越想借钱给你。”我说。

“那是为什么？”他问。

“当你去找银行家为一个房地产项目借钱时，例如借 100 万美元，银行家不是借钱给你，而是借钱给这处房地产。”

“这有什么区别？”他问。

“当一个普通人去银行申请贷款的时候，银行就会评估他的个人信用状况。当这个人想购买一处小型租赁房产，比如单身宿舍、联合式公寓或者普通住宅时，银行仍然要对他进行信用评估。只要你有稳定的工作，也有足够的收入来承担房屋的各项开支，银行通常就会借钱给你，而不是借钱给你的房产。”

“但是，对于比较大的房地产项目，当它的价格远远超过了个人的收入时，银行就会考虑房地产本身的收入和支出，”这位退休飞行员说，“这就是区别吗？”

“非常接近。”我说，“大型房地产项目的真实资产是房地产本身和它带来的收入，而不是借款人个人的收入。”

“因此，购买大型房地产项目比小型项目更容易。”他说。

“如果你知道自己在做什么，”我说，“从政府借款也是如此。如果你为了15万美元的房地产项目向政府借款，大多数情况下政府代理人都没有兴趣。但是，如果你想购买的是整个贫民窟，并想把它改造成安全的经济适用房，政府往往愿意借给你数百万美元。如果你的房地产投资项目不足500万美元，就很难让政府对你的项目产生兴趣。”

“还有别的吗？”他问。

“当然还有，”我回答，“但是让我先给你讲一些房地产的基础知识。”

“比如？”他问。

“在大多数情况下，房地产不像有价证券的流动性那么好，这意味着购买和出售房地产需要花费更长的时间。房地产市场也不像证券市场那样有效，房地产需要积极管理。”我微笑着说。

“你为什么要笑呢？”这位退休飞行员问。

“因为对于专业房地产投资者来说，劣势往往就是最大的优势。”我说，“对于新手或不成熟的投资者来说，劣势常常只是劣势。”

“给我举个例子。”他说。

“很简单，”我回答，“因为房地产流动性不强，很难找到合适的买家或卖家，而专业投资者常常能花时间做成一笔交易。”

“你是说，你能与卖家进行一对一谈判？”他问。

“与买家也是一样，”我回答，“在股票市场，人们通常只是买入卖出。买家和卖家之间很少进行任何形式的一对一谈判，至少对于大多数投资者来说是如此。”

“你的意思是，股票市场上买家和卖家之间也能一对一谈判？”他问。

“是的，”我回答，“但是，那通常只发生在内部人士和专业操盘手之间。那可以合法地进行，不过普通投资者很难做到。”

“噢，”他说，“但在房地产市场任何时候都可以那样一对一谈判。”

“那就是房地产的乐趣所在，”我回答，“在房地产市场，你可以成为一个有创意的、善于谈判的高手，做成一桩好生意，买低或者卖高，让买家一次性付款或者让卖家为你支付首付款。一旦你学会了这个游戏，就会非常有趣。”

“还有什么吗？”他说。

“你可以削减支出，提升房产价值，增加一个次卧室，粉刷墙壁，卖掉周围多余土地，等等。一个富有创意的投资者，如果同时是一个优秀的谈判者，就可以在房地产市场大有作为。如果你是一个富有创意的优秀谈判者，那你就能在房地产市场赚大钱，同时度过一段好时光。”

“我以前从来没有这样看，”他说，“我只买卖过自己住的房子。不过回过头来看，那的确很有意思，我在买卖自己房子过程中得到的回报，也比我在共同基金上的回报好得多。”

我似乎能感到他脑子里燃起的希望。他终于发现除了共同基金投资组合，还有其他多种投资选择。此时，时间已晚，我们各自回家，这个晚上很快结束了。

几周以后，他打电话告诉我他正在寻找他的第一处租赁房产，而且过去的忧愁已被快乐所取代。他说："即便我的租金收入与支出持平，在房地产上我仍然能赚到些钱。掌握了虚拟现金流和税法，即使没有赚钱也像取得了财务成功一样。"

我所说的只有一句话："你开始有些明白了。"

顾问们的糟糕建议

财务顾问很重要。但问题是，很多财务顾问本身并不富有，也不是成功的投资者。在一家主流媒体上，一位专业财务规划师这样评价我关于房地产投资的建议："在房地产市场上，很多人赚了大钱，但主要是在加利福尼亚、康涅狄格这种地方。我们许多中西部的客户没有那样的经历。"

她的客户应该解雇她。她那些中西部的客户没有在房地产市场上赚钱，原因就在于聘请了像她这样的顾问。如果你真正了解房地产、税法和公司法，又有一个好的经纪人和会计师，即使房地产项目没有升值你也同样可以赚到钱，或者从租金收入中获利。她的只有加利福尼亚和康涅狄格的房产升值的说法也是错误的。如果她了解房地产市场，就应该知道在美国房地产发展最快的地方是拉斯维加斯、内华达等小城市，以及凤凰城、亚利桑那等大城市。她仅仅听说了加利福尼亚和康涅狄格的情况，因为她只知道新闻中所讲的那些东西，而大多数投资新闻是关于有价证券的。她不懂得专业房地产投资者应该懂得的知识，但她仍然提出建议，好像她很懂一样。

正如富爸爸常说的："永远不要问一个保险推销员你是否应该购

买保险。”大多数财务规划师都主要是保险推销员，而不是投资者。保险是一种重要的投资产品，但不是唯一的投资产品。

怎样寻找好的投资

对于任何投资，我常常问自己：“我如何找到一个好的房地产投资项目？”我的答案是：“你必须训练自己的大脑，看到别人看不见的东西。”

下一个问题是：“我怎样做？”

答案是：“跟任何一个购物者寻找好东西一样。”在本书的开始，我说过有些人为了省钱，开着车从一个商场赶到另一个商场，希望能买到物美价廉的东西。房地产或者其他投资也是如此，你需要成为一个专业的购物者。

100 ∶ 10 ∶ 3 ∶ 1

我的老朋友道尔夫·德洛斯博士曾经写了富爸爸投资顾问系列中的一本书《房地产致富：如何运用银行家的钱使自己富有》。显然，我们为这个选题费尽周折。在书中，他详细讲解了如何寻找被大多数人忽视的房地产项目。他还讨论了如何通过改造这些项目实现升值。他讲的基本的一点是，如何购买房地产。他称之为购买房地产的100 ∶ 10 ∶ 3 ∶ 1方法。那意味着，他分析100个房地产项目，向其中10个项目给出报价，有3个卖家同意，最后成交的只有1个。也就是说，购买一个房地产项目，至少要考察100个项目。

亲吻很多青蛙

你已经知道，富爸爸喜欢用童话教育我们。他很喜欢其中一个故事：为了找到她英俊的王子，美丽的公主不得不亲吻一只青蛙。富爸爸常说："为了确认哪一个是王子，你不得不亲吻很多青蛙。"在投资领域，以及在生活的许多方面，那都是一句真理。今天，当听说某人25岁找了一份工作，并在那里干了一辈子，我总是很吃惊。我想知道他们怎样知道好工作与坏工作的区别。当我遇见一个15岁就决定做医生的人时，我怀疑他在做决定时是否真正了解现实。在投资和其他事情中也是如此。

富爸爸说："大多数人不愿亲吻青蛙，结果嫁给了一只青蛙。"他的意思是，在投资和有关个人未来的事情上，大多数人没有用足够的时间去尝试。大多数人不是花时间寻找好的投资，而是凭冲动和小道消息行事，或者根据亲友意见安排自己的投资。

嫁给了一只青蛙

我的一个朋友最近过来对我说："我听了你的建议，投资了一处租赁房产。"

我好奇地问："你买的是什么样的房子？"

"我在圣迭戈市靠近海滩的地方买了一套很好的分户公寓。"

"你看了几处房子？"我问。

"两处，"她说，"经纪人带我看了同一幢楼中的两套房子，我买下了其中一套。"

大约一年后，我问她的房产投资情况怎样。"每月损失460美元。"她回答。

"为什么这么多？"

"一个原因是业主委员会提高了物业管理费，另一个原因是我不知道每月的租金应该收多少。实际上比我预想的低多了。"她不好意思地说，“我想卖掉它，但我发现买的时候我比市场价多掏了 2.5 万美元。我不想每月赔钱，但卖它我又承担不起 2.5 万美元的损失。”

正如富爸爸所说：“那是没有亲吻足够多的青蛙的代价。如果你没有亲吻足够多的青蛙，你最终就会嫁给一只青蛙。”因为我的这位朋友没有做好她的“功课”，所以她最终嫁给了一只青蛙，价格昂贵的一只！

如何评估一个好的房地产投资项目？经验是最好的老师。下面就是我和朋友学到的 10 个重要教训。另外，我还会简要介绍一些其他的可能对你有用的内容。

不去购买的代价

当人们问我如何学会寻找好的房地产项目时，我简单地说：“你需要去购买。”

我赞同道尔夫·德洛斯博士的找到好投资的 100 ∶ 10 ∶ 3 ∶ 1 公式。这些年，我和金考察分析了数千个房地产项目。在回答“你们怎样学到这么多房地产知识”这个问题时，我们简要地说：“我们考察了成千上万个投资项目。”我们还对其中数百个项目给出了报价，不少报价对方一笑了之。关键在于，每考察一处房产，每给出一个报价，我们关于房地产市场和人性的经验和认识就会增加一些。

当有人问：“没有钱的时候，你怎么做？”我的回答仍然是：“去购买。”在投资培训课上，我经常说：“当你去购物中心的时候，没有人问你是不是有钱。商家希望你购物闲逛。在大多数投资上也是一样。购买、询问、分析就是我怎样得到经验的主要过程。我所学到的投资经验在书本上是找不到的。就像你不能从书本上学会打高尔夫球一样，你也不能从书本上训练自己的大脑发现别人看不见的投资机会。你必须出去、购买。”

事后智慧

如果前面我的那位“嫁给了青蛙”的朋友不打算说：“房地产是一个糟糕的行业，你在那里赚不到任何钱。”那么她可能会学到一些有价值的教训。我问她学到了什么，她生气地说：“我不应该听你的话，市场已经发生了变化，现在你不可能在房地产市场赚到任何钱。”

俗话说，“事后诸葛亮”在于你必须不断回顾、总结过去。我的那位朋友没有回顾、总结。即便我在称赞她采取行动之后，她仍然认为房地产不是一个好的投资行业。这意味着她冒险进入房地产业的代价异常昂贵，因为她没有从错误中学习，而这些错误和教训本来可以使她未来更加聪明、富有。这就是带有“犯错不好”的环境的代价。如果她的环境是“我要采取行动，犯了错我会从中吸取教训”，她就会是一个富有得多的人。过分追求完美，不允许自己出现任何失误的人，事后不能得到教训，会重蹈覆辙，他们从错误中学不到任何东西。

我的那位朋友从这次简单的投资中忽视的教训有：

1. 考察更多的房地产项目。

2. 投入时间。好交易不只一个。太多人轻率地购买，因为他们以为自己发现的交易是世界上唯一的交易。

3. 分析租赁房产市场和交易房屋市场。

4. 与不只一个房地产推销员会谈。

5. 谨慎投资分户式公寓。分户式公寓通常有一个由房主组成的业主委员会。房主和投资者的看法并不完全一致。大多数房主想让自己的房子更好一些，所以会花费过多的维修费用。尽管这对你的房子有好处，但是作为投资者，你失去了非常重要的投资支出控制。

6. 如果支出失去控制，也会影响到房产未来的销售价格。

7. 不要抱有房价上涨的希望去购买。不论经济状况好坏，房地产项目本身都应该是一个好的投资。正如富爸爸常说的：“利润产生于购买之时，而不是出售之时。”

8. 投资不要感情用事。当你购买个人消费品时，跟着感觉走没有问题。但当你为了投资而购买时，感情会让你盲目。我的那位朋友对房产靠近海滩的兴奋，超过了对投资回报的考虑。她关注的是海滩而不是财务报表。

9. 她没有做多少提升房产价值的事。你能赚大钱的一个方法就是改造、装修或者提升房产价值，这都是你在股票和共同基金上不能做的。很多时候，只要增加一个车库或者卧室，就能大大提升投资回报。

10. 她没有从这次经历中学习。尽管这是一次代价昂贵的教训，但如果她乐于保持谦逊的态度，学习并再次尝试，或许会把这次教训转化成数百万美元的收益。然而，她宁愿说：“你不可能从房地产中赚到任何钱。”

教训提升了你的眼力

通过花时间分析数千个投资项目，我的眼力慢慢得到了提升。每当我为购买某处房产给出一个报价，即使这个报价只会招来嘲笑，或者被傲慢地回绝，我也能学到一些东西；每次与银行家商讨财务问题，我都能学到一些东西；每次购买房产，我都能学到一些宝贵的新东西，即便我在这个项目上亏损。今天，所有这些教训，不论好的或者坏的都成了我致富的教育和经验，使我和金在房地产领域获取了越来越多的财富。

伟大的投资从来就由你的大脑发现，而不是别的地方。在现实世界中，没有一个“待售”的标牌会告诉你“这是一笔好交易”。你的工作是训练你的大脑去发现伟大的投资并为伟大的投资谈判。这需要不断付出和实践。

人人都能做些什么

正如我一直承诺的，我认为每个人都能做让自己致富的事情。每一个人都能购买房地产。如果你和你的搭档愿意一周去看5个、10个、20个甚至25个项目，即使你没有钱，我保证你的眼力将会提高。分析了100个项目之后，我想你会发现有一两个项目让你振奋。当你为即将致富兴奋的时候，你的大脑就转到另一个环境，然后你开始寻找新的内容，这些内容可以回答“我怎样才能赚钱致富”的问题。

人人都可以做到上述这一点，即使他们没有任何钱。这是我和金经常做的。现在，我们有了更多经验，分析房产项目的速度大大加快。不论经济环境好坏，我们总能找到好的项目。虽然我们不总是购买或给出报价，但是寻找、分析投资的过程让我们的目光更加敏锐，并让我们接触到大量的投资机会。

一盒名叫《财务知识》的磁带，对你的房地产投资生涯会有帮助。这盒磁带搜集了各种必读的财务报表，其中一个是“尽职调查一览表”。它对于检验一座建筑的物理状态非常关键。财务报表和回报预期为你提供了进行分析的财务数据，尽职调查一览表指导你检验房地产的实际品质。它能为你节省并赚取大量金钱，也可以作为分析和谈判的工具使用。正如富爸爸所说的：“财务知识不仅是一堆数字，它还让你掌握一些词语，为你指出投资项目的优缺点。财务知识帮助你发现普通投资者错过的信息。”这盒磁带可以从富爸爸网站上订购。

最后一点，房地产投资或者任何投资产品，要求的都不仅是购买一次，然后指望着这次就能让你致富。在房地产投资上，我和金打算购置 10 个项目，那就意味着我们需要看 1000 个项目。在购买的 10 个项目中，我们希望 2 个是成功的投资，2 个是懒汉，我们可能在它们上面赔钱，一般情况下它们要被很快出售。剩下 6 个项目或者进行改造提升价值，或者出售。不论房地产、股票、共同基金或者建立企业，这种比率都一样。一个专业的投资者知道这些。

别人遗漏的好项目

每个渔夫都有捉到别人的漏网之鱼的经历，每一个房地产投资者也都有发现别人遗漏的好项目的经历。通过下面两个故事，我们想鼓励大家尽早关注自己的前 100 个投资项目。

把问题变成机会

故事一：几年前，我和金去离家几小时车程的山区旅行。我们想休几天假，享受森林中的平和与宁静。同往常一样，我们顺便去了一个房地产销售办公室，想看看他们有没有什么待售的好项目。代理人给我们看了一些普通的标价奇高的项目，我们都否决了。然后她在售房目录中给我们找到了一座已经停售的小木屋，木屋周围有 6 万平方米土地，标价只有 4.3 万美元。我问她为什么标价这样低。

她回答："那里用水存在问题。"

"什么用水问题？"我问。

"那里的水井总是不能提供足够的用水，总是断断续续的。这也是它多年没有售出的原因。大家都喜欢这个项目，但就是缺水。"

"带我去看看吧！"我说。

"噢，你不会喜欢它的，"她回答，"不过我可以带你去看看。"

大约半个小时后，我们站在了这片美丽的森林土地上，中间有一个可爱的旧木屋。“问题就在这里，”她带我们来到了水井旁边，“这口水井不能提供足够的用水。”

我点头说：“是的，用水问题确实很严重。”

过了一天，我带着当地一位水井专家又到了那里。专家看了看水井，对我说：“这个问题很容易解决。水井里的水量是足够的，只是不同时间水量会有变化。如果安装一个备用水箱，问题就会迎刃而解。”

“安装一个水箱要多少钱？”我问。

“安装一个 11 万升的水箱花费是 2300 美元。”他回答。

我点了点头，立即返回了那个房地产销售办公室。我开出了自己的报价：“我愿意用 2.4 万美元购买那个项目。”

“太低了，”她说，“即便用水存在问题。”

“这就是我的报价，”我回答，“顺便问一下，那个项目的最近一次报价是在什么时候？”

“已经很久了，”她说，“有一年多了。”

那天晚上，我接到了代理商的电话，她说：“我不敢相信，你的报价被接受了。他们居然接受了你的报价和付款方式。”

“谢谢！”那是我唯一的一句话。我真有些按捺不住内心的兴奋。房主已经有一年多没有接到报价了，甚至懒得花钱再去整修房子。他接受了我的报价，首付只有 2000 美元，余款一年内付清。也就是说，我用很少的首付就买下了这处房产，而且近一年内不用付款。

第二天一早，我找到水井专家，请他安装了两只 11 万升的水箱。这样，我们用不到 5000 美元就解决了水的问题。一个月后，我和金来到了我们的新木屋，有大量的新鲜水可以享用。离开的时候，我们把这个项目提价出售。我们开价 6.6 万美元，并且在两周后售出。问题解决了，现在那个木屋的主人是一对梦想拥有山区住宅的年轻夫妇。

环境的改变

故事二：我有一个名叫杰夫的朋友，他是一位景观设计师。他曾给我讲过一个伟大的房地产投资故事，今天我将把这个故事拿出来与大家分享。

杰夫说："大约一年前，一位女士给我打电话说：'我有一块 40 英亩的土地，想请你去看看。'她以 27.5 万美元的价格购买了这块土地的期权，但是土地所在的小镇反对她进行任何形式的开发。"

"那她为什么找你？"我问。

"她想请我为这块土地以及整个小镇做一个远景规划。她还聘请了一位原城市规划师加入团体。"

"后来发生了什么？"我问。

"我们做出了规划图，写了对小镇未来发展的建议，送交镇议会。但是，我们的规划和建议被拒绝了三次。"他说。

"为什么？"我问。

"镇议会很关注这个问题，让我们不断修改。"他说。

"他们不断要求你们拿回来修改？"我问。

"差不多是这样。实际上，我们也不断征求他们的意见，不断修改我们的规划，加入他们关心的内容。最后，镇议会接受了我们的规划，并将那块土地从农业用地划成商业用地。"

"他们重新划分了那块土地的用途？从农业用地变成了商业用地？这个改变使那块地产升值了多少？"我问。

"我们的规划通过后，她就以 650 万美元的价格将那块地产卖给了一家国家保险公司，他们想在那里建一座大饭店。"他回答。

“整个过程用了多长时间？”我问。

“总共 9 个月。”杰夫说，“根据协议，她给了那位原城市规划师和我每人 2.5 万美元劳务费。”

“那就是说她花了 5 万美元，赚了 600 多万美元，是吗？”我感到吃惊。

杰夫微笑着点头。“那块地皮已经闲置了多年，每一个看过的人都说太贵了。但是她看到了我们看不到的。她非常专业地给我们所有人展示了我们眼皮底下不曾发现的赚钱机会。”

“你对自己仅仅得到了 2.5 万美元感到沮丧吗？”我问。

“不。就我所做的工作来说这是一个很公平的报酬。另外，我佩服她赚了那么多钱，因为她冒了很大风险。如果我们不能让镇议会改变那块地皮的用途，她就会损失很多钱。而且，我将永远感激她开阔了我的眼界，她教我看到了以前从不曾注意的东西。她教我看到了就在我们每一个人眼前的大量机会，但我们必须花时间训练自己的大脑，让自己的眼睛去看。”

祝贺他有了新的现实，我说：“你得到了一些价值远超 2.5 万美元的东西，是吗？”

杰夫点头说：“这些东西更有价值。那位城市规划师对报酬有些不满意，但我不这样认为。我经常听你谈论富爸爸的环境和现实，但那些词语从来没有对我产生多大作用，但现在它们让我开始注意了。我认识到，从我的环境来看，我想的是成千上万美元。而她的环境更大，她考虑的是数百万美元，所以她更加富有。我还认识到，她从 B 象限和 I 象限出发思考问题，而我仍然从 S 象限出发思考问题。即使她不给我一分钱，我从这件事情上学到的东西也是无价的，因为它永远改变了我的生活。她教会我如何成为一个富有的人。”

土地用途的重新划分是一个简单的环境改变，从贫穷到富有的转变也是一个简单的环境改变。如果你们愿意，每个人都可以做到这一点。

怎样保持自己的财富

道尔夫 · 德洛斯博士在少年时代就对富人进行了深入地研究。17岁那年，他研究发现大多数富人或者从房地产中发财，或者购买、持有很多房地产。富爸爸也是这样。尽管他从企业和股市中赚了很多钱，但他最终还是将财富放在了房地产上。

富人这样做的原因主要有以下 5 点：

1. 税法鼓励富人投资房地产。

2. 房地产有更强大的杠杆。通过使用银行家的资金，富人可以变得更富。

3. 房地产收入是被动收入，在所有收入形式中税率最低。如果从出售房地产中获得资本收益，这些资本收益还可以获得税收延迟，让投资者可以运用这笔本来属于政府的资金进行再投资。

4. 房地产让投资者可以更多的控制自己的资产。

5. 如果投资者懂得如何管理资金和房地产，房地产就是放置资金的更安全的场所。

普通投资者用大量有价证券保持自己的财富风险巨大。正如本书始终提到的，如果一个退休者的有价证券在股市崩溃中损失惨重，会是什么结果？如果全部损失又会怎么样？答案是，除非这个人懂得在熊市条件下如何保护自己的资产。如果你只想用有价证券守住自己的财富，那么，下一章就非常重要。

第 17 章
有价证券的杠杆

投资中怎样做到低风险高收益

几个月前，我的一个朋友告诉我，他在股市中损失了 100 多万美元，现在不得不重新回去工作。当我问他为什么会损失那么多时，他说："我还能做什么？我完全按照顾问的'抄底'的建议去做。结果我越抄底，越不断赔钱。现在我已经损失了 100 多万美元。那位财务顾问又让我耐心等待，长线投资，但我已经没有多少年可等了。"

投资并不一定要冒险。正如富爸爸所说："尽管有风险，但投资不一定要冒险。"即使股票市场有大的变化，你也可以做到不赔钱。事实上，如果股票市场开始下跌，许多成熟的投资者仍然会赚到很多钱。富爸爸曾经教育我，不论股市涨跌，我们应该怎样投资并且赚钱，下面就是他的主要观点。

保持一个开放的环境

我们认为，有一个开放的心智和富有弹性的环境非常重要。如果你听到你的环境在说："这不可能""你做不到""这不合法""这太冒险了"或者"这太难了，我学不会"，那你就提醒自己必须开放自己的环境，这样你才能听到各种各样的内容。

有保险地投资有价证券

富爸爸问我："你会不会驾驶一辆没有保险的汽车？"

"不会，"我回答，"那太愚蠢了。你为什么问我这个问题？"

富爸爸笑了笑，又问："你会不会在没有保险的情况下投资？"

"不会，"我回答，"但我投资的是房地产，我一直为自己的房产投保，以免有什么闪失。事实上，银行也要求我为所有的房产投保。"

"回答得很好。"富爸爸说。

"为什么你问我这些关于保险的问题？"我再次问。

"因为，现在到了你学习怎样投资有价证券的时候了，这些有价证券包括股票、债券和共同基金。"

"难道你投资有价证券也可以有保险吗？"我问，"你是说你能为投资损失上保险，或者设法将损失减少到最小？"

富爸爸点了点头。

"这样，投资有价证券就不必有风险了，是吗？"我问。

"是的，"富爸爸说，"如果你知道自己在做什么，投资就没有一点风险。"

"但是，对于普通有价证券投资者来说，难道也没有一点风险吗？难道他们投资也可以有保险吗？"

富爸爸再次点头，看着我的眼睛说："这就是我为什么要教你。我不想让你成为一个普通投资者。普通投资者感兴趣的是平均水平，这就是他们平庸的原因，也就是为什么会有道琼斯工业股票平均价格指数。平均水平是为平庸的人准备的。这就是为什么有那么多人听从财务顾问的建议，并且听到顾问说‘40 年来股市的平均回报率一直维持在 12%’，或者‘这只共同基金过去 5 年的平均回报率是 16%’时，就感到异常兴奋。普通投资者喜欢平均水平。”

“平均水平有什么不好？”我问。

“没有什么不好，”富爸爸说，“但如果你想致富，就必须远远超过平均水平。”

“那为什么平均水平会妨碍你致富呢？”我问。

“因为平均水平是所有收益和损失相抵后的结果，”富爸爸说，“例如，虽然过去 40 年股市平均是在上涨，但事实上它有升有降。”

“那又如何？”我说，“难道大多数人不知道这些吗？”

“不，大多数人都知道，”富爸爸说，“但是，为什么你要在不必损失的时候损失呢？普通投资者在股市上涨时赚钱，在股市下跌时赔钱，这就是他们普通的原因。如果你在股市上涨或下跌时都能赚钱，那你的平均收益会是多少？”

“那就太好了，”我回答。“但是，成熟的投资者是怎么做的呢？”我又问，“他们不使用平均水平？”

“不，他们也使用平均水平，但是他们使用不同的平均水平。我在这里所讲的是，普通投资者只知道在股市上涨时怎样赚钱，因此，他们很高兴听到过去股票平均价格普遍上涨之类的话。成熟投资者不会寻求平均信息，他们不会真正关心股市的平均涨跌，因为他们在任何情况下都能赚钱。”

“你的意思是说他们从来不会赔钱？”我问。

“不，我没有那样说。所有投资者都有赔钱的时候。但成熟投资者却不论股市涨跌，都有能力赚钱。普通投资者只知道在股市上升时赚钱而在下跌时赔钱的策略。成熟投资者不愿意像普通投资者那样赔钱。当然他们也不总是正确，也有可能赔钱，但区别是，由于他们的训练、技巧、工具和策略，通常他们遭受的损失远远小于普通投资者，而收益却远远高过普通投资者。”

过去这些年，我吃惊地发现许多人用自己的血汗钱投资，却不愿意花时间去学习如何投资。尽管跟随富爸爸这么多年，我还是一直不明白为什么那么多人宁愿自己辛苦工作一辈子，也不愿学习让钱努力为自己工作。并且，当他们用血汗钱投资股市时，他们愿意去冒没有任何保险的风险。我想到了自己辛苦了一辈子的穷爸爸，他总是说：“投资有风险。”他从没有研究过投资，也没有学习过任何投资课程，他就这样说。而富爸爸教会了我怎样安全地投资房地产，现在他又要教我怎样安全地投资有价证券。

“那么，投资股市就不必冒风险了？”我想得到更清楚的答案。

“不，完全不是。”富爸爸说。

“仍然有数百万人在没有保护地投资，也没有多少投资教育，这使他们成为冒险的投资者。”我说。

“极其冒险，”富爸爸说，“这就是我问你是否为自己的房地产投资投险的原因。我知道你肯定这样做了，因为你的银行家要求你这样做。不过，普通投资者在股市上却没有任何保险。无数人为了自己未来的退休生活投资，却没有任何重大损失保险。那才是冒险！非常冒险！”

“那为什么财务顾问、股票经纪人和共同基金推销商不告诉他们呢？”我问。

“我不知道，”富爸爸说，“我也一直想知道。我认为这是因为大多数财务顾问、股票经纪人和共同基金推销商他们自己就不是真正的投资者，更不是成熟投资者。大多数金融服务人员只是挣薪水或佣金的推销员，他们同自己的客户一样，都只是为了一份工资而工作。”

“并且，他们还向别人，向与自己一样的普通投资者提供建议。”我说。

富爸爸点了点头，说：“无论股市涨跌，一个成熟投资者都能赚钱。普通投资者只有在股市上涨时才偶尔赚钱，在股市下跌时却要赔钱。在损失很多钱之后，普通投资者还会打电话给自己的财务顾问：‘现在我该怎么办？’”

“他们的财务顾问会怎么说？”我问。

“他们常说：‘咬牙坚持住，不出几个月股市就会反弹。’或者说：‘以低于平均价格加仓。’”

“你不会那样做吧？”我问。

“不会，”富爸爸说，“我不会那么做，但普通投资者会那样做。”

“你是在告诉我无需冒多少风险，就可以在股市赚到很多钱？”我问。

“是的。”富爸爸说，“你所要做的，就是不要成为一个普通投资者。”

词语让你致富

在《富爸爸投资指南》中，我曾写道：穷人和中产阶级主要投资共同基金，而富人主要投资对冲基金。再一次，词语显示它的力量。对于成熟的投资者来说，“对冲”是一个非常重要的词语。并且，共同基金和对冲基金是两个不同的世界。我们大多数人都曾听过“两面下注”这句话，在这个环境中“两面下注”就是另一种保险措施。正如一个园丁竖起篱笆来保护自己的花园免受食草动物毁坏一样，一个成熟的投资者也应该运用“对冲”来保护自己的资产。

简单地说，“对冲”在这里的意思就是保护投资者免受损失。正如你不会也不应该没有买保险就开车上路，作为投资者，你也不应该没有保险或者说没有对冲就贸然投资。成熟投资者一般都认为，普通投资者是裸露投资。在这里，裸露不是指人的身体，而是指某些没有任何保护措施的资产。成熟投资者不喜欢裸露投资，因为那意味着他们将暴露在不必要的风险中。他们会对自己的投资进行投保。正如保险推销员经常问："你投保了吗？"成熟投资者也会问自己同样的问题。大体而言，普通投资者和共同基金投资者是在裸露投资，因为他们没有预防损失的措施。

不保护自己的资产很危险

几天前，我作为主要的演讲者之一，出席了一个为投资者准备的会议。主讲人是一位著名的电视节目主持人，她在一家更大的财经电视网工作。她的讲话内容丰富，让我获益匪浅。然而，我很意外地听到，她说她只投资共同基金。

突然，现场的一位听众举起手说："你难道不感到愧疚吗？你让你的观众损失了数十亿美元！"他的语气很愤怒，在他讲话的时候，我能感到在场的许多投资者也有同感。看来，很多投资者来参加这个会议，不是为了学习怎样投资，而是为了弄清楚自己为什么损失了那么多钱。

"我为什么应该感到愧疚？"她回答，"我的工作就是为你提供信息，我也确实为你提供了大量信息。我没有给你投资建议，只是给了你股市信息。为什么你说我应该感到愧疚？"

"因为你是这个所谓牛市的鼓吹者，"那位愤怒的听众说，"因为你的鼓吹，我不断投资，但现在我失去了一切。"

"我没有鼓吹，"她说，"我只是把股市看好的信息告诉你，正如现在我告诉你股市低迷的信息一样。”

接下来的5分钟，房间里愤怒的火焰被点烧了。一些人同意那个愤怒的听众的看法，而另一些人则站在那个女主持人的一边。最后，大家渐渐安静下来。那位女主持人征求大家更多的问题。一个人举起手问她：“为什么你不告诉听众通过期权来最小化风险？”这位听众没有愤怒。他加重疑问的语气，希望让听众知道能够利用期权来最小化风险。

“期权？”她说，“我为什么要告诉他们期权？”

“因为可以在熊市时利用对冲防止损失。”他说。

“噢，我永远不会那样做，”她回答，“期权太冒险了。还有其他问题吗？”她一边问，一边示意刚才提问的人坐下。

我简直不敢相信刚才听到的。这位女主持人是财经媒体中最受尊敬的人之一，影响着数百万人的生活，很多人向她寻求投资建议。但她现在却说：“期权是冒险。”对我来说，不保护自己的资产才是冒险。对我来说，财务无知才是冒险。掌握怎样利用期权保护自己的有价证券很简单，没有那么困难。事实上，如果你有一位能干的经纪人，这就更加简单。一个小孩都可以做到。你所要做的，就是学会一些新词语，找到一个好的经纪人，从小处开始获取一些经验。然而，我看到许多听众都在点头，同意期权投资冒风险太大。

我坐在那里，看着她的忠实追随者点头同意她那期权投资充满风险的观点，我的思绪回到了以前富爸爸关于有价证券投资的教诲。我似乎听到他说：“几百年前，在古代日本，农民就开始用期权保护稻米的价格了。”

“几百年前？”我问，“几百年前，他们就用期权来预防损失？”

富爸爸点点头说：“是的，几百年前。在农耕时代刚刚开始的时候，一些精明的商人就已经用期权保护他们的生意免遭损失。直到今天，精明的商人仍然在这样做。”

我的思绪又回到了芝加哥，那位电视女主持人正在演讲的大厅。我想知道：“如果精明的商人已经使用期权那么多年，为什么这位非常有影响力的名人还在误导自己的观众呢？”然后，我问自己：“什么更冒险？是购买了股票或者共同基金，然后眼看着它的价值下跌40%、60%甚至90%，却不知道保护自己吗？银行家要求我为自己的房地产上保险。为什么证券行业不要求所有投资者为他们的有价证券上保险呢？这些有价证券可是数百万人年老退休后的依靠。”今天，我没有这些问题的答案。正如前面所讲的，如果你的房子烧毁了，通过保险公司理赔，你可以在不到一年内建起新居。但是，如果你在退休之后，自己的退休金随着股市暴跌丧失殆尽，你到时候能做什么呢？再次购买、持有并祈祷？盼望另一个牛市？因此，我还是想知道，为什么银行家要求投资者投资时必须有保险，而证券行业却没有同样的要求？我还是想知道，为什么专业的投资者投资时有保险，而普通投资者，那些将要依靠股市收益维持退休生活的人，却裸露着、没有任何保险地投资。

保险的词汇

如果你想年轻富有地退休，花些时间学习怎样保护自己的资产就非常重要，尤其是如果你打算持有有价证券。你可以通过学习、掌握富爸爸所说的“成熟投资者的语言”做到。在我的投资培训班上，我称之为保险的词汇。

接触这些词语之前，我认为回顾其他一些词语十分必要。下面就是大家在接触保险词汇前需要了解的其他一些词语：

1. 投资者与商人。大多数认为自己是投资者的人实际上是商人。正如大多数人认为自己的债务是资产一样，许多自认为是投资者的人实际上是商人。再有，许多自以为是投资者的人，实际上是储蓄者。因此，大多数拥有401(k) 退休金计划，或者拥有个人退休金计划（IRA）或者基奥（Keogh）计划的人，常常说："我在为退休储蓄。"储蓄者简单地将钱放在一个账户上，不再做其他事情。而投资者会积极管理自己的投资组合或者账户。

那么，投资者和商人有什么区别呢？投资者为了持有而购买，而商人为了出售而购买。当一个人说："我买下了这只股票或这块房地产，因为我知道它会升值。"我就知道他其实是一位商人。也就是说，他们购买只是为了交易，而不是使用。这就是我说大多数人是商人而不是投资者的原因。商人普遍希望他们购买的资产价格上升，从而转手牟利。投资者却希望能尽快收回投资，同时继续拥有资产。富爸爸说过："投资者买牛是为了牛奶和牛犊，而商人买牛是为了屠宰卖钱。"

如果你想在投资领域获得成功，无论是有价证券、企业还是房地产，你都必须同时是投资者和商人。投资者懂得如何分析、管理投资，商人懂得买卖的时机和方式；投资者常常希望从资产中获得现金流，商人希望从低买高卖中获得资本收益。

2. 基础投资者和技术投资者。基础投资者关注公司或房地产的财务报表，通常关心收益、管理团队和企业的长远发展潜力。纯技术投资者不关心公司的基本面，甚至不关心公司是否盈利或运营良好，他们只关心当时的市场意见。当基础投资者查看财务报表的时候，技术投资者宁愿查看反映市场意见的历史图表。在本章后面部分，大家将会看到一些图表。

技术投资者可以成为一个好的技术投资者，也会因为缺乏适当的基本面信息而赔钱。许多“当日交易商”最终赔钱甚至破产，因为他们个人的资金管理基础实在太差。基础投资者也是这样。许多基础投资者常常感到困惑，尽管自己投资了看起来很好、实力强大且盈利良好的公司，却没有赚钱或者赔钱。很多基础投资者尽管有很好的基本面信息，但也会赔钱，因为他们缺乏技术交易知识。

因此，富爸爸希望他的儿子迈克和我成为合格的成熟投资者，同时拥有良好的基础技巧和技术技巧。

3. **普通投资者和成熟投资者**。普通投资者几乎不知道财务报表是什么，他们往往投资长线项目，投资共同基金，争取不将自己的投资组合搞得太糟。他们购买、持有，然后祈祷。成熟投资者有资金，同时懂得基础投资技巧和技术投资技巧。

让你在任何市场都获益的词汇

如果你想年轻富有地退休，保护或者保证你的资产不受重大损失至关重要。普通投资者投资有价证券时从来没有安全感，这就是他们感觉投资充满风险的原因，对他们来说，也确实如此。因为缺乏安全感，他们就将自己的资金委托给基金经理、股票经纪人或者财务规划师，盼望并祈祷这些人能够保护自己不成为一个股市受害者。问题在于，这些普通的共同基金经理、股票经纪人或者财务顾问既不能在市场崩溃时保护他们，也不能让他们在市场平稳运行时赚钱。

在任何市场都能赢得或保护自己资产的方法，就是学习和真正掌握基础投资者和技术投资者的词语，在有价证券市场上更是如此。如果你愿意投入一点时间，这就很容易。正如一位银行家在给你贷款之前，会要求查阅你的财务报表，那是一个基本资料，同时会要求你有财产、契据以及房地产投资的抵押保险，那是为了避免操作上的或不可控的风险。如果你想投资有价证券，也应该这样要求你自己。方法就是开始掌握保险的词语。其中包括：

1. 走势（trends）
2. 移动平均数（moving average）
3. 止损指令（stop orders）
4. 买方期权（call options）
5. 卖方期权（put options）
6. 双重期权（straddles or collars）
7. 短期证券（shorts）
8. 其他

普通投资者或许听说过其中一些词语，但是可能没有理解或者从来没有使用过。很多普通投资者往往简单地评价这些非常重要的词语："那太冒险了！"说这些是冒险，可能也是在说："我就是太懒了，不想去学习这些。"

你必须掌握的词语

如果你想在有价证券上保住自己的财富，就必须懂得如何在市场崩溃时保护你的有价证券。下面就是一些你必须掌握的东西，当然，还是从词语开始的。

趋势

每一个成熟投资者都必须懂得趋势。所有成熟投资者都有一句口头禅："趋势是你的朋友！"请大家记住并使用这种说法。

那么，什么是趋势呢？最好的解释方法莫过于给你讲一个故事：我的少年时代在夏威夷度过，大多数朋友都接受过冲浪训练。每年冬天，当汹涌的海浪从北方涌来时，我们都要到海水里证明自己的勇敢，并提高自己的冲浪技术。有一年，一位新同学从美国大陆来到这里。夏天海浪很小的时候，他是一个很棒的冲浪者。冬天来临时，他勇敢地冲进海水，他认为除了海浪高一些，没有其他变化。当冲上第一个大浪时，他就失去了控制并被卷入浪底。巨大的海浪使他不断旋转，我们好长一段时间都看不见他。后来，他突然从离我们还有段距离的地方冒出来，大声咳嗽并使劲游着。我们这些和他一起冲浪的人简直不敢相信自己的眼睛。不敢相信他试图逆着海浪游泳。最后我们中一个人说："噢，不，我不敢相信他居然想逆着海浪游泳。从来没有那样强壮的人。"

当巨浪拍打海岸的时候，所有海水都必须找到自己回到大海的途径。正是这种海水回流大海的运动形成了激流。就像河水沿着河岸流向大海一样。对于我们这些在海岛长大的人来说，我们知道只要放松，让海浪把自己带到深水区就行了。一旦激流消散，我们知道只要游泳或冲浪就可以通过一条安全通道上岸。这个新来的朋友不知道激流的巨大威力，他没有顺着水流，而是试图逆流而上，结果很快精疲力竭，几乎淹死。类似的事情也发生在新投资者身上。

投资周期的波动如同海浪一样，它们也会随季节的变化而变化。冲浪者懂得尊重季节性变化的海浪和海水威力，成熟投资者也是一样。因此，成熟投资者常说："趋势是你的朋友！"如同经验丰富的冲浪者懂得不能逆着海浪和水流一样，成熟投资者也会顺着股市走势，看涨时改变战略，如果动荡就及早抽身、静观其变。普通投资者继续购买、持有、抄底，或者在受挫时打电话问经纪人："已经跌到谷底了吗？"

三种基本走势

影响有价证券和所有其他投资产品的基本走势有三种：第一种是向上的走势，也常常被称为牛市；第二种是向下的走势，也被称为熊市；第三种是盘整，这时股市既不持续上扬也不持续走低。针对不同走势，成熟投资者会使用不同的策略。而普通投资者只有一种策略，他们把这一种策略应用在三种不同的走势上，这就是他们最终赔钱的原因。长线投资的思想并没有错，但只用一种策略进行长线投资是输家的投资方式。

甚至动物都会意识到季节的变化。秋末冬初，第一丝寒意来临的时候，大多数动物都知道要为寒冬带来的改变做准备了。成熟投资者也是如此。只有普通投资者才会相信他们投资顾问的陈词滥调："长线投资，购买并持有，即使市场走低。"如果动物都能聪明地感受到季节的变化，为什么人类不能呢？

移动平均数

买方和卖方带动了走势。如果买方多，那么走势向上；如果卖方多，则走势向下。普通投资者很高兴听到财务顾问说："股市已上涨四十多年。"成熟投资者不看长期平均数，而是看移动平均数。就像冲浪者关注每天潮汐的涨落一样，成熟投资者关注每天市场资金的进入和流出。成熟投资者关注这些图表，因为这些图表可以告诉他们应该何时改变策略。

下面的图表就是移动平均线图。如前所述，基础投资者看重财务报表和管理团队，技术投资者看重图表，下面就是他们关注的图表之一。

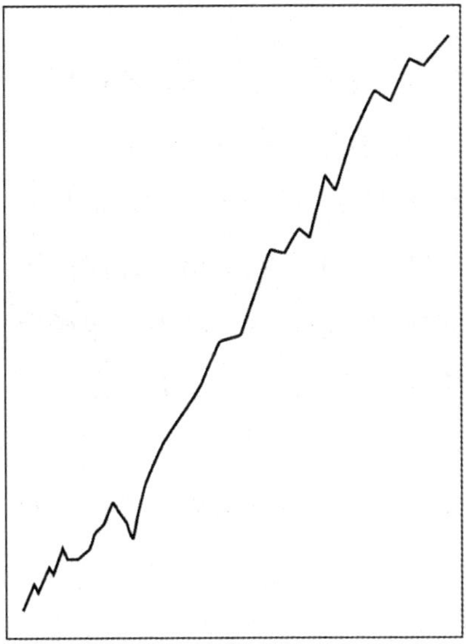

攀升走势

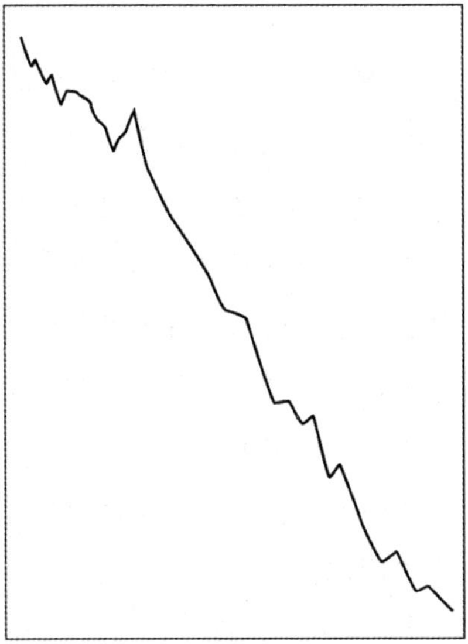

下跌走势

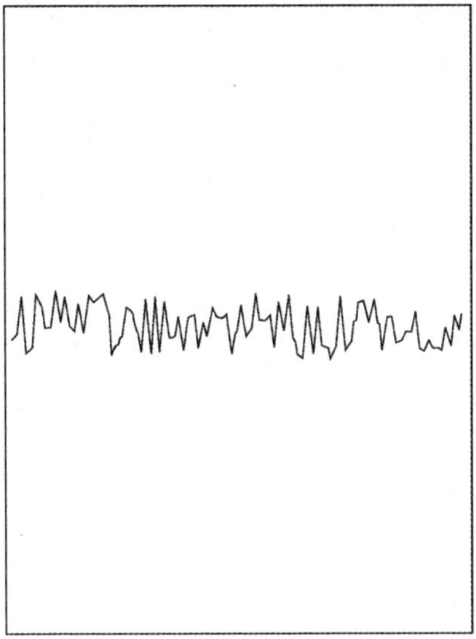

盘整走势

你怎样知道走势是否发生变化

市场给了你即将发生变化的信号吗？答案是肯定的。这不是精确的科学，但也肯定不是一种猜测，而是一种直觉和窍门。

我们大多数人都知道气象学家能预测飓风。尽管天气预报不是一种非常精确的科学，不过如果有大风暴即将来临，我们就会提前接到警报。一个技术投资者可以做到几乎同样的事情。这意味着当普通投资者持有某种股票并祈祷市场保持上涨的时候，成熟投资者会在风暴来临之前抛出手中股票。

技术投资者可以观察的信号很多，下面图表就是他们观察信号的一种形式。

双头顶

成熟投资者称这种图表形式为双头顶。当技术投资者看到这种形式时，他们就会变得小心谨慎，并开始改变投资策略，或者完全退出市场。如果你留意，就会发现双头顶之后，股价往往马上暴跌。

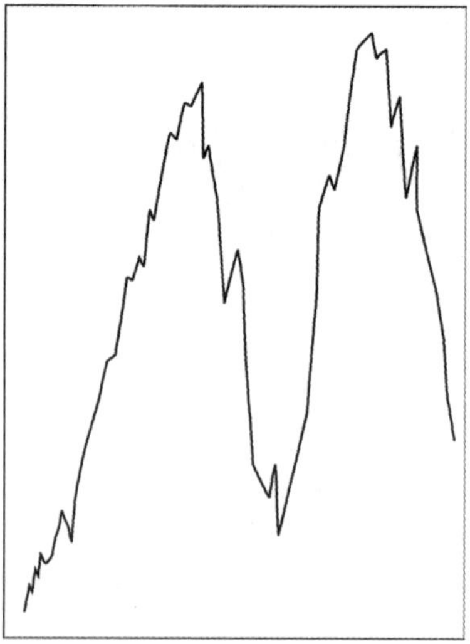

双谷底

相似的模式发生在股市探底的时候。这种形式被称为双谷底。当技术投资者看到这种形式出现的时候，他们就会再次改变策略，开始买进股票，而这时普通投资者已经放弃了希望并抛售手中的股票。

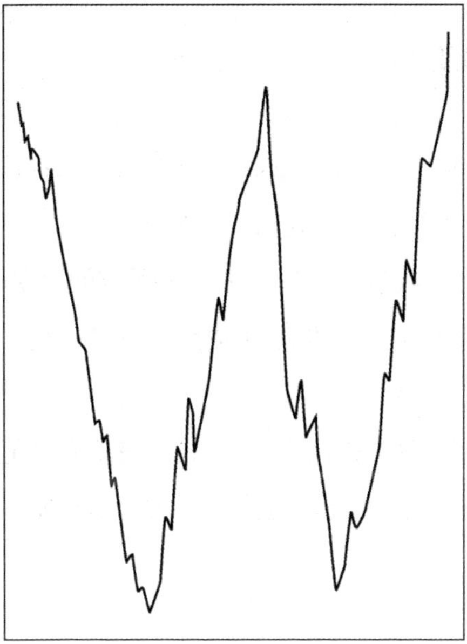

技术投资者寻找的反映市场走势的信号形式还有很多种，当然这些形式也不是绝对的，或者确定的。但它们确实给了成熟投资者超越普通投资者的信号优势，普通投资者看不到这些市场信号。可以说，成熟投资者拥有的一大优势就是，他们有时间用保险来保护自己的资产价格，而普通投资者完全暴露在那里，没有保险，也没有保护措施。无数投资者将自己的财务未来置于危险境地，希望和祈祷财务顾问的建议能够保护自己免遭风暴的侵袭，而这些风暴在任何投资领域都会有规律的出现。

每次我听到所谓财务专家老套的建议“长线投资，不要恐慌，好好坚持，记住股市已平均上涨超过40年”时，就感到担心。当我听到这些专家说这样的话时，就只有摇头叹息，并为那些听信这些专家、将自己的财务未来交给这些专家的数百万人感到悲哀。如果你知道自己在做什么，投资就无需冒险。

成熟投资者的工具

一旦市场方向发生变化，普通投资者只有两种选择：继续持有并赔钱，或者抛掉并赔钱。前几天，我听到一位备受尊敬的投资顾问说：“2002年2月，我告诉过你抛掉手中所有的股票。”这对普通投资者或许是一个很好的建议，但对于成熟投资者来说，还有其他更好的选择。

下面要讲的就是无论股市涨跌，成熟投资者都能用来保护自己资产并且赚钱的一些智力工具。这些工具帮助他们赚钱，并在股市下跌时保护他们的钱。

止损指令

成熟投资者如果怀疑自己股票的价格会下跌，尤其在市场走势向下的时候，他们就会打电话给经纪人发出止损指令。普通投资者如果遇到自己股票下跌，只能眼睁睁地看着，束手无策。他们不知道应该做什么，购买、持有并祈祷策略就变成了购买、持有并赔钱策略。

这里就是止损指令怎样操作。比如，今天你的股票价格是50美元，走势图显示股市在向下运行。你所要做的就是打电话给经纪人，给他一条止损指令，让他在股价跌到48美元时抛出。假设一直跌到30美元，因为这时将有更多的买方进入市场，那么你的止损指令生效，股票在48美元时已经售出，你的损失限制在2美元。而普通投资者要多损失 18 美元，并被牢牢套住。

尽管止损指令经常被投资者当做“保险”使用，但非常成熟的投资者却不总是使用它。通常开盘时股价会有一个缺口，而成熟投资者已经知道这些信息，就会决定抛出股票或者取消交易的止损指令。下面就是在市场走低或者动荡时，止损指令没有取得成功的两个原因。

首先，因为股价下跌速度过快，投资者可能来不及使用止损指令。有时，股市快速下跌，以至于根本没有时间执行止损指令。例如，假设股票价格为 50 美元，因为股市下跌，投资者将止损指令定在 48 美元，那意味着如果价格跌到 48 美元，股票会被自动抛售。但如果股市下跌太快，48 美元的价格就可能一闪而过或者被直接跳过。那意味着有这么多人想在 48 美元时抛出，而没有人愿意购进，所以止损指令被错过或者跳过。如果价格停在 40 美元，因为这时有一些买方进入，投资者最好的做法就是继续持有，或以 40 美元的价格抛出。他们的止损指令被错过了。

另外，投资者无法确定市场走势，也是止损指令未能发挥作用的一个原因。例如，假设股票价格仍然是 50 美元，止损指令定在 48 美元。正如所预料的，股票下跌到 47 美元，而在 48 美元的时候已经被抛出。但是，如果投资者发现市场忽然向上运行，自己刚刚抛出的股票涨到 65 美元，他们就会感到沮丧。因为自己不仅每股损失了 2 美元，而且损失了上涨的 17 美元。

突然赚了一大笔钱或者满盘皆输

我常常听到有人说：“我在股市赚了一大笔。”互联网经济泡沫时代，很多卷入这场狂热之中的人都想大捞一把，却满盘皆输。现在的新闻中，很多人都在嘲讽互联网热，他们说：“这些人怎么这么傻？”没有听过股市涨跌都能赚大钱的人真是太多了！

我的一个朋友在互联网公司首次公开发行热早期，通过购买股票挣得了财富。正如大家所说的，他赚了一大笔钱。在股市走低时他也赚了一大笔。1999 年末，在股市刚刚达到顶点以前，他卖掉了手头所有的股票。然后，随着股市顶点临近，他开始有选择地卖空一些互联网公司的股票，这些股票在股市上涨时期使他赚了大钱。不久，其中三家互联网公司股价暴跌并很快破产。所以，我的朋友不仅在股市上涨时赚到了钱，甚至在股市走低时赚到了更多钱。为什么他在股市下跌时赚到了更多钱呢？因为他没有用自己的资金，也不必为卖空破产公司的股票赚到的钱纳税。

当我问他为什么时，他说：“我在股价达到顶点时卖空股票，这相当于我借了他们的钱。后来这些公司业绩下滑并最终破产。由于他们没有清盘，所以我仍要纳税，但并不欠税。我所做的只是卖掉不属于自己的或者借来的股票，现在我正在等待时机买回这些股票，并归还回去。”今天，他用卖空股票赚得的近 87.5 万美元投资了免税市政公债基金，获得免税利息。这些利息来自他抛售并不属于自己的股票时赚到的钱，他说：“我一直在等待机会购回这些股票，直到我获得了免税资本收益的利息。”

如果你不懂得这种交易，也不要担心，大多数人都不了解。如果你想更好地理解，可以联系你的股票经纪人或者会计师，看他们能否给你更好的解释。

关键是，如果你想在股市上涨时赚一大笔钱，也需要懂得如何在股市下跌时赚一大笔。如果你做不到，通常就会成为别人赚一大笔的对象。

还有很多像止损指令这样可供学习的专业交易工具。使用这些工具投资时也不仅仅是给你的经纪人买进或卖出的指令。成熟投资者需要有比普通投资者更多的工具。如果没有做到这一点，他就会赔上一大笔，而别人可能又赚了一大笔。

因为成熟投资者拥有这种不公平的优势，所以当有人问我“你对普通投资者有何建议”时，我回答：“不要做普通投资者。”我这样说，是因为你的财务前景和财务安全实在太重要，你不能仅仅做一个普通投资者。

> 提醒：这不是一本有关交易技巧的书。上述止损指令的例子只是一个非常简单的解释。一个成熟投资者应该懂得使用卖空的方法和时间，因为止损指令有时起作用，有时根本不起作用。在使用这些技巧之前，请多阅读、请教、参加培训班，并在尝试使用我所介绍的或即将介绍的技巧之前获得足够的经验。
>
> 我列举上述技巧的主要原因是想让那些认为投资冒险的人知道：投资不必冒险。个人如果想运用这些技巧，仍然需要寻求进一步的知识。

买方期权

关于期权的另外一个词语就是保险。简单地说，买方期权给了期权所有人在约定的时间按照约定的价格购买股票的权利。买方期权是一种保险政策，它防止投资者错过股价突然上涨的机会。比如，市场走势和移动平均线图显示有更多的买家进入股市，因此股价上涨。投资者希望在股价上涨的情况下，能以优惠价购买股票。假设现在每股价格是 50 美元，投资者告诉经纪人，他想购买一个买方期权，以每股 50 美元的价格购买 100 股股票。他可能为了购买期权每股花去了 1 美元，总共花掉了 100 美元（每手期权包括 100 股）。他就保护了自己免受突然升值的影响。

3个星期后，投资者度假归来，发现股价上升到每股60美元。先前的买方期权技术上允许他以每股50美元的价格买进100股。如果他那样做了，现在就可以以每股60美元的价格卖掉100股。

另外，如果股价仍然是50美元或者更低，这个期权就会终止，或者就像成熟投资者所说的那样："期权价外状态。"

在股价上升到每股60美元的例子中，普通投资者或许会行权，用5000美元以每股50美元的价格买入100股，同时卖出100股，得到6000美元，获得了900美元收益（6000美元去掉5000美元，再去掉期权价格100美元）。另一方面，一个成熟投资者可能仅仅选择出售期权，每股获得10美元，100股获得了1000美元，整个交易获得了900美元收益（也要扣除先前购买期权所花的100美元）。

比较这两种交易，可以看到，普通投资者用5000美元赚了900美元，而成熟投资者用100美元赚了900美元。在这个简单的例子中，哪一种人用自己的钱赚到了更多的钱呢？

答案自然是买卖期权的投资者，也就是成熟投资者。普通投资者用5000美元赚了900美元，在一个月内收益率是18%。而成熟投资者用100美元赚了900美元，投资回报率为900%，所用时间不足一个月。

再次，这是一个极度简化的例子。我强烈建议你更多学习，获取更多经验，并且在这个学习过程中找一位能干的股票经纪人帮助你。

这个例子解释了富爸爸不愿持有很多股票，只是寻求控制股票的原因。期权就给了他对买卖过程的控制。这个例子也表明，如果你知道自己在做什么，就可以在有价证券领域创造杠杆，就可以运用这些杠杆以更低的风险获得更高的回报。在这个例子中，成熟投资者每股期权仅投入了1美元，而普通投资者投入了50美元。当我们回头讨论资金周转时，哪一种投资者的资金周转更快，哪一种投资者可以更快致富？

富人不喜欢占有

在上一个例子中，你可能已经注意到了一些事情。你可能已经注意到，为了拥有期权，你不必持有股票。如果真正理解了，这些经常被忽视的细节就能造成大的财务结果。

关键在于，富爸爸从来不想占有什么，而穷爸爸想。穷爸爸常说："这座房子是我的。""这辆汽车是我的。"富爸爸则说："你不要希望占有任何东西，你需要做的是控制它。"期权就是这种思维方式的另一个例子。穷爸爸一心想拥有股票，而富爸爸只想拥有买卖股票的期权。今天，在不少人为自己拥有股票而自豪时，从很多方面来看，还有更好的杠杆，就是买方期权和卖方期权。也就是说，通过期权交易而不是股票交易，你可以用极少的钱赚得大笔财富。

卖方期权

在前面的例子中，你可以看到如何利用买方期权在走势向上或牛市时赚钱。当市场走势向下时，成熟投资者将使用卖方期权，这样不仅可以赚钱，而且如果股市下跌，还可以保护自己股票的价值。

例如，股票价格是每股 50 美元。如果股市走低，股价跌到 40 美元。普通投资者每股就会损失 10 美元。如果他持有 100 股，账面损失就是 1000 美元。当然这只是账面损失，并不是实际损失。如果以每股 40 美元抛售，那么他就真正损失了 1000 美元。之所以使用账面损失的概念，是因为有如此多的赔钱的投资者会说："我被套牢了。"这句话通常意味着他打算一直等待股价回升到 50 美元。这可能在一夜之间发生，也可能要好几年，或者永远不会发生。这就是某些人的购买、持有并赔钱的策略，他们是永远的乐观主义者，从来不愿承认自己犯了错误或有了损失。

成熟投资者的投资会大大不同。他们不愿意坐在那里为自己股票价格的下跌长吁短叹，而是给经纪人一个止损指令或者购买一个卖方期权。当然，运用止损指令与卖方期权的原因有所不同，这些原因已经超出了本书的讨论范围。在这里关键在于，万一市场方向发生变化开始向下运行，成熟投资者会及时采取行动。

成熟投资者不会祈祷股市停止下跌，他们会以每股期权 1 美元的价格购买一个卖方期权，获得以每股 50 美元卖出股票的权利。购买 100 股股票的卖方期权，总共花掉了 100 美元。如果股市持续走低，可能有更多卖家抛售自己的股票，从而使股价跌到了 40 美元。成熟投资者或许会庆幸，因为他先前购买的期权把自己仍然保护在每股 50 美元。当股票跌至 50 美元以下时，他们在看涨位置上继续损失，但在卖方期权的增值中又得到了补偿。而没有卖方期权的投资者在股价下跌时只有赔钱。成熟投资者或对冲投资者真正操作平稳。他们的损失已经被卖方期权的收益弥补了。

当普通投资者赔钱时，成熟投资者怎样运用卖方期权赚钱呢？成熟投资者会行权，以每股 50 美元的价格卖出 100 股股票，得到 5000 美元。如果他这样做了，然后就会去股市以每股 40 美元的价格买回 100 股，总共用去 4000 美元。结果，他仍然拥有 100 股股票，还有 900 美元收益（1000 美元扣除先前购买期权的费用）。（当然，还有很多安全规则和章程需要考虑）。

没有卖方期权的普通投资者，只能拿着自己已经大大缩水的股票，无法收回任何投资。

如果这使你困惑不解，也不必担心，大多数人第一次接触这个问题都会困惑。记住本书前面提到的逆向思维非常重要。对于许多人来说，学习逆向思维就好像常年用右手吃饭，现在却要学习用左手吃饭。这可以做到，只是需要一些练习。关键要记住：运用期权保护自己的资产，并且不论股市涨跌都赚钱，不是一个复杂的过程。如果花一点时间去理解，大多数人都能掌握。再说一次，因为这很重要：如果你有正确的建议，有能干的顾问，那么投资就不必冒险。在股市暴跌的时候，你不必为你的有价证券投资组合可能遭受损失而忧心忡忡。股市越是上涨、下跌或盘整，你就会越富有。

值得注意的是，普通投资者常常一味坐等，并听从财务顾问“长期持有、长线投资”的陈词滥调。普通投资者这样做，是因为他们只有针对一种市场走势的一种策略，而现在你知道了，市场有 3 种不同的走势。

成熟投资者可能不买股票

很多成熟投资者从来不买卖股票，他们进行期权交易。当我问一位从事期权交易的朋友，为什么只投资期权而不投资股票时，他说：“股票投资赚钱太慢了。用期权投资，我可以用更少的钱赚更多的钱，用的时间也更少了。希望通过投资股票赚钱就相当于坐在那里等着涂料慢慢变干。”

双重期权

双重期权是最后的保护措施。简单地说，双重期权就是在一个价格区间设置一个买方期权和一个卖方期权。比如，如果投资者的股票价格是 50 美元，成熟投资者就可能将买方期权定在 52 美元，卖方期权定在 48 美元。如果股价突然上涨到 62 美元，投资者仍然可以按照 52 美元的价格购买自己的股票；如果股价突然下跌到 42 美元，投资者还是仍然可以按照 48 美元的价格卖出自己的股票，以最小化损失。如果股价为 42 美元，那么投资者拥有的以 48 美元的价格卖出股票的期权，就变得非常宝贵了，甚至超过了股票本身。关键在于，双重期权常被用来避免股市大幅震荡所引起的风险。如果你懂得如何运用，双重期权就是一种极其保险的策略。

再次提醒，这不是一本关于期权交易的书。为了便于大家理解期权的基本含义，上述解释大大简化了期权的操作程序。此外还有很多更复杂的策略，可以用来保护投资者的资产，并增加收益。

卖空

当我还是小孩的时候，就被告知不要碰或使用别人的东西。但在股市上不是这样。假如有人卖空股票，那就意味着他们卖掉了不属于自己的东西。如果我妈妈知道了我做这些事，一定会和我进行一次长时间的正式谈话。但再次说明，我妈妈不是一位投资者。

首先，卖空不是一种期权。当有人说“我正在卖空这只股票”时，他是在进行股票交易而不是期权交易。成熟投资者懂得卖空和期权的区别，并且知道何时可以使用、何时不能使用。当然，何时使用、何时不用也不是本书的范畴。

为什么要卖空一只股票？一般说来，如果投资者感觉一只股票价格过高，股市将走低的话，成熟投资者就可能发现卖空有利可图。卖空一只股票简单地说就是借用别人的股票在市场上卖掉，然后将钱放进自己的口袋。当股价下跌时，投资者再买回这些股票，还给原来的主人。

例如，假设某公司的股价是 50 美元，市场正在走低。下面就是卖空这只股票的一系列操作：

1. 投资者打电话给自己的经纪人，要求卖空某公司的100股股票。

2. 然后经纪人从其他客户账户上借来100股股票，卖掉以后得到5000美元。

3. 经纪人将这5000美元存入这位投资者的账上，但这位投资者并不拥有股票。

4. 在那位借出股票的客户账户上，有一张100股股票的借据（TOU），而不是5000美元。

5. 过了一段时间，某公司股票价格跌到40美元。

6. 投资者打电话给经纪人说："以40美元的价格购买100股某公司股票。"

7. 经纪人随即以40美元价格买进100股股票，并将这些股票归还到借出股票的客户账上。

8. 经纪人用投资者账户上的5000美元支付购买这100股股票的费用，这5000美元来自开始以50美元的价格卖出100股股票。

9. 投资者通过卖出不属于自己的股票，得到了1000美元收益，手续费、佣金和所得税都很少。这位投资者没有用自己任何钱就赚到了钱。这就是卖空一只股票的简化过程。

几个关键问题如下：

问题一：当投资者通过经纪人以40美元价格买回100股股票，并将它们归还给原来股票持有人的时候，这位卖空投资者或许会说："我总算平了空头。"这是一些非常重要的词语，一定要记住。

问题二：正如你可能要说的，卖空股票有巨大的风险。如果股市整体上扬，那只股票价格也上涨，这位卖空投资者就会损失很多钱。在这个例子中，如果股价上涨到60美元，那么这位投资者将会损失1000美元。但是，正如富爸爸常说的："有风险，并不意味着一定要冒风险。”一些成熟投资者会通过购买一个价格 51 美元的买方期权，进行双重期权交易。如果股市上扬，股价上涨到 60 美元，这位投资者就可以以每股 51 美元的价格买进股票，而不是以每股 60 美元的价格买进，再一次最小化了风险。

问题三：你可能已经注意到我对市场趋势的关注。请记住这句话："趋势是你的朋友。"不要像我前面那位试图逆水游泳的朋友。仅仅懂得卖空、双重期权、买方期权等词语的定义远远不够，更为重要的是要理解它们相互之间的联系。换句话说，市场走低时运用卖空策略非常安全，而在市场走高或者震荡时，运用卖空策略就非常危险。

问题四：如果你不知道怎样投资才会有保险，也不必担心。如果你愿意，只需花费一点时间、进行一些实践就可以使这些词语成为你词汇的一部分。这里着重强调的是，如果你愿意像现在这样花些时间多学习，投资就不必冒险。一旦你掌握了最小化风险的方法，与普通投资者的行为就会不同，投资回报就会大大增加。

为什么不用钱就可以赚钱

人们常常问我："不用钱就可以赚到钱吗？"如果你懂得卖空股票的操作，就会知道这个问题的答案。当一个人卖空一只股票时，就是通过卖出不属于自己的股票来赚钱。所以，确实是不用自己的钱就可以赚钱。不过，前面那个问题更准确的答案是："这取决于谁来投资。"

富爸爸曾说："越缺乏理财智慧，花越多的钱只会赚得越少。如果拥有理财智慧，不用钱就可以赚到很多钱。"下面的例子进一步说明了这种观点，也证明了拥有强大、富有的财务词汇的价值。

几个月前，我打电话给经纪人汤姆说："请开出一份无担保卖方期权，共 10 笔。"

他问了我几个问题，然后说："已经办好了！"他问了我期权的时限，又问了一些不在本书讨论范围内的问题。

我刚才做的是卖方期权，而不是买方期权，这是很重要的一点。因为现在股市走高，期权被用做一种保险措施，这也是大多数人购买期权的原因。当你用"开出一份期权"这几个词语时，意思是你将卖出一份卖方期权，而不是买方期权。非常富有的人卖出卖方期权，就像非常富有的人卖出股票一样，他们不购买期权或者股票。比尔·盖茨通过卖出而不是买入微软股票，成为世界首富。期权交易也是如此，只是速度更快、更容易且收益更大，当然前提还是你必须懂得如何操作。

当我告诉经纪人"请开出一份无担保的卖方期权"时，意思是："我想卖掉我并不拥有的股票的期权。"在这里，是卖方期权，并且我希望是 10 笔，也就是 1000 股，因为 1 笔就是 100 股股票期权。

过了一会儿，汤姆打电话给我："赚了 5 美元。"

"谢谢！"我说。交易很快就完成了，我不必去看股票价格或者股市，可以自由地做自己想做的事情。当汤姆告诉我赚到了 5 美元时，就意味着那天他给我的账户上又增加了 5000 美元。总之，我没有用自己的钱，也没有卖掉任何自己实质的东西，用不到 5 分钟就赚了 5000 美元。（需要澄清的是，尽管我没有用任何钱，也没有卖掉任何实质的东西，但我有其他资产在我的经纪账户上，作为交易的担保，这保证了我与经纪人的合作。）

几周后，汤姆打来电话说："期权到期，钱已经到手了。"

"太好了，"我回答，"顺便问一句，我们什么时候去打高尔夫？"

转换

首先声明，我说出上述交易并不是自吹自擂。我写出这个真实的交易，只是为了说明词语的力量。这些词语对我来说意义非凡，它们真实地存活在我的大脑中。这些词语就是工具，是我致富的工具，让我不用钱也可以赚钱的工具。正如富爸爸常说的："有些词语让你致富，有些词语让你贫穷。"

当我让汤姆"开出一份无担保的卖方期权"时，意思是："卖给某人以一定价格卖给我股票的权利。"那天，这只股票价格大约为每股 45 美元。我的卖方期权给了购买卖方期权的人这样的保证：我会以 40 美元每股的价格购买他的股票。也就是说，我将保险卖给了股票的拥有者。如果股价跌至 40 美元，卖方期权被执行，我将以这个价格购买，从而使他避免更大的损失。

当汤姆回电话说："赚到了 5 美元。"他的意思是我通过卖方期权，每股得到了 5 美元。在期权交易商的词语中，"开出"就是卖掉，保险行业中也使用这个词语。大家可能听过保险推销员说："我将为你开出一份 10 万美元的人身意外险。"保险业使用的另外一个词语是"保证"，意思是他们以一个价格为你的某件事情保险。换句话说，开出意味着卖出保险和期权。在这里，我为原来股票持有者每股的 45 美元保险了 5 美元。我向他保证，如果股价继续下跌，我会以每股 40 美元的价格购买他的股票。在这里，我成了保险公司，那就是我"开出一份无担保的卖方期权"的原因。我为别人的东西保险，这也是保险公司所做的。

输家的环境

现在，我似乎可以听到你心智的环境在说："但那太冒险了，如果股市暴跌怎么办？如果你不得不以 40 美元的价格购买股票怎么办？"正如本书一直强调的，如果想学习一些东西，就必须保持一个开放的环境。也正如富爸爸曾说的："有风险，并不意味着一定要冒风险。"

我把这一节放在本书最后，就是希望你的环境能够准备好接受这些信息。我以前从来没有讲过这些，是因为我以前从没有讲过环境的重要性。对大多数人来说，他们的环境很难接受我即将解释的这些内容。到目前为止，如果你还在坚持阅读本书，我就要说"恭喜"了。当我与一些朋友或者其他人谈到输家的环境，是一种被赔钱的恐惧所控制的环境时，由于恐惧他们发出很大的噪音，他们听不进我正在说的或者即将说的内容。他们内心对赔钱和风险的恐惧是如此强烈，总是喋喋不休地抱怨："那太冒险了。不要再给我讲了，我做不到。"所以，感谢你能坚持阅读到现在。

在前面那次 5 分钟的交易中，如果原来的股票持有人给我每股 5 美元的保险费，我基本会同意以每股 40 美元的价格购买 1000 股股票，就有 5000 美元到我的账户上了。几周以后，股价涨到大约 43 美元，这个期权或保险策略就终止了，没有了任何意义。那 5000 美元就属于我了，佣金、手续费和税金也没有多少。需要强调的是，在不到 5 分钟之内，我没有卖什么实质性的东西，在那之后也不用做任何事情，比如坐在电脑面前紧张地看着市场涨跌变化，我就赚到了 5000 美元。有很多人一个月也赚不了 5000 美元，即使赚到了，他们的纳税额也远远高于我。一个自由职业者将为那 5000 美元缴纳自雇税，而我却不需要，因为那是不同类型的收入：雇员得到的是劳动收入，而我得到的是证券收入。

不用钱也可以赚钱

在进一步讲解之前，思考一下怎样赚到这5000美元非常重要，因为这些钱属于“无中生有”。当你仔细观察这个交易，将会发现我是通过卖出并不属于自己的东西赚到钱的。我还通过卖掉原来并不存在、我让它存在的这种东西赚钱。这种交易就像是“无中生有”。如果你能真正理解下面的讲解，并且身体力行，你就能开始理解心智的力量不用任何东西也能创造财富。这种能力常被称为魔力。现在，你可能进一步理解了我小时候富爸爸为什么要让我无偿工作。他想培养我思考创造财富，而不是为了钱工作。他想让我发展一种与众不同的环境，一种不依赖努力工作而致富的环境。

让输家也快乐起来

我很少对人说起这个过程。我已经厌倦了给那些有着输家环境的人讨论并解释这个过程。在我谈起上述期权交易过程的时候，常常听到以下评论：

1. 这太耗时间了，我不想花那么多时间去观察股市。
2. 这太冒险了，我承担不起那种损失。
3. 我对你所讲的内容一无所知。
4. 你不能那样做，那不合法。
5. 我的股票经纪人说没有那么简单。
6. 如果你错了怎么办?

7. 你在撒谎，你做不到。

也就是说，输家赔钱，是因为他们不能敞开自己的环境，吸纳新的东西。本书主要探讨的就是环境和个人现实。我很犹豫给人们内容，因为大多数人的环境难以接受我刚才讲述的内容。现在本书接近尾声，我想再给你一些如此多的人想要的内容。我相信你的环境可以吸收并运用这些内容，并将它们转化成实际行动。

换句话说，在过去很多场合，当我遵照很多人的要求讲出自己如何赚钱时，他们的环境却不接受我这些观点。他们的环境反对我讲的东西，并将自己封闭起来，或者与我争辩，找出事情不像我说的那样的种种理由。既然我已经花了时间解释环境，那就再给你最后的内容，为什么开出一份无担保的卖方期权是低风险、高收益的投资，即便事情不按你想象的那样进行。

股价降到了 35 美元

首先，我并不真的关心必须用 4 万美元来平仓。我不关心将会犯错的原因有 3 个，它们是：

1. 我有足够资金应付万一遇到的不得不购买股票的情况。

2. 历史证明，85% 的期权没有执行就终止了。85% 的获利概率远远高于股市或拉斯维加斯赌场的概率。

3. 我希望拥有股票，但仅仅是在折价最低时购买它。

因此，问题在于，股价能够跌至 40 美元，而我不得不按照 40 美元的价格购买吗？答案是肯定的。那是我卖出无担保卖方期权的协议。区别在于，一个具有赢家环境的人即便在赔钱的时候也会坚信自己能赢，因此他们不怕赔钱。输家则只会想着赔钱的事情，因此很少赚钱。

假如股价跌至 35 美元。一个具有输家环境的人只会看到损失，而不是赚钱的希望。他们会说："我刚刚赔了 4 万美元，因为我不得不在每股 40 美元时买进 1000 股股票。"他们会感到风险太大，再也不敢进行交易了。他们的环境就会紧紧封闭起来，喋喋不休地抱怨期权交易风险太大。由于他们的感情已经控制了他们的思想，他们不能进一步思考。他们只会看到损失 4 万美元的风险，而不是 5 分钟内赚 5000 美元的机会。总之，如果股价跌到 35 美元，他们会看到额外的 5000 美元损失。他们的输家环境会完全地控制他们。

在本书开头，我花了很多笔墨解释心智的杠杆，是因为有很多这样的交易实例。当我告诉大家我的所为，无论是建立企业、投资房地产或者投资有价证券，都是个人环境决定了内容的有效性。输家总是认为我所做的风险太大，即使那没有风险。穷人总是认为，自己没有钱做我做过的事情。一个工作努力的人，常常会说："我没有时间去做你做的那些事情，因为我太忙了。"对于我所做的事情毫无兴趣的人则会说："那听起来太复杂了，我难以理解。而且，我对金钱没有兴趣。"

大多数人永远不会年轻富有地退休，因为他们没有足以让这些想法变为现实的环境。因此，在本书开始，我用了很多篇幅讨论心智的杠杆、计划的杠杆。环境比内容更重要。如果你有合适的环境，我本人为了年轻富有地退休所做的以及将要做的，对你来说就非常简单。我做的并不难，也不复杂。正如我前面所说的，我在不到 5 分钟内就赚了 5000 美元。对许多人来说，这种可能超出了他们的环境，也超出了他们的现实。很多人愿意工作 30 天只赚 5000 美元，因为他们的现实告诉他们，30 天赚 5000 美元是现实的、有可能的。但是，5 分钟赚 5000 美元不在他们的环境之内，所以他们会说："他在撒谎，那太冒险了，我做不到。"也就是说，他们的环境反对这种可能。他们的环境只能产生适合他们环境的想法。因此，如此多的人终生努力工作，却不努力拓展自己的环境。他们为了钱卖力地工作，却不去拓展自己的财务环境，增加自己大脑中的财务内容。

赢家的环境

一个具有赢家环境的人可能会问："如果我赔了，怎样才能赚回来？""如果股价跌至 40 美元会发生什么？我怎样才能赢？"这就是赢家的环境。即便遭受损失，他们也知道自己能赢。最重要的是，他们能保持开放的心智，即便听到的超出了自己的环境。也就是说，赢家能保持开放的心智，即便听到的令自己害怕或完全陌生。正如富爸爸所说："输家的心智比赢家的心智关闭得更快。"

在本书的前面部分，我讲述了退出战略的重要性。一个赢家总是在追求获胜退出战略，即便他们正在赔钱。让我们以上述无担保的卖方期权为例。在交易之前，我已经有了一个让自己成功的退出战略，即便事情并不像我想象的那样进行。再一次，环境重于内容。无论股票、房地产还是企业，总是成功的环境让赢家成功，不论他们是否正在赔钱。在上述例子中，有一个成功的退出战略的环境就是赢家环境的一部分。输家仅仅看到风险或损失，从来看不到成功的可能。输家只有在有人保证事情会顺利进行的情况下，才愿意冒险。因此，有如此多的人想得到有保证的钱和利润，他们喜欢有保证，而不是有可能。赢家即使遭受挫折也坚信自己会赢，并努力寻找成功的机会。这并非简单的乐观主义。富爸爸说："很多人都有乐观的想法，但这些想法是在输家的环境之中。拥有一个赢家的环境，意味着即便输了，你也知道自己一定会成功！”

输了之后怎样去赢

打电话给汤姆的那天，我已经完成了自己的工作，只花了不到1分钟。在发出指令之前，以下是我已经知道的事情：

1. 股市整体走低。

2. 近来这只股票的价格已跌得非常厉害，跌了大约20美元，跌到了45美元。持有这只股票的投资者肯定非常紧张。

3. 我知道那家公司是一家好公司，有很好的利润和分红。公司的管理状况良好，无论经济形势好坏，都经营得不错。

4. 公司有广泛的追随者，这意味着有很多投资者对这家公司感兴趣。

5. 如果价格合适，我希望能拥有并持有这家公司的股票。

6. 如果不得不购买这些股票，那我还有10万美元在一个计息账户。汤姆所做的就是交易这些资金，他也有权这么做。

如果股价跌至35美元，我会狂喜不已，即便我不得不用4万美元履行卖方期权协议。为什么？答案仍然是我的退出战略。

假设我不得不为1000股支付4万美元，那么，我为这些股票支付的真实价格是多少呢？

答案是3.5万美元，因为我已经从期权交易中获得了5000美元。所以，即使股价跌到卖方期权价格40美元之下，我仍然只需支付35美元。对这只股票来说这是一个好价格，我会拥有这只股票。

接下来就是立即以每股5美元的价格出售10笔（1000股）有担

保的买方期权。称之为“有担保的”，是因为这次我真正拥有了股票。在“卖方期权”前面我使用了“无担保的”，因为我当时并不拥有股票。再次，大多数人会简单地下结论：“出售自己并不拥有的东西，太冒险了。”如果你没有正确的环境和内容，的确是这样。

为什么要出售有担保的买方期权？答案在前面曾经讨论的资金周转概念上。通过出售有担保的买方期权，如果股价暴涨，我同意以40美元每股的价格出售自己的股票。担心错过股价上涨的人会买下这个期权。如果股价上扬到50美元，我就不得不以4万美元的总价卖掉手中的1000股。这样，我就收回了自己的投入，还有出售期权的收益。所以，即便我开始赔了，但最后我还是赚了。

如果股价没有上涨，我仍然赚到了钱，这就是卖出买方期权时的5000美元，尽管股价没有发挥作用。普通投资者可能继续在赔钱的位置上，听着财务顾问的建议：“长线投资，保持耐心，股市已平均上涨超过40年，所以再坚持一下！”这就是大多数普通投资者和很多投资顾问所做的购买、持有并祈祷好运。

通过出售有担保的买方期权，我可以得到另外一笔5000美元。如果股价跌到30美元，我可能更高兴，因为无论如何我希望拥有这只股票。由于出售卖方期权和买方期权，最终我不是用4万美元买入想要的股票，而是实际上只用了3万美元，即便在这个例子中市值为3.5万美元。

就好像学着用另一只手吃饭

再次，如果你没有完全理解这些，不要担心。只要花一点时间学习，这个理论就很简单，不难弄懂。就像你习惯用右手吃东西，而现在要学习用左手吃东西一样。一旦你学起来这就很容易。当然有时候学习用另一种方式来思考和做事，也会有些困难。

大家应该怎样做

对我来说，通过购买期权保护自己资产很有意义、通过卖方期权得到现金流也很有趣。我从来不为钱担心，因为我知道自己能够在几分钟内就赚到大多数人几个月才能赚到的钱，纳税还更少。

每个人都能像我这样做吗？绝对可以！但只有在他们乐于花时间拓展自己的环境，并提升自己的财务环境的情况下。

那么，大家应该怎么做呢？下面就是一些建议：

1．从图书馆借一本关于期权交易的书。首先学习词语的定义，然后寻求更多的理解并掌握。

2．从当地书店或网上买一本书。建议在购买之前浏览一下全书，因为你需要从一本简单的书开始。

3．参加一个期权交易培训班。这很容易找到。

4．找一个股票经纪人，他会指导你股票期权交易的操作程序。

5．玩“现金流101”游戏至少12次，这样你将学习到基础投资的理念。当你掌握了“现金流101”游戏后，可以继续玩“现金流202”游戏，这个游戏将教你如何运用买方期权、卖方期权、卖空和双重期权。最重要的是，“现金流202”游戏将教你在变化多端的股市中运用发散思维进行思考。我相信“现金流202”游戏最为突出的地方是，它是一种自然的、精神的和情感的学习方法，是一个多维的课题。也就是说，这个游戏将教你从不同的角度思考。大多数投资者赔钱，是因为他们在家庭、学校和工作场所接受的训练都只是从一个角度去思考。一个成熟投资者需要思考如何在股市上扬、下跌和震荡时都能赚钱。“现金流202”游戏将教你这样思考问题，并用游戏中的金钱代替真实的金钱帮助你学习，这非常有趣。

投资是冒险吗

投资是冒险吗？我的回答很简单：绝对不是。在我看来，无知才是冒险。如果你想年轻富有地退休，学习如何保护自己的资产免受损失十分重要。不愿学习、宁愿说投资是冒险的普通投资者，才处于最大的危险中。正如我说过的："历史上从来没有这么多人，将自己的财务未来和财务安全赌在股市的涨跌上。"这才是冒险，因为他们知道投资有风险，却没有为减少风险做什么。也正如富爸爸说过的："I象限代表的是投资人，而不是无知（ignorance）。"他还说过："投资本身不是冒险。但财务上无知和听命于无知的财务顾问就非常危险。不仅危险，而且代价巨大。不仅在金钱上代价巨大，更重要的是时间上代价巨大。数百万人为了一份安稳的工作劳碌终生，而不是寻求财务自由，就是因为他们在财务上的无知。因为财务上的无知，很多人一辈子守着很少的薪水，而不是去寻求可以赚到的大量金钱；因为财务上的无知，很多人将钱放进退休金账户，然后开始担心需要的时候是否还在那里；因为财务上的无知，数百万人花大量时间去工作，使富人更富，而不是花时间来使自己的生活富有。不，我不认为投资是冒险。但我认为财务无知是代价巨大的冒险。"

以上内容仅仅是出于教育目的，而且是基于各种报告、交流以及一些可以信赖的材料。不过，上述内容并没有被查证，我们也无法确认每一个陈述的准确性。期权交易承担了一些附加的风险，进行任何形式的期权交易之前，投资者应寻求注册期权经纪人的指导和建议。

第18章
企业的杠杆

世界上最富有的游戏

世界上最富有的白手起家的人是来自B象限的企业主。他们拥有的财富远远超过了电影明星、体育明星以及高收入的专家。从越南回来之后，我决定不再走穷爸爸的老路，于是富爸爸建议我开始学习建立自己的企业。他说："世界上最富有的人来自B象限的原因就是——这是一个最难成功的象限。但是，如果你取得了成功，财富之门将为你打开，财富将滚滚而来。如果你能建立一个B象限的企业，你将会玩世界上最富有的游戏。"

回顾近代历史，你就会发现B象限汇集了世界上最著名的人物，如比尔·盖茨、迈克尔·戴尔、托马斯·爱迪生、亨利·福特、特德·特纳和约翰 · 洛克菲勒等。当然还有一大批不很著名的人士。因为他们建立了巨大的资产，所以他们都成为了财务上的巨人。他们运用了世界上最强大的杠杆，通过创立企业为数百万人服务。

有人说世界上最好的投资就是建立自己的企业，我赞同这个观点。如果你知道自己在做什么，你的投资回报将与普通投资的计算方法截然不同。将几百美元转变成数十亿美元是完全可能的。它不仅可以使你自己致富，而且能使你的朋友、家人、商业伙伴、雇员和投资者致富，富有的程度甚至会超过他们最大胆的想象。这就是建立自己的企业被认为是世界上最富有的游戏的原因。

年轻的时候，富爸爸就一直提醒我，有3种基本的资产类型，它们是：

1. 房地产
2. 有价证券
3. 企业

当我从事有价证券和房地产投资时，富爸爸就鼓励我建立自己的企业资产，他说："从最困难处起步，剩下的就会很简单。"今天，我完全同意他的观点。

退出战略

在本书前面，我谈到过退出战略的重要性。这些退出战略的标准分别是：

穷人	年收入2.5万美元或者更少
中产阶级	年收入2.5万美元到10万美元之间
小康	年收入10万美元到100万美元之间
富有	年收入100万美元或更多
超级富有	月收入100万美元或更多

在本书即将完成之际，我请大家开始注意个人的退出战略。在你做出选择的时候，请注意你的观念或者环境。你的内心是不是在说“我做不到”“这太困难了”“我不够聪明”或者其他诸如此类的特定环境下的个人现实。

当我和富爸爸一起制定我的个人退出战略时，由于我的环境有限，我不得不经历一些怀疑和限制。经过几个月的讨论，我明白了自己最好的机会是在B象限。在我看来，在选择你的退出战略之前，应该评估你个人的优势和劣势，并确定哪个象限最有利于你年轻富有地退休。

最近，我的投资培训班上有位学员说：“欧普拉 · 温弗瑞通过S象限成为了娱乐界最富有的女人。”

我问他为什么会这样认为，他回答：“因为她是一个自由职业者，如果她停止工作，她的收入也会停止。”

“你怎么知道的？”我问。接着我问他什么是HARPO产品，他说不知道。

我说：“HARPO就是欧普拉（Oprah）的名字倒过来拼写，是欧普拉的公司，是她的B象限的企业。这家企业由别人投资经营。她或许是S象限的一位明星，但她的个人环境属于B象限。”

需要强调的是，你个人所属的象限与你的职业并没有多少联系。迈克尔 · 乔丹曾经是芝加哥公牛队的一名球员，但他同时拥有自己的B象限企业。一位医生可能属于E、S、B、I 这4个象限，这取决于他的个人环境。甚至一个看门人也可能属于所有4个象限。我讲这些，是因为有太多的人固守唯一一种环境，而不是学习拥有多种环境。这些人在个人环境周围筑起了厚实、坚固的围墙，常常工作最为辛苦、时间最长，得到的却最少。在当今信息时代，拥有不止一种环境和象限显得尤为必要。如果你能做到这一点，你就会发现获得更高水平退出战略的可能将变得更加容易、更加现实。

也就是说，我和金能够达到或者超过超级富有的退出战略水平标准，是因为我们主要从B象限出发思考问题。我们不是为了数千或数百万美元而工作，我们的退出战略是为了拥有数千万美元甚至更多的资产而工作。

富爸爸投资指南

在《富爸爸投资指南》中，我曾写到自己打算学习成为一名企业家。在我所有的书中，我都提到过自己多次失败的经历，这些经历让我更加坚强。在我看来，不论处于哪个象限，是环境决定了你的成功。我在这里提到《富爸爸投资指南》，是因为那本书的后半部分主要讨论建立一家企业，而企业是所有资产中最大、最富有的一种。如果你想建立一家B象限的企业，或许你应该阅读或重新阅读那本书，因为本章将不再讨论如何建立自己企业的问题。

同时，我极力支持网络营销的一个重要原因是，非常富有的人经常使用“网络”一词。最近，我写了一本关于网络营销业的书，名叫《乐于助人者财务学校》。那本简明的小册子主要是为渴望从E象限和S象限转换到B象限的人准备的。那本书和配套磁带对那些准备花时间将自己的环境从E象限和S象限转变到B象限的人会有帮助。书中将介绍为什么约翰·洛克菲勒、比尔·盖茨等人要建立的网络。图书和磁带的开头引用了富爸爸的话：“世界上最富有的人寻求和建立自己的网络，另外绝大多数人只寻求一份工作。”

如果你想学习这本书或磁带，可以到我们的富爸爸网站定购。

去年，一位朋友过来对我说：“1999年，我从自己的共同基金中得到了35%的收益。”我表示了衷心“祝贺”。当他问我的投资收益时，我说：“我真的不清楚。”我并非真的不清楚，而是不知道应该怎样告诉他我的收益不能用普通人的标准来衡量。朋友的共同基金为他带来了35%的收益，这很好，但是，我在没有任何原始资金投入的情况下获得了数百万美元。也许你还记得前面讨论过的资金周转的问题。我很难回答朋友的问题，因为我的资金在继续滚动，我的投资收益率从技术上讲甚至是无限的。因此，我并没有说自己的投资收益，只是祝贺他在1999年的不俗业绩。

再次声明，我刚才所讲的并不是自吹自擂。我想指出的是环境的区别。我的那位朋友为自己35%的收益率欣喜不已，但创办企业的人却不会这样。在我看来，这就是不同环境的力量。来自E和S象限的人通常对可能的财务状况有不同理解，他们乐意永远努力工作，从来不会真正考虑是否还有另外的方法可以实现自己的目标。因此，我向大家推荐网络营销以及网络营销培训项目，主要是想给大家一个开放自己环境的机会，去接受其他观点。

顺便说一句，在2000年3月以后，我的那位朋友的35%的收益就变成负收益了。现在，他常常迁怒于美联储主席艾伦·格林斯潘，并且整日祈祷股市回升。如果股市不能回升，他或许不得不重新工作了。

为什么没有多少人建立B象限企业

问题是，如果建立B象限企业有这么多好处，那么为什么没有多少人这样做呢？从富爸爸以下教诲中可以找到一些答案。

当我决定开始创建自己的第一家B象限企业时，曾问富爸爸："如果建立企业是世界上最富有的游戏，那为什么没有多少人玩这个游戏呢？是因为他们缺乏资金、技术或者天赋吗？"

富爸爸的回答一针见血，他说："创办企业最困难的事情是与人合作。"

“与人合作？”我说，“与人合作是创办企业最困难的事情吗？”

富爸爸点点头，他说：“大多数人未能建立自己的企业，仅仅因为他们缺乏人际技巧。人们一直在一起工作，但仅在一起工作并不意味着他们可以共同建立一家企业，即使可以共同建立一家企业也并不意味着那家企业可以发展成一家巨型企业。”

“那么，如果我学会了与人合作，我是否就可以玩世界上最富有的游戏呢？如果我学会了与人合作，是否就可以致富呢？”我问。

富爸爸点了点头。

与不同的人合作，就可能超乎想象的富有

多年来，富爸爸花了不少时间教育儿子迈克和我怎样与不同类型的人合作、相处。如果你读过“富爸爸”系列第四本《富爸爸发现你孩子的财富基因》，或许你会记得，他常常让我和迈克旁听他对别人的面试。学习如何招聘、解雇员工是一个很有意思的学习过程，尤其当富爸爸招聘解雇的那些人同我父母年龄相仿的时候。对他来说，教导迈克和我如何应对不同类型的人是他教给我们的核心课程之一，他说：“如果能与不同类型的人合作，你将来就可能超乎想象的富有。”

如果你读过《富爸爸财务自由之路》，或许会记得富爸爸认为上面这幅简单的现金流象限图有多重要。

富爸爸创造这幅图来说明他的观点，企业是由四类不同类型人组成的，E 象限代表雇员，S 象限代表商人或者自由职业者，B 象限代表企业所有者，I 象限代表投资者。

这幅图主要是为了说明，来自不同象限的人有着根本性区别。他说："如果想在 B 象限取得成功，你需要学会如何与来自所有 4 个象限的人沟通、合作。只有在 B 象限才绝对需要这种能力。"也就是说，很多企业失败的一个原因就是企业主常常不能与不同类型的人合作与相处。

20 世纪 80 年代期间，我回到家乡夏威夷。富爸爸请我列席他担任执行董事的一个董事会会议。那家公司已经陷入困境，富爸爸想让我从这场不幸的经历中学习。那是家新创办不久的小公司，主要业务是在加拿大开采石油。富爸爸没有参与这家公司的创办，只是由于现在公司遇到了很大困难，他才被邀请加入董事会，看看能否挽救公司。

公司陷入困境，是由首席财务官的一个错误决策引起的。这个决策让公司债台高筑，濒临破产。会议开始后，富爸爸问其他董事："为什么首席财务官未经董事会同意，就被允许做出这么重大的财务决策？"

另一位董事会成员回答："因为他曾经是一家大型石油公司的高级副总裁。"

富爸爸提高了声调，说："这与他曾是一家大型石油公司的高级副总裁有什么关系？"

"我们认为他知道的比我们多，所以我们让他自主行事。"另一位董事会成员说。

富爸爸用手指轻轻敲着桌子，接着说："或许他曾经是一位高级副总裁，但他在 30 年的时间里仍然只是一个雇员，他是一家大型公司的雇员。他根本不懂得如何管理一家刚刚起步、资金有限的小公司。我建议你们撤换他，最好请一位拥有过自己的公司、全面负责过财务运作的人，即便那不是石油公司。不论在什么行业，雇员与企业主之间都有着很大区别。大公司和小公司的管理也有很大不同，在大公司像这种程度的错误不会对公司造成多大伤害，但在小公司，这样的错误足以让公司倒闭。”

这家公司最终还是破产了。一年之后，我向富爸爸请教这家公司破产的原因，他说：“在当时董事会的领导下，公司管理非常混乱。尽管也高薪聘请了一些能干的人，但这些人从没有形成一支强有力的团队。成功的企业家会组织起伟大的团队，那就是他们敢于同拥有雄厚资金和大量人才的大公司竞争的法宝。”

不同的技能

在《富爸爸投资指南》中，我提到过富爸爸的“B-I 三角形”，见下图：

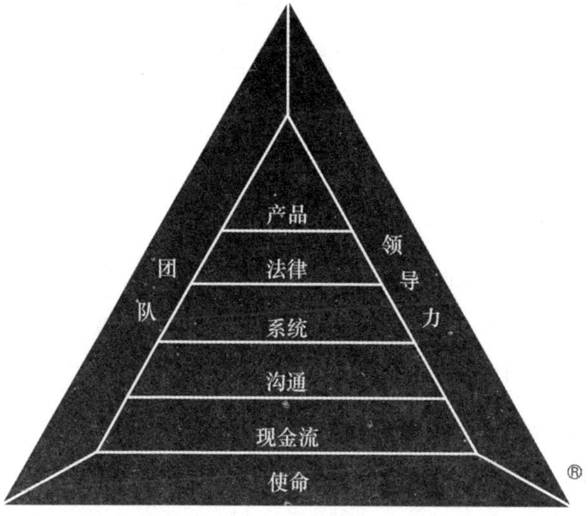

“B–I 三角形”对于那些想创办自己的 B 象限企业或者已经拥有一家企业的人来说，非常重要。对于那些拥有价值百万美元的创意并计划将之转化成一家企业的人来说也同样重要。也就是说，很多人在创办 B 象限企业的开始阶段会有一段困难时期，是因为创办一家真正的企业需要更多的技巧和才能。

我们的学校教育系统培养了大批拥有专业技巧的人。为了建立一家强大的公司，真正的企业家需要将这些人团结起来，组成一个团队。

存在的大问题

如果你的企业仅仅是拥有上述 4 个象限的人，拥有“B–I 三角形”中的各种技巧，你的企业就还会存在大问题。这个问题就是要找到一个领导者，一位能将这些有着不同技能、不同核心价值的人组成一个团队的企业家。因此，富爸爸说：“创办企业最困难的事莫过于与人合作。”他还说：“如果不存在人的问题，企业就很容易运作。”

也就是说，一个企业家必须首先是一个伟大的领导者，我们所有人都可以通过实践提高自己的领导技巧。

什么是真正的企业家

富爸爸一直教育他的儿子迈克和我要成为企业家。当我问他什么是企业家时，他说：“一个企业家能发现一个机遇，组织一个团队，建立一家企业，从机遇中获取财富。”

我接着问他：“如果我发现了一个机遇，也可以靠我自己利用这个机遇呢？”

“好问题，”富爸爸说，“如果你发现一个机遇，并且能靠自己利用这个机遇，这时你就是一个小企业主或者一个自由职业者了。”接着，富爸爸又解释了技术工人与企业家的区别，他说：“一个技术工人或者技师能主要靠自己生产一种产品或提供一种服务。例如，一位艺术家能自己画一幅画，一位牙医亲自治疗你的牙齿。一位企业家不能只靠自己做他需要做的事情，他必须能将经过各种训练、有各种技能的聪明人组织起来，让他们为达到一个共同的目标而工作。也就是说，一个企业家组建团队生产产品或者提供服务，而这些产品或者服务不是单个人可以完成的。大多数人没有多大发展，就是因为他们解决的问题只靠他们自己就能解决。”

“所以，一个企业家做需要一个团队才能完成的工作，”我说，“除非团队能够完成需要一个团队才能完成的任务，否则 B 象限的人将不能得到薪水。大多数雇员和自由职业者可以通过个人劳动获取报酬。如果企业家领导的团队很成功，他才能得到报酬。”

富爸爸点点头，进一步解释说：“就像一个建筑商建造一座房子，需要用手工艺人，如管道工、电工和木匠，和专业人士如建筑设计师和会计师一样。一个企业家也需要带领不同的技术工人和专业人士来帮助自己建立企业。”

“那么在你看来，一个企业家其实是一个团队的领导者，尽管他自己可能并不在团队中做什么具体工作。是吗？”我问。

“无需亲自作为团队的一员参加具体工作，你能够将由这些聪明能干的人组成的团队领导得越好，你就越能成为更好、更大的企业家。”富爸爸说，“我拥有好几家公司，但我不参与公司内部的任何工作。这就是我无需工作，却可以赚更多钱、做更多事的方法。因此，对于一个真正的企业家来说，领导能力是一项基本的技能。”

“领导能力可以学习吗？”我问。

“可以，”富爸爸说，“我注意到，我们每个人其实都有一些领导技能。大多数人存在的问题是，他们只致力于发展自己的职业或者专业技能，这就是有更多人处于E象限和S象限的原因。B象限最需要领导才能，但只有极少数人致力于发展自己的领导能力。所以，是的，领导能力可以学习。”多年后富爸爸还说：“当其他人寻求工作安全时，领导者面对挑战。”

从越南战场学到的领导能力

你们中一些人可能已经知道，我赴越南参战的主要原因有两个：一个是富爸爸、穷爸爸都认为保卫自己的国家或者为自己的国家战斗是儿子应尽的义务；另一个原因是去学习领导技能。富爸爸说：“在面临紧张的压力和生命危险的情况下，让士兵战胜恐惧、勇敢无畏是对一个人领导技能的检验。”在越南期间，我看到很多人恐惧不堪，也看到了很多令人难忘的英雄壮举。我们的一位指挥官说：“每一位士兵的内心都是英雄，领导者的工作就是激发出生活在我们内心的英雄。”今天，我在自己的企业中应用了很多学自越南战场的领导技能。在战斗中，我们不会命令士兵并要求他们盲目服从。在战斗中，我们学会让士兵成为英雄，这种技能在企业中同样适用。

发展你自己的领导技能

大家不必通过上战场来发展自己的领导技能。你所要做的就是主动迎接别人逃避的。大多数人可能都听说过这句话：“从来没有人自愿做任何事情。”在我看来，那是准备在生活中落伍的人的信条。富爸爸常说：“领导者主动迎接别人害怕的挑战。”他还说：“领导者能力的大小由他们承担任务的大小来衡量。”德怀特·艾森豪威尔声名显赫，因为他在第二次世界大战中指挥了诺曼底登陆和欧洲战场；约翰·肯尼迪领导了将人类送上月球的任务。领导者寻求别人逃避的挑战。很多人从不发展自己的领导技能，仅仅因为他们养成了一有挑战就退缩的习惯，养成了从来不主动做任何事情的习惯。

每个企业、教堂、慈善组织和社区都需要更多的领导者。每个组织都为你提供了开始前进、承担责任的机会，每个机会又都为你提供了学习宝贵的领导技能的机遇，这些领导技能是进入企业家世界所必需的。

很多人没有资格参与这个最富有的游戏，建立企业的游戏，因为他们未能获得领导技能。

如果你开始行动负责教堂的百乐餐，你就在开始获得更多的领导技能。即便没有人自愿同你一起工作，你也会学到一些非常重要的东西。你将学会怎样发现存在于我们每一个人内心中的英雄并与之对话。如果你学会了做这些事情，那么接着承担的领导任务将会变得更加容易，更加成功，你也将学到更多领导能力。如果你不发展自己的领导技能，那么你建立企业、参与世界上最富有游戏的机会就永远不会发展。我遇到过很多拥有伟大企业设想的聪明人，但他们就是缺乏领导技能，缺乏建立企业团队并用这个团队把设想转化成数百万甚至数十亿美元所需要的领导技能。在世界上最富有的游戏中，领导能力是关键，因为它可以将领导者个人转化成一个团队。

建议阅读的图书

我读过一些书，它们有助于个人企业家素质的提升。这些书主要有：

1．迪·科米萨的《修士与人生难题》（哈佛商学院出版社）。这本书是我的朋友、我的股票经纪人汤姆送给我的。汤姆是一位优秀的期权交易商，但是他更善于发现一些新创办的小公司，对它们投资并看着它们发展得越来越大。他给我这本书的时候，我正打算卖掉我的一家公司并转移投资方向。读完这本书后，我改变了想法，留下了自己的公司，并开始改造公司。这是一本讲述人生中一个重大难题的伟大的书。

2．马库斯·白金汉和柯特·科夫曼合著的《首先，打破一切常规》（西蒙—舒斯特出版公司）。对于任何管理人员或者领导者来说，这都是一本非常优秀的书。该书是基于盖洛普公司对 400 家公司的 8 万名管理人员的深度访谈。

在工业时代，管理人员像在牧羊；今天，在信息时代，管理人员像在养猫。这意味着今天的每个员工都需要被看做是一个独立的个体，而不是群体的一部分。如何应对类型和目标不同的人，将他们组成一个团队，该书就此提出了深刻的见解。

3．达里尔·特拉维斯的《情感品牌》（普里马出版社）。品牌价值是什么？最近我看到，可口可乐的车间、设备和其他资产价值大约为 80 亿美元，但可口可乐的品牌价值是 800 亿美元。

投入时间建立企业的一个不为人注意的收益就是建立品牌的收益。在全球竞争加剧的当今世界，你在建立企业时建立的品牌越好，你得到的财富就会越多。

IBM 的影响力超过了某公司，或许这家公司的电脑比 IBM 的电脑好，但是 IBM 有更好的品牌。我们也意识到富爸爸的品牌价值远远超过了图书、游戏和其他产品，我们也非常注重建立一个世界级的品牌和企业。

4．迈克尔·莱希特的《保护你的头号财产》（华纳出版公司）。该书是“富爸爸”系列之一。迈克尔·莱希特是知识产权如品牌、商标、专利方面的最顶尖的律师之一。他是我的律师，也是我的商业合作伙伴和图书合著者莎伦 · 莱希特的丈夫。正如从前面可口可乐公司的例子中看到的，一个品牌或者一个创意可以价值数亿美元。

对于那些头脑里有着百万美元的商业或者产品创意的人来说，该书是一本必读书。在信息时代，你的第一号资产就是你的创意。在公布你的创意之前，阅读该书非常重要。迈克尔的律师费很高，但该书在提供宝贵信息的同时，价格就相对便宜了。

5．布莱尔·辛格的《富爸爸销售狗》(华纳出版公司)。该书也是“富爸爸”系列之一。布莱尔 · 辛格是我交往了超过 20 年的最好的朋友之一。他和我一起从销售员干起，在夏威夷的大街上寻找生意。

我经历的最重要的教育过程是首先学习销售，然后学习管理一个遍布美国和加拿大的有超过 350 个销售员的团队。这是一个艰苦的工作，但我从中学到了很多。开始时，我是一个糟糕的销售员和销售管理者。尽管有时非常痛苦，但是成为一个优秀销售员和优秀销售管理者的学习过程却弥足珍贵。

对于那些希望提高个人销售技巧，以及基本合作技巧和领导技巧的人来说，布莱尔的书非常必要。该书对于销售管理者也很重要，因为学会怎样管理一个销售团队是销售管理者的一个重要任务。今天，如果说管理就像管理猫，那么管理一个销售团队就像管理一群有着不同叫声和习惯的狗。一间满是销售员的屋子更像一个狗舍，而不是办公室，因此该书起名为《富爸爸销售狗》。该书为你提供了非常重要的管理和商业领悟，用一种幽默的视角观察组成一个销售团队的不同的狗。

《富爸爸销售狗》对那些想提高自己第一号销售技巧的人非常重要，这种技巧就是将一个创意卖给别人。在我的一生中，遇到过很多在财务上苦苦挣扎的聪明人，仅仅因为他们不能将自己推销给别人，也不能管理别人。

从海军陆战队学到的秘诀

在越南期间，作为一名新海军上尉，我的指挥官给我写了几个词语：

使　命
团　队
个　人

他说："最高利益是使命，个人在最后。"

从越南回来后，我经常看到更多人的不同利益排序。在商业和平民世界，我经常见到很多人这样排列他们的利益顺序：

个　人
团　队
使　命

换句话讲，他们将自己放在第一位，团队第二位，整个企业或组织的使命则是最后一位。

在越南，我的指挥官解释说：作为基层军官，我们的工作是保证使命和团队免受个人利益的影响。也就是说，我们要设法清除因为个人利益至上，从而危害团队和使命的各种因素。战场上的这些学习和实践极大影响了我领导企业的方式。

看过史蒂芬·斯皮尔伯格导演的电影《拯救大兵瑞恩》的人，从电影中可以得到一个很大的启示。这部电影是我看到过的最真实的一部战争题材影片。电影中，汤姆·汉克斯扮演的角色，从教师成为一名陆军中尉。他没有枪毙一个德国俘虏。我认为，这个细节是电影中的关键点，也是重要的启示之一。因为汤姆·汉克斯没有完成杀死德国俘虏的任务，从而将自己、团队和团队的任务置于非常危险的境地。最后，因为他没有杀死那个德国俘虏，不仅造成了他的团队中很多士兵被杀死，而且任务也几乎失败，汤姆·汉克斯最终也被那个他应该枪毙的德国俘虏杀死了。

非常幸运，大多数人永远不需要面对战争的恐怖和一些艰难的令人心碎的决定。然而，在我们的个人生活和商业生活中，我们都会遇到诸如此类难以抉择的事情。下面就是一些实例。

1. 前几天晚上在一个朋友家的聚会上，一位客人喝得酩酊大醉。当他坚持要开车回家时，主人向他索要汽车钥匙并叫了一辆出租车。客人很生气，否认自己喝多了不能开车。一场不愉快爆发了，最后主人硬是将客人按倒在地强行拿走了他的车钥匙，然后叫来出租车把这位客人安全送走。但是，这令人非常尴尬，客人和主人从此不再说话。更糟的是，其他一些客人认为主人太厉害了，也决定不与主人交往了。我个人认为，这位主人非常勇敢，做出了当时最好的决定。主人可不可以用另外的方法处理这件事呢？当然可以，但是他做了当时他认为最好的决定。这也正是领导要做的，即便他们做的并不是最好的决定。

2. 多年前，富爸爸发现公司中的一个高级管理人员和一个秘书有不正常的关系。他立即叫来他们并解雇了他们。我问他为什么，他简单地说："两个人都是结了婚并有了孩子的人。任何欺骗自己配偶和孩子的人也会欺骗其他任何人。"我不想评论富爸爸这个决定的对与错，但是，他做了当时他认为最好的决定。尽管这两个雇员对他都很重要，但他感到他们的行为已经背离了自己公司的价值观。他说："当我选择了一个立场，其他每一个人都知道他们要选择的立场。"

这两个故事都是领导能力的例子。曾经有人说："领导者做正确的事，管理者正确地做事。"富爸爸同意这种说法，他说："领导能力不是大众竞赛。领导者通过激励其他人而成为领导者。"

从越南得到的最后一个启示

指挥官与他的下级军官谈话结束的时候，他又增加了几个词语：

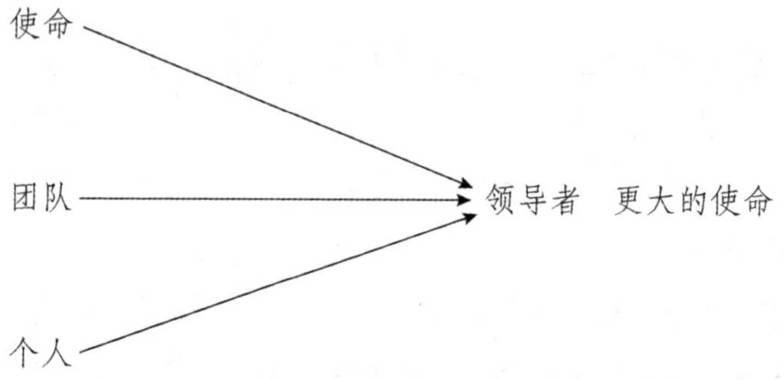

指挥官接着说："领导者应该对使命、团队和个人负责。但是，正如你能看到的，一个好的领导者也必须是一个好的执行者，认识到自己团队任务之所以重要是因为它是更大的使命的一部分，并执行更高的命令。"

富爸爸说："投石器只是投石器。当大卫站出来战胜歌利亚时，世界上最伟大的力量跟着他出现了。"他还说："一定要记住，世界上最富有的游戏就是带有使命和更高任务的游戏。"

最后，我告诉大家这个思想。每天都有新的歌利亚诞生，也有新的歌利亚出现。世界需要越来越多装备着投石器的新大卫，他们有世界上最强大的力量支持。无论你是否愿意参与世界上最富有的游戏，只要知道你也能获得使用大卫的投石器的力量。你所要做的就是知道谁是你的歌利亚，然后勇敢地去征服他。像这样做的时候，你就开始了世界上最富有的游戏，这个游戏的回报远比金钱重要。当你前进的时候，就开始接触到隐藏在大卫身后的投石器的力量。当你发现了这种力量，你的生活将会彻底改变。正如他们在《星球大战》这部现代版的大卫和歌利亚故事中所说的："愿力量与你同在！"这种无形的力量是最伟大的杠杆，也是我们都可以使用的杠杆。你所要做的就是不断向前，勇敢面对比你自己更强大的东西。

本书的结束语部分，我们将讨论无需辛劳就可以从建立、获取资产中得到回报。

第 19 章 致富的秘诀

大多数人都能快速获取并永远拥有财富的秘诀

年轻富有退休的过程是一种精神和情感的历练，而不仅仅是一个体力过程。如果你在精神和情感上做好了准备，身体力行就变得很简单了。下面提供的另外一些精神和情感过程，你可以结合到自己的生活中去。如果你坚持按照这些简单程序去做，并让它们成为你生活的一部分，你一定会发现：年轻富有地退休将变得更为可能。

你为什么需要一份工资

我上中学的时候，富爸爸经常让我旁观他招聘员工的过程。有一次，一位比富爸爸年长几岁的人来申请富爸爸的一家公司的管理职位。这位申请者大约 45 岁，受过良好教育，有一份非常吸引人的简历和职业记录。他衣着得体，显得自信又能干。在面试过程中，这位先生一直带着骄傲提醒富爸爸，他从一所著名的州立大学毕业，并获得了东海岸一所久负盛名的大学的 MBA 学位。

“我对聘用你很有兴趣，”富爸爸在会谈进行了半个小时后说，“但你为什么要求这么高的薪水？”

那位申请者再次提起了自己富有吸引力的教育和工作记录，他说：“我受过良好的教育，也有合适的工作经历，这些都让我能够胜任这一职位，并得到优厚的薪水。”

“我不能同意。”富爸爸说，“但请让我问你一个问题。如果你有这么好的教育，又有这么好的工作经历，那你为什么还需要一份工作？如果你这样聪明，为什么还需要一份工资？”

那位申请者被这个问题难住了，他支支吾吾了半天，才说出了一句话：“每个人都需要一份工作，都需要一份工资。”

房间变得非常安静，那位先生的回答格外响亮。很显然，他与富爸爸来自不同的环境和现实，有着不同的思想观念。他变得好争辩，开始保护他的现实，而不是去努力理解富爸爸的现实。富爸爸看着他，平静地说：“我不需要。即使现在这家公司倒闭我仍然不需要一份工资。”然后，他指着自己的儿子迈克和我说：“这些孩子也不需要，他们无偿为我工作。这就是他们将来有一天会远远比你富有的原因，即使他们没有像你那样上过好学校、取得过大学荣誉。我想他们永远不会向往或者需要一份工资。”说到这里，富爸爸拿起那位先生的简历，放到一大堆其他求职申请上面，他说：“如果决定聘用，我会打电话给你。”面试结束。

快速致富秘诀

在《富爸爸穷爸爸》中，我讲过富爸爸如何让我放弃了每小时 10 美分的工作，并接受他的现实。在这个现实中，如果我免费工作，就有可能更快致富。人们常说“你不可能真正无偿工作”，或者“我的房子就是一项资产”。他们不理解自己读过的书，仍然从自己的现实、环境或者观念出发看待世界。

当富爸爸问前面那位申请者：“如果你有这么好的教育，又有这么好的工作经历，那你为什么还需要一份工作？如果你这样聪明，为什么还需要一份工资？”他是想让那位申请者拓展自己的现实。但那位申请者不是尽力拓展他的现实，而是为他的现实辩护，封闭自己的思想，从而结束了被富爸爸聘用的机会。

一个没有工资的世界

我发明了现金流游戏，训练人们如何在没有工资的世界中生存。反复玩过这个游戏的人常常发现，这样一个世界存在的可能远比为了一份工资而辛劳终生要有趣得多。如果你想尽可能年轻富有地退休，就需要思考一个没有工资的世界。如果在你的现实、环境或观念中，你需要一份工资，那么你年轻富有退休的机会就很渺茫。富爸爸常说：“需要一份工资的人是金钱的奴隶。如果你想获得自由，就永远不要需要一份工资或者一份工作。”因此，如果你迫切希望年轻富有地退休，就需要将自己的现实转变到一个没有稳定工资和工作的世界。当我对大多数人讲述这种环境的时候，几乎能感到他们血压上升、胃在抽紧，听到他们的潜意识战胜他们的思想。对于没有稳定工资维持生存的担忧，我们大多数人都很熟悉。如果你很难看到自己会在一个不需要稳定工资或工作的世界，那你首先就要扪心自问：“没有工资和稳定工作，我应该怎样致富？”在开始问自己这个问题的时候，你就打开了自己的思想，开始了向另外一个现实转化的旅程。

当富爸爸问那位申请管理职位的先生：“如果你有这么好的教育，又有这么好的工作经历，那你为什么还需要一份工作？如果你这样聪明，为什么还需要一份工资？”实际上是让他拓展自己的现实，看到另一个现实。不过，那位先生却为自己的现实辩护，认为自己的现实是唯一的现实。我也看见过富爸爸向其他求职者提出这个问题，那是他试图帮助求职者的一种方式。也是他试图教给求职者一堂非常重要的基础财务课的一种方式，这堂课认为金钱并不能使你富有，仅仅一个高薪职位也不能解决个人财务问题。当富爸爸问任何人这个问题的时候，他是试图让人们明白：在学校的成功并不一定等于财务上的成功。正如富爸爸常说的：“学术上的高智商并不一定意味着你有一个高财商。”在面试那些津津乐道自己在学校的成就的人时，富爸爸一直想弄明白他们是否愿意提高自己的财商。就像我前面所说的，他经常向求职者提出这个相同的问题。那些认真听取富爸爸讲授现实而且在工作过程中不断向富爸爸学习的人，即便没有获得最初要求的高薪，最后都变得非常富有，提早退休，过上了财务自由的生活。

关键在于，如果你想年轻富有地退休，财商比学术智商更为重要。下面就是如何提高你的财商的一些秘诀，它们可以让你开始生活在一个无需工资的世界。你看到这个世界的速度越快，快速致富的机会就越多。

秘诀 1

开始设想自己置身于一个无需稳定工资和工作的现实或世界。这并不意味着你将永远不再工作，而仅仅是让你停止财务困窘或绝望，不再为很少的工资出卖自己宝贵的生命，不再生活在对贫穷或失去工资的恐惧之中。

一旦你能够享受无需工资的生活，你就会开始看到另外一个世界——一个没有工作或工资的世界。

比尔·盖茨的薪水并不高

多年前，我看到一篇文章，标题是《比尔·盖茨不是世界上薪水最高的人》。文章说，世界上许多公司经理人的薪水都比比尔·盖茨高很多，然而比尔·盖茨却是世界上最富有的人。文章还说，当时比尔·盖茨的年薪只有 50 万美元，但他的资产基础却已经有了数十亿美元，而且还在继续增长。

秘诀 2

如果你放弃了对稳定工资收入的依赖，接下来的问题是你想得到什么类型的收入。比如，在本书开始，我介绍过 3 种基本的收入类型，它们是：

1. 劳动收入——50% 的钱。
2. 证券收入——20% 的钱。
3. 被动收入——0% 的钱。

以上是 3 种主要类型，还有其他很多的收入类型。大多数人终生为劳动收入努力学习和辛劳工作，这就是年轻富有退休的人极少的原因。如果你迫切希望年轻富有地退休，那就从现在开始研究收入的不同类型，这将使你富有，并永远不用工作。其他一些收入类型有：

4. 剩余收入，这种收入来自企业，比如你自己所有而让别人经营的网络营销企业或授权经营企业。

5. 分红收入，这种收入来自股票。

6. 利息收入，这种收入来自储蓄或债券。

7. 专有权收入，这种收入来自写作歌曲或图书，以及设计商标、创造发明（无论是否申请专利）。

8. 金融工具收入，比如来自房地产信托契据的收入。

因此，秘诀在于，一旦习惯了不从劳动或工作中获取收入，你就可以开始研究来自不同类型资产的不同类型收入。富爸爸让他的儿子迈克和我首先学习和了解不同的收入类型，然后让我们决定进一步研究哪种收入。

你可以去图书馆或者请教会计师，了解不同收入类型，尤其是那些劳动收入之外的收入类型。开始发现、研究感兴趣的收入类型时，这些收入类型就会成为你新拓展的现实的一部分。

关键要注意，开始时不要做得太急。要先让其他的收入和资产类型进入你的现实。进入心中的不同收入类型越多，思考的收入类型就越多，不要有必须做什么事情的压力，这些观念就更容易在你的大脑中生根、成长。大多数人认为自己必须马上做些事情，但我的经验不是这样。在真正动手投资房地产之前，我大脑中有关投资房地产获取被动收入的想法已经酝酿了好几年。直到有一天醒来，我觉得是到了开始参加培训、开始投资的时候了。这时采取行动相对容易多了，但只有在那些观念成为自己新现实的一部分之后。

当你看到以下财务报表的时候，就很容易理解穷爸爸强调工作安全的原因了。

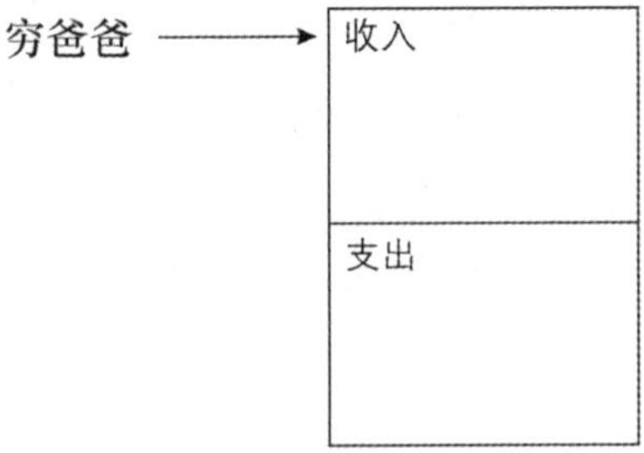

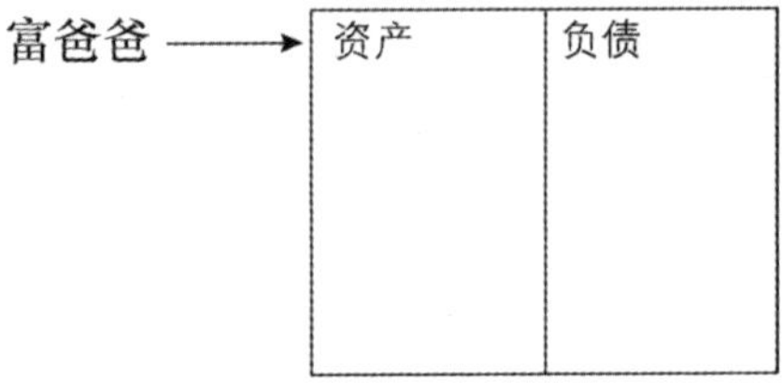

因为穷爸爸没有资产，总是说“投资是冒险”，所以他自然会拼命抓住手中的工作。毕竟，那是他的全部，而且他只知道劳动收入。

富爸爸让他的儿子迈克和我将注意力集中在获取资产上，并通过获取资产提高我们的财商。因为懂得财商的重要性，我们就努力提高获取这些资产的技巧。尽管开始时我们很紧张，但今天，获取资产已成为一件充满乐趣、简单且令人兴奋的事情。我一直说，如果你给自己时间让那种现实成长为你自己的现实，快速致富以及永远保持财富就很容易，事实的确是这样。

当我有一次旅行经过澳大利亚时，一位帮我在机场托运箱子的年轻人对我说：“我喜欢您的书。”

我向他道谢，并问他学到了什么。

“我学到的第一点就是，这件工作永远不会让我致富。因此我又在晚上找了一份工作，并将赚到的钱投资房地产。”

“那太好了，”我回答，“到目前为止，你已经做了什么？”

“我在一年半时间内，已经购买了6处房产。”

“很好，”我说，“我为你感到骄傲。你已经赚到钱了吗？”

“没有，还没有，”这位英俊的年轻人说，“但我学到了一些非常重要的东西。”

“学到了什么？”我问。

“投资变得容易了。一旦我超越了最初的怀疑、恐惧心理和资金匮乏状况，我就发现成为一个投资者变得容易了。我看过、购买的房地产越多，投资就变得越容易。如果我让怀疑、恐惧吓倒了，我的财商就永远不会提高。现在我不是感到恐惧，而是感到快乐，即使我仍然没有赚到多少钱。事实上，我投资的 6 个项目中有两个赔了钱。正如您在书中所讲的，应该从错误中学到教训。如果能从错误中学习，错误就会很宝贵。所以，在不远的将来，我就可以成为一个专职房地产投资者。过不了几年，我将永远不再需要一份工作或者工资了。”

“你有目标吗？有一个脱离残酷的生活、实现财务自由的时间表吗？”我问。

“当然有，”年轻人微笑着说，“我还有 3 个年龄相仿的朋友，我们一起做这些事情。我们不像许多同龄人那样浪费时间，我们一起学习，一起参加培训班，相互帮助做投资。我们不想重走父辈的老路，不想犯同样的错误，不想一直工作 45 年，却担心失业，整天盼着加薪，直到 65 岁才退休。我的父母工作非常努力，希望获得晋升，没有时间照顾孩子，也没有时间做自己喜欢的事情。现在他们准备好退休，却已经老了。我不想和他们一样，不想年老时才能退休。我们 4 个人现在都不到 24 岁，我们的目标是在 30 岁时实现财务自由。”

“祝贺你！”我们握了握手。等他处理完我的行李，我感谢他读我的书，并让我感到自己像一个骄傲的父亲。

当我离开时，那个年轻人微笑着大声说：“最重要的一点是，致富将变得越来越容易。我越关注建立自己的资产，致富也越容易。”

我向他挥手道别，匆匆赶向了飞机。

在我们的网站上寻找新思想

未来几年，我们的富爸爸网站将新增越来越多的信息。网站致力于传授思想、教育和经验，帮助人们年轻富有地退休。请定期浏览我们的网站，丰富你的现实、实现年轻退休。

在我的现实中，获取资产的能力越强，越来越快的致富就变得越容易。如果你保持谦逊的心态，即使富有也心存感激，而不是一味炫耀，你就会永久地拥有财富。

因此，请继续在我们的网站上寻找最新的信息和思想。在不久的将来，我们将把“现金流”游戏搬上因特网，这样你就可以与像你一样希望年轻退休的朋友一起愉快地游戏和学习。

莎伦·莱希特的建议

当我与罗伯特共同撰写“富爸爸”系列的时候，我们的理财哲学常常发生碰撞。我的见解不像他那样深邃，但偶尔我也会觉得应该强调一些问题。下面的问题就是其中的一个。

大多数会计师、理财规划师和银行家只是不愿那样去说。财务自由之路很简单：

购置资产

“购置资产立即就会产生现金流，而不是在未来的某一天。”

务请记住富爸爸关于资产的定义："资产是能把钱放进你口袋里的东西，负债是把钱从你的口袋里取走的东西。"就是这么简单！购置的资产越多，为你工作的金钱就越多。

很多会计师、财务规划师和银行家热衷于计算净资产，他们不懂现金流。他们接受的教育是，将钱放好，直到未来需要的时候拿出来。这就是储蓄者的思维。他们现在如果帮助客户从资产中获得现金流，那么他们的客户不论现在还是将来，财务状况都会大有起色！

问题在于，他们计算净资产时，将你的房子、汽车、高尔夫会员证以及其他个人财产都算成资产。我们把这些叫做小玩意。这不是投资者眼中的净资产。检查一下你的财务报表，将资产栏中那些现在没有产生现金流的东西移出去。

当你的资产每月产生的现金流大于你每月的支出的时候，你就获得了财务自由！

购置资产，而不是购置负债！

秘诀 3

秘诀 3 可能听起来有些奇怪，所以请仔细阅读。秘诀 3 就是关于未来的谎言。

前面那位年轻人可以看到自己的未来，并为之兴奋不已。然而并不是每一个人都可以看到这样光明的未来，这就是秘诀 3 可能听起来奇怪的原因，但它的确是年轻富有退休过程的一个重要部分。

几个月前，我在教授一门投资课程时，一些学员不由自主地说出下面这些话来：

1.“我做不到那样。”
2.“我永远不会富有。”
3.“我不是一个好投资者。”
4.“我不够聪明。”
5.“投资是冒险。”
6.“我永远找不到我想要的资金。”

在场的一位非常著名的精神科医生举起手，她说：“关于未来的任何说法都是一种谎言。”

“未来是一种谎言？”我问，“你为什么这么说？”

“首先，”她说，“我必须澄清，我不鼓励任何人为了欺骗的目的而说谎。清楚了吗？”

我点了点头，说：“我理解，但我的问题是，为什么你说未来是一种谎言？”

“问得很好，”她说，“我很高兴你有一种开放的思想。我说未来是一种谎言，意思是关于未来的任何说法都还不是现实，所以从技术上讲，关于未来的任何说法都是一种谎言。”

“那么，对于那些不能消除自卑心理的学员来说，这如何产生作用？”

“当有人说‘我永远不会富有’时，实际上是对未来状况的一种想象。在这里他的想法是，他永远不会富有。”她说，“他所说的话从技术上讲是一句谎言，但我并不是说这个人就是一个说谎者，我只是说那句话是一句谎言，因为未来还没有发生。”

“那这又意味着什么？”我问。

“这正是你在这节课上试图让大家明白的东西。他们需要明白，自己的所说所想都能变成自己的现实。所以很多人对未来说谎然后这些谎言变成了他们的未来。”

“你的意思是，当有人说‘我永远不会富有’的时候，他们是在说一句谎言，因为那是在未来才有可能发生的事。你的意思是这样吗？”

“的确如此。”她说，“问题是，谎言会变成现实。”

“因此，当有人说‘投资有风险’时，如果他们说的是未来，那么从某种意义上讲他们是在说谎。是吗？”

“是的，如果他们不改变这种谎言，那谎言就会变成现实。务请记住，任何关于未来的说法从技术上讲都是谎言，因为未来的事情都还不是现实。”

“那么，你的这种观点有什么作用呢？”我再次问。

“作为一名医生，我发现大多数不成功、不幸或者失意的人，常常说出关于自己的可怕谎言。他们常常说出你一直努力阻止大家说出的话，比如‘我永远不会富有’‘我永远不会那样做’‘那永远不会发生’等，这些都是谎言，但谎言能变成现实。”

“而且，如果他们不说这些谎言，周围的人也会告诉他们这些同样的谎言。”我补充说。

“是这样。”她说，“物以类聚，人以群分。”

“那么我再次请教你，这个很有启发性的信息有什么作用？”我问。

“好的，因为任何关于未来的说法从技术上讲都是谎言，那么为什么不说出自己对未来的渴望，而要说出自己不愿看到的未来呢？”她回答。

这堂课剩下的时间我静静地回味着她所说的话。最后，我说：“关于未来的谎言是故意的吗？”

“当然，我们都是这样，一些人下意识地、很自然地就那样做了。让我问你一个问题：在金钱方面，富爸爸是否都很积极地谈到未来？”

“是的。”我回答。

“他说的很多话是不是都变成了现实？”她问。

我再次说：“是的。”

“谈到未来和金钱的时候，穷爸爸是不是都很消极？”

“是的，”我说。

“那他所说的变成现实了吗？”

我点了点头。

“那么，这两种谎言都变成了现实。”她说。

我只是点头，意识到他们关于未来的谎言的确都变成了现实。我又问：“你是不是说，关于未来的谎言，我应该说自己想要的未来，而不是自己不想要的未来？”

“是的，”她说，“那正是我所说的。事实上，我打赌你已经那样做了。我打赌你即便在失意的时候，也是不断告诉你妻子和亲密朋友未来有多好、你们将赚到多少钱。即便你身无分文的时候，你也是不断那样说。”

我轻声笑起来，说：“是的，我是那样做的。我只会对我所爱的支持我的朋友说我的谎言。我不对那些准备将来嘲弄我的人说我关于未来的积极的谎言。”

“你很聪明，”她说，“在你们财务最为黑暗的日子里，你对妻子说了什么谎言？”

“你想让我告诉大家？”我问，感到有些尴尬。

“是的，告诉大家你在最艰难的日子里是怎样说的？”

我想了一会儿，回想起我和金在财务上陷入最低谷的那一段经历。我慢慢地对大家说："我记得我紧紧地抱住金说：'总有一天眼前的一切将会过去，总有一天我们会比我们所能想象的还要富有。我们现在的问题是没有钱，但很快会有一天，我们的问题将是钱太多了。'"

"这些现在成为现实了吗？"她问。

"是的，已经成为现实，"我回答，"而且超出了我们当初的梦想。实在不好意思，我们现在的最大问题是钱太多了。我发现自己来自多么贫穷的背景，因为我们现在常常为不知道买什么东西头疼。我们将很多钱用于慈善事业，但仍然有很多余钱，我们需要拓展自己的现实，想一下还需要买什么东西，因为我们买得起几乎所有能想到的东西。费尽心思寻找自己买不起的东西，是一个非常有趣的过程。"

"为什么你认为自己的谎言变成了现实？"她问。

20% 的人是经常说谎者

"因为穷爸爸和富爸爸都坚持认为，我不能轻易许下不能兑现的诺言。如果我不能履行诺言，我应该是第一个告知对方的人。两位爸爸都强调我们只能像我们自己所说的那样好，他们都像他们自己所说的那样好。"

"很好，"她说，"你可以看到，80% 的人基本诚实，其余 20% 的人是经常说谎者。无论做什么，他们都会说谎。所以即使他们为自己的财务未来说出积极的谎言，最终也会变成消极的谎言，因为经常说谎者本身就没有诚信可言。但是，我发现大多数人是诚实的，即使他们说出一些谎言，最终也会成为现实。"她停了一会儿，接着说："讨论已经足够了。让我们开始学习如何为未来积极说谎。一定要记住，这样做的目的不是为了欺骗，而是为了帮助我们自己拥有新的、更好的现实。”

我同意将两节课连在一起上。“现在，”她说，“我想让你们告诉同伴最大最好的谎言，未来你们会有多富有。告诉他们你们将来会每月从房地产投资以及石油公司中获利数百万美元，你们居住的别墅将有多宽敞、多豪华。”

一些人很难说出关于未来财务成功的夸张的谎言，另外一些人则表演得很好。尽管如此，在几分钟内屋里人的活力就被完全调动起来，人声喧哗，震耳欲聋。当有人说出关于未来巨大而夸张的谎言时，常常伴以近乎疯狂的大笑。大多数人确实喜欢有机会夸张地说出自己未来财务成功的故事。后来，很多人说从那一刻起，他们的生活和未来发生了改变。

因此，秘诀 3 就是无论什么时候，如果你发现自己沮丧地说出了关于自己和自己财务未来的十分消极的谎言，就找一个可信赖的朋友，看看能否向他诉说你在不远的将来财务上会如何成功的大谎言。我认为，这样你就找到了一个很好的治疗方法，而且，你说出的关于自己财务未来的谎言，或许有朝一日就会变成现实。

如果你有足够的勇气，也不必等到自己情绪低落的时候。尽快找一个可信赖的朋友或你爱的人，请他们允许你说出自己关于财务未来的离奇谎言。正如我所说的，这样做很有趣，而且你今天所说的谎言明天就可能成为现实。

本垒打之王

问题在于，你的未来现在还没有变为现实。你可以根据现在或者自己向往的未来去说谎，而不是根据你担心出现的情况去说谎。太多人在考虑改变自己财务未来的时候，设想的是最坏的情况，而不是最好的情况。关于未来的最好或最坏的设想，至少根据前面那位精神医师的说法，都是谎言。伟大的棒球手贝比·鲁斯有一个习惯，拿起球棒直击本垒打围栏。他这样说："我总是打防守区。"尽管他出局的次数比大多数人多，但还是坚持这样做。他永远都把他的球棒指向远处的防守区。今天，他是著名的本垒打之王，而不是出局之王。

挥之不去的梦

小时候，我们很多人都想象着床下或者壁橱里藏有一个鬼怪。当所有的灯熄灭之后，我们还不敢入睡，总是担心想象中的这些鬼怪出现。长大之后，当年心中想象的鬼怪就被收款人或一些尚未发生的可怕财务灾难所取代。不论是鬼怪还是收款人，结果都一样。夜晚我们醒着躺在床上，担心着那些我们不应该担心的事情。我们还为一些没有发生而且也许永远不会发生的财务灾难担惊受怕，神情沮丧。

因此，我们早晨起床不是像伟大的棒球手贝比·鲁斯那样直接击打本垒打围栏，而是为了一份工作劳碌奔忙，用宝贵的时间换来微薄的收入，为一些想象中的财务灾难所困扰，惴惴不安地问："如果发生了这个怎么办？""如果发生了那个怎么办？""如果那样会发生什么？"如此等等。我们的年龄也许已经不小了，但小时候惊吓我们的想象中的鬼怪却并没有消失，而且还在不断掠走人们美好生活的可能。因此，对于那些勇敢前进，敢于将球棒指向远处围栏的诚实的人来说，讲出有关未来的谎言无比宝贵。

富爸爸说过："我们都有好运气和坏运气。不成功的人无所事事，逃避坏运气的同时也错过了好运。如果你什么都不敢做，被恐惧束缚了手脚，就不会有任何好运。成功的人勇于行动，直面人生中遇到的问题，知道自己可以将厄运转化成好运。”

一天，一位记者问我如何克服对失败的畏惧，以及我成功有什么秘诀。我想了想，说：“富爸爸教我将厄运转化成好运。”所以为了追求好运，就要像婴儿学步那样开始，积极寻找自己梦想的生活，而不是生活在对想象噩梦的恐惧之中。不要让那些鬼怪偷走你的梦想，应该像伟大的棒球手贝比·鲁斯那样，说出自己关于未来的大谎言，勇敢地向防守区挥棒。

> 一个重要提示：请记住，这个秘诀并不是说你可以故意欺骗别人或者掩盖真相。我从来不允许这种做法。上述建议仅仅是对诚实的人，而不是经常说谎者的人。如果你是一个经常说谎的人，请向专家寻求帮助，开始学习说真话，而不是继续说谎。

另外12个秘诀——本书所讲方法的摘要及其他一些秘诀

在导言中，我承诺要为大家提供一系列方法，让每个人都可以增加他们年轻富有退休的机会。大多数内容前面已经讨论过了，但一个简明的总结可能会有帮助。

这些是我经常所做的事情。这些是极大帮助了我年轻富有地退休的事情。我相信它们同样适用于你。一定要记住，年轻富有退休的过程主要是一个精神和情感的过程，而不是一个体力劳作的过程。一旦思想和心灵开始了这个旅程，其他方面就会紧紧跟进。

秘诀1 决定。每天起床，我都要选择自己想成为什么样的人？

我问自己，今天想按穷人环境、中产阶级环境，还是富人环境生活？

请记住，一个有着穷人环境的人，常常这样说：“我永远不会富有。”一个有着中产阶级环境的人，会说：“工作安全很重要。”一个有着富人环境的人，会说：“我需要提高自己的财商，以便能少工作多赚钱。”

秘诀 2 寻找一个朋友或者愿意与你同行的爱人。我知道，如果没有金以及像拉里这样的朋友，我就不会有今天的成功。一定要找不断向你提出更高要求的朋友，而不是告诉你为什么你不能做你想做的事的朋友。

选择合适的朋友或人生伴侣对于一个成功的人生非常重要。如果你的朋友或家人不愿提高自己的财商，那么不论你能挣多少钱，生活都将是一个漫长的财务奋斗过程。

秘诀 3 寻找能干的顾问，开始建立自己的财务和法律顾问团队。一定记住富爸爸所说的：“最昂贵的建议，就是来自正为财务问题苦苦挣扎的亲友们的免费建议。”富爸爸后来扩大了给你带来昂贵建议的人的范围，其中包括一些财务顾问，他们鼓动你做他们自己没有做的事情，购买他们自己没有购买的投资产品。再次，选择合适的人是一个非常重要的技巧。人可以是资产，也可以是负债。

富爸爸有一天对我说：“如果你的车子坏了，你会请一位经过训练的技师修理。当你重新开起车子的时候，你就知道那位技师手艺的好坏。对于那些所谓的专业财务顾问来说，最大的问题是：判断他们是否称职需要若干年。如果你在 25 岁的时候开始采纳一位财务顾问的建议，在 65 岁时才发现那是个坏建议，会发生什么？你不可能像将坏了的车子带到技师那里一样，将自己已经毁坏的财务生活带到财务顾问那里。我对大多数财务顾问的信任还不如对汽车技师和二手车推销员的信任，因为我很快就可以看到后者工作的结果。大多数人以穷人或中产阶级的水平结束，就是因为他们花在挑选二手车上的时间，远远多于寻找一位能干的财务顾问的时间。”

关键是，慎重地对待你头脑中的建议。花时间寻找一位能干的财务顾问，付给他们的佣金或许会是你一生中最好的投资。

秘诀 4 确定退休时间。与你的爱人、顾问坐在一起，确定你提早退休的时间。这就像棒球手贝比·鲁斯把他的球棒直接挥向远处的围栏一样。如果你真正这样去做，与这些人一起讨论一个可行的时间，你现在的环境将会与未来的环境开始争论。这是一个重大的、有趣的过程，你一定会看到很多不同的现实和不同的环境。

每个季度与你的团队举行一次会议，继续讨论你提早退休的时间。

秘诀 5 一旦确立了提早退休的时间，就将计划写在一张纸上。将这张计划贴在冰箱上，让自己每天都可以看到。随着你的进程，不断更新计划，并越来越多地学习。

我、金和朋友拉里在冰雪覆盖的惠斯勒山上度过了一周，那次制定的计划改变了我们生活的方向。这就是计划的力量。关键在于，今天的贫穷并不意味着你明天一定贫穷。快速致富并保持富有，需要制定一个计划，并坚持执行。近 10 年来，我和金每天检查我们计划的执行情况。正如我所说的，我们现在的问题是钱太多了，很难找到聪明地花掉这些钱的方法。这或许是个难题，却是我喜欢的难题，希望你也有。

秘诀 6 准备你提早退休的聚会。要丰盛奢侈。一旦你能提早退休，金钱就不再是问题。即使你还没有达到目标，经历这个过程中也会非常有趣。而且谁知道呢，你可能不得不把你的提早退休聚会提前。

秘诀 7 每天观察一笔交易。切记，出去购物不会花费什么。关键在于每天都做一些提高你的财商的事情，每次至少用 10 分钟。可能是一些很简单的事情，比如阅读报纸上的一篇财经文章，即使你不大感兴趣。这将开始增加你的词汇。当你开车或健身的时候，也可以听听财经类磁带或 CD。每年至少参加一次理财培训班。如果你不想支付参加培训班的费用，就注意阅读本地报纸的财经版块，你将会发现不少免费的投资培训班。即使没有学到任何东西，你也一定能认识很多像你一样的朋友。

秘诀 8 记住，任何市场都遵从 3 种主要走势。它们是上涨、下跌和盘整。有时候市场的上涨、下跌和盘整周期超过好些年，有时不足一分钟。所以当有人建议你“长线投资”时，一定要问问他们是什么意思，请他们做出更详尽的解释。大多数投资顾问都是简单重复自己销售经理的论调，所以他们可能难以对自己所说的作出解释。

如果你想快速致富，最好的方法之一出现在走势发生变化的那一刻。那句老话“恰当的时间在恰当的地点”是非常有道理的。如果你每天观察交易，就能更好地感知变化，增加你在恰当的时间出现在恰当的地点的机会。比如，如果你在 1991 年入市，投资大量的技术类股票，你现在就会很富有。但在市场走势发生变化、开始下跌的 2000 年 3 月，如果你不改变战略，你会损失过去所有的收益。如果你在 2000 年 3 月改变策略，就可能在市场下跌的时候更快地赚钱，增加你的财富。所以，如果你想快速致富并长久拥有财富，就必须注意市场走势，并制定应对 3 种不同走势的 3 种不同策略。我遇到过很多人，他们在一种走势下赚钱，当走势发生变化时就陷于破产。

高买低卖

2002 年 6 月的《福布斯》杂志刊登了一篇很有趣的文章，标题是：

> 高买低卖。这就是你一直知道的：如果你做的与分析师所讲的相反，他们就是伟大的顾问。
>
> 文章中写道：
>
> 4 位加利福尼亚大学教授的最新研究表明，去年，不仅购买分析师推荐的股票会赔钱，而且买他们推荐卖掉的股票会赚钱，并且收益还不低。你可以获得 38% 的投资回报，比 1958 年以来标准普尔 500 指数好多了。

《财富》杂志 2001 年 7 月 16 日刊登了一篇题为《华尔街是否急需改革》的文章，作者肖恩 · 塔里似乎赞同这个观点。他在文章中说："在 6 月一个湿热的清晨，来自路易斯安那州的共和党议员理查德 · 贝克尔，开始了一场震撼人心的国会听证会，他用熟悉的节奏质问：'华尔街是怎样盘剥普通人的？'在演讲中，贝克尔表达了对华尔街新贵——证券分析师盘剥小股民的愤怒。"

在我看来，大多数证券分析师和财务顾问不是专业投资者。他们不知道一个专业投资者必须知道的东西。所以他们的大多数投资建议对普通投资者是好建议，对专业投资者却是坏建议，尤其是如果你想快速致富并长久拥有财富。

一个专业的投资者知道走势是你的朋友，他们知道没有人强大到足以对抗走势。小时候在海上冲浪时，我们就对海潮的变化怀有巨大的尊重。但常常有一些游客，他们以为在哪里游泳都一样，结果就在海里出了问题，有些人甚至溺水身亡。就跟冲浪者尊重大海的力量一样，你也必须尊重走势。如果你想及时跟踪市场的走势和变化，绝对需要将下面的秘诀 9 牢记心中。

秘诀9 经常浏览富爸爸网站。我们向大家承诺会不断更新、丰富网站内容，使网站成为希望年轻富有退休的人们的园地。

在不久的将来，我们会推出在线的现金流游戏，这样你就可以在游戏中快速学习，而且可以认识很多像你一样心怀梦想的朋友。在不久的将来，你可以玩我们的游戏，学习如何在上涨走势、下跌走势或盘整走势时交易，在任何走势下都能赚钱。

当有人对你说“长线投资”时，问问他们长线是什么意思。对于普通投资者和专业投资者，长线投资有不同含义。如果你想快速致富并长久拥有财富，你就不能做一个普通的长线投资者。你必须接受更好的教育，成为一名专业投资者。这就是我鼓励大家经常浏览富爸爸网站的原因。让大家随时拥有世界上最有趣和最有意义的财务教育，是我们的工作。

如果你不打算步父辈后尘，终生劳碌，那就开始经常浏览富爸爸网站。如果你遵从父母的关于金钱的建议，往往存在一个问题，那就是技术和财商的变化速度远远超过了大多数人的变化速度。今天，如果你能与技术和财商的变化保持同步，就可能快速致富并长久拥有财富。比如，在期权领域，现在就有名叫“触碰失效期权”的新期权出现，它们的速度远远高于目前大多数交易商正在使用的标准买方期权和卖方期权。大多数美国人并不了解触碰失效期权，因为它们是由外国交易商发明的。在未来几年，很多新奇的期权交易模式将陆续进入股票市场。简单地说，触碰失效期权意味着比较标准期权形式，你能更多、更快、更安全地赚钱。请记住这一点，正如在科学技术领域不断取得进步一样，人类在财务知识上也将不断取得进步。这意味着快速安全的致富将会变得越来越容易。如何抓住这些机遇，要求人们不懈努力、勤奋学习，并寻找好的顾问。这也是你需要与时代同步并经常浏览我们网站的原因。

老手也能学会新手段

也许你已经猜到了，我喜欢《福布斯》杂志。因为这份杂志面向全世界商业人士和投资者。2001 年 5 月期“福布斯的世界”面向全球商业人士和投资者，其中有一篇关于约翰 · 坦普尔顿的有趣的文章。坦普尔顿以价值投资者闻名，他在世界范围内投资那些价值被低估的股票，然后看着它们升值。这篇文章的题目是《老手新手段》。文章介绍说，即便像坦普尔顿这样的股市常胜将军和基础投资者，也能学会成为一个技术投资者去投资熊市。文章讲到在 2000 年，他如何在第一时间放弃他经常建议的长线投资，转而卖空，这对他来说是个新的投资方式。在那一年之中，他学会了一种新的投资方式，赚了 8600 万美元。正如富爸爸所说：“金钱就是一种思想。”在今天这个时代，你需要跟上各种新的思想。如果坦普尔顿能够在他 88 岁的时候改变自己的环境，那你也能做到。

在普通投资者听取自己财务顾问长线投资建议的时候，真正的投资者也在改变战略，开始卖空。数百万投资者听从所谓长线投资建议，最终损失了数万亿美元。这种事情还会发生吗？几乎一定。所以，如果你想快速致富并长久拥有财富，就需要慎重选择给你提供财务建议的人。

秘诀 10 务请记住，词语是免费的。如果你想快速致富，就需要富有的词汇。一定记住有 3 种基本的资产类型，分别是企业、有价证券和房地产。每一类资产使用不同词语，就像使用不同语言的国家。如果你对房地产感兴趣，那就开始学习这类词汇或行话。一旦你学会了词语，将能与自己和同行更好地交流。

词语是我们人类最有力的工具，因而要审慎选择自己的词语。务请记住两种基本的词语类型。

第一类是内容的词语。比如，内部收益率就是一组重要的词组，尤其对那些使用了很多杠杆的房地产投资者。内部收益率是内容的词语。

第二类是环境的词语。比如，当有人说“我永远不能理解内部收益率”时，他就是在描述自己内容词语的心智环境，在这里内容词语是内部收益率。

应该注意不断提高自己的内容词汇，观察自己的环境词汇。因为词语作为工具，武装了你最为强大的资产之一——你的大脑。因此，我建议大家不要再说：“我买不起”“我做不到”或者“我永远学不会”。而要扪心自问：“我怎样才能买得起”“我怎样才能做到”或者“我怎样才能学会”。

切记，穷人和富人之间的巨大差异就在于他们词语的质量。你的财商开始于你的财务词汇。因此，一定要注意自己的词语，因为词语可以变成现实，可以变成你的未来。如果你想快速致富并长久拥有财富，以使自己能够年轻富有地退休，你的词语就是关键，而词语是免费的。

秘诀 11　谈论金钱。最近我在中国和日本访问期间，很多人前来对我说：“在东方文化中，谈论金钱是不礼貌的事情，因此我们从不谈论金钱。”当我在美国、澳大利亚或者欧洲时，很多人说相同的事情，他们说：“在家里，我们不讨论金钱。”

所以，致富的秘诀之一就是谈论金钱。如果你的朋友不想讨论金钱，那就寻找一个新的朋友圈子。在我的朋友圈子中，我们谈论金钱、企业、投资和存在的问题。我的大多数朋友也非常富有，而且从不认为谈论金钱是邪恶或肮脏的。我与金经常讨论金钱问题，对我们来说，赚钱、致富、拥有丰富的生活方式十分有趣。我们享受金钱游戏，所以我们谈论金钱。我们享受金钱游戏就像人们享受运动一样。由于我们将金钱看做共有的游戏，我们的婚姻更加稳固，更有教育意义，并且充满激情和乐趣。金钱是全世界人们共同的话题，为什么不能谈论它呢？

秘诀 12 不用花钱也能赚取 100 万美元。我不需要一个工作或一份工资的原因之一，就是富爸爸教会了我不用花钱也能赚钱。

今天，我感觉最悲哀的事情之一，就是人们不懂得如何不用钱也能赚钱。前几天，一位年轻女士申请在我的一家公司工作。她原来在一家跨国公司担任高级营销副总裁，她被裁员，现在想担任我这家小公司的营销副总裁。作为一个测试，我请她为公司准备一个媒体宣传预算。3 天后，她带着一份一年 160 万美元的预算来见我。

“160 万美元，”我大吃一惊，“那可是一大笔钱。”

“我知道，”她用她那大公司的腔调说，“但如果你想达到自己想要的结果，就要花这么多钱。”

“我愿意花那么多钱，”我回答，“但在我同意这个预算之前，请你告诉我如何用 16 万美元甚至不用钱达到同样的结果。”

“噢，你做不到，”她用傲慢的口吻说，“为了赚钱你必须花钱。”

不用说，她没有得到我的公司的职位。显然，我们来自不同的现实或环境。作为一个企业家，我建立企业没有在正式的广告中投入一分钱。在公共关系上我们确实有投入，但我们没有在正式广告上花钱。当你观察富爸爸网站的成功时，会注意到那种世界范围的成功，数亿的销售额，正式广告没有投入 1 美元（或许有一天，我们将专门出书介绍自己的做法）。不过，那种成功是由于富爸爸教会了迈克和我，如何不用花钱就能赚取数百万美元。

我悲哀地看到，很多大公司的高薪经理人知道如何花掉大笔钱，却不真正懂得如何靠他们自己赚大笔钱。在担任一些上市公司的董事期间，我看到很多经理人就像 20 世纪 90 年代末期的网络公司一样，大把花掉投资者的钱，却不能带来利润。

富爸爸常说："企业家与官僚之间有很大区别。大多数人是官僚，因为我们的学校训练人们成为官僚。企业家必须也要懂得如何成为官僚。很多官僚梦想成为企业家，但大多数永远做不到。"富爸爸说："官僚只有在把钱给他的时候，他才知道如何赚钱。企业家不用钱也能赚钱。"

几个月前，我与一位大型国际出版集团的经理会面。他刚刚听过我关于企业家和企业发展的演讲。他直盯着我说："我永远不会富有，因为赚钱所用的资金太多。我有一个 2000 万美元的广告预算，我想让每一美元都能带来我想要的销售额。"那时我明白了，为什么他是一个大公司的官僚，而不是一个企业家。他的现实将永远把他固定在那里。

我还悲哀地看到，一些小公司的企业家因为不懂得如何不花钱而赚钱，导致公司不能发展。富爸爸说："婴儿型企业与小企业有很大区别。婴儿型企业有成长为 B 象限大企业的潜力，小企业或许有利润但没有发展成 B 象限大企业的潜力。"富爸爸接着解释说，两者的区别不在于企业，而在于企业家的思想观念。一个经典案例就是麦当劳兄弟和雷·克罗克的故事。雷·克罗克将麦当劳兄弟的不起眼的汉堡包公司转变成一家非常巨大的世界性企业，就是我们知道的麦当劳。

雷·克罗克是一个推销牛奶搅拌器的雇员，最初属于 E 象限。他购买了一家 S 象限的企业，将它转变成一家 B 象限的大企业。那就是我正在与大家分享的这个简单过程的力量，这个简单过程你也能经常做，并无需花费什么，但它能让你超乎想象的富有。

所以最后一个秘诀是，与你的爱人或朋友一起"头脑风暴"，找到一个创意以及将这个创意转化为数百万美元的方法，从不用钱或用很少的钱开始。这个过程就像去健身房锻炼肌肉，这类经常性活动可以强化你的思维，为你将来的发展做好准备。

在遇见金之前，我和拉里常常去施乐公司办公楼下的咖啡屋坐坐。往往花掉好几个小时，喝掉好几杯咖啡，提出一些不用钱就可以赚取数百万美元的创意。我们提出了一些确实很好的创意，一些不怎么好的创意，而更多的是愚蠢的想法。这些创意包括T恤衫、木制智力玩具、夏威夷糖果等旅游产品，还有财务通讯。大多数创意没有最终落实，却仍然给了我们重要的思维训练。我们最后落实的创意是尼龙和维可牢搭扣“冲浪者”钱包，我们将这个创意转化成了数百万美元。不幸的是，我们没有采取行动保护这个创意，最终在竞争中落败。

我在前面提到过，可口可乐公司的资本总额是80亿美元，但可口可乐的品牌价值接近800亿美元，几乎是总资本的10倍。那是怎样做到的呢？可口可乐不遗余力地在世界范围内保护自己的知识产权，结果使可口可乐品牌具有了令人难以置信的价值。

“富爸爸”只是3个字

让我们回顾富爸爸的成功，它只有3个字。

当我和金遇到莎伦·莱希特并在1997年创办我们的现金流技术公司时，“富爸爸”还是毫无意义和价值的3个字。

今天，“富爸爸”价值数千万美元。这是怎么发生的呢？主要是我们听从了迈克尔·莱希特的建议，他是莎伦的丈夫，也是我们的知识产权律师。（正如一些人已经了解的，他介绍我们和莎伦相识）。我们找了一个时间，与他坐下来制定了一个建立知识产权资产的战略。在他的指导下，我们认真执行了那个战略，创造和保护了我们的知识产权。我们确保能够保护自己的发明专利。我们创造并保护影响巨大的“富爸爸”和“现金流”商标，以及获得世界公认的外观专利（紫色、黑色和金黄色）。最初的商标申请费用不到1000美元。明年，当我们在线开通现金流游戏时，品牌价值可能达到数十亿美元。我们的经验证明，你用很少的钱或不用钱就能赚钱。

如果大家想进一步了解不用钱也能赚钱的知识，请阅读迈克尔·莱希特的书《保护你的头号财产》，由华纳出版公司出版。迈克尔是获得国际认可的资深知识产权律师，曾帮助无数人从他们的创意中创造财富。正如他自己所说的，他“设置栅栏，与强盗作斗争”，以保护知识产权。迈克尔常说：“人人都有一个百万美元创意，不幸的是，只有极少数人采取行动保护那个创意。如果你不保护它，就不能从中获取百万美元。”投资20美元购买这本书，可以帮助你懂得如何从自己的创意中创造财富。

本章小结

你我都知道，大脑仍然是你最没有被充分利用的资产，有大量的潜能尚待开发。富爸爸常说：“懒汉想着快速致富，成功者希望尽快获取理财智慧，并且越来越智慧。”关键在于，如果你想年轻富有地退休，却没有多少金钱、教育或者经验，那就开始使用你的大脑。在我的现实中，致富需要的不是资金，而是精神和情感的力量。如果你愿意，上述所有的秘诀都可以供你参考和实践。

最后的秘诀就是，上述练习都不用花费你很多时间或金钱。如果你经常实践上述所有练习，并保持信念，它们将帮助你年轻富有地退休。一定要记住：你的未来取决于你今天所为，而不是明天。

如果你坚持信念，使上述一些练习成为你日常生活的一部分，你就会发现自己穿过镜子，到达了一个完全不同的世界。那将是下一部分的主题。

第三部分小结：你已经成为了一名专家

或许你已经意识到了，更大程度上决定你富有或者贫穷的不是你所做的事情，而是你做事的环境。因此，当有人问我怎样做或我怎样投资时，我回答："请不要问我怎样做，要问我如何思考自己所做的。"比如，很多人投资股市，但只有很少一些人因投资股市致富。在投资房地产或者建立企业的时候也是如此。区别在哪里？我认为是围绕着行动或内容的环境。曾经有人对我说："房地产是一种糟糕的投资，我在那里从没有赚过钱。"而在我看来，房地产并不是一种糟糕的投资，而是因为那个人是个糟糕的投资者。一个拥有富有投资者环境的人，可以将一个不好的投资变成一个富有的投资。事实上，那正是大多数富有的投资者所做的。

"所有的债务都是好的"

在债务问题上也是如此。大多数人明白如何借债，不少人更是借债专家。问题在于，他们陷入了债务困境之中，并且更加贫穷。大多数人将自己的良性债务变成不良债务，正如富爸爸对我所说的："所有的债务都是好债务，但并不是所有人都懂得如何利用债务，因此有些人往往将良性债务变成不良债务。"

如果你想致富，首先更需要改变自己的环境，而不是做什么。正如富爸爸所说："大多数人已懂得如何借债，但问题是他们不懂得如何利用债务为自己服务。如果有人想利用债务致富，他首先需要改变自己的环境，然后才能利用债务变得非常富有。"看待债务问题时，如果你不能改变自己的穷人或中产阶级环境，那么你最好销毁信用卡，尽快付清房款，然后努力存钱。

如果你想年轻富有地退休，首先必须改变自己的环境。因此，我建议你偶尔复习这些秘诀，不断更新你的环境。如果你拥有一个富人的环境，那么无论做什么你都将变得越来越富有。如果你拥有一个穷人的环境，那么无论你学什么或做什么，结果都将是穷人。切记，不论你做什么事情，是你的环境或者你认为真实的事情决定了你的现实。正如富爸爸所说的："债务并不一定使你贫穷，不过，一个穷人或中产阶级的环境可以。"

免费提供

如果你想单独收听我关于这些秘诀的讨论，请登录我们的富爸爸网站。对像你一样希望年轻富有退休的朋友，我们的网站准备了我的演讲录音。如果你致力于年轻富有地退休，我们的网站就是为你准备的。如果你想终生辛劳工作，或者高风险低收益地投资，那有比我们更好的网站。

第 20 章
终极测试

如果你有足够的勇气，可以做以下选择题。在下一次晚餐聚会时，或与同事共进午餐时，或与朋友家人在一起时，这些问题都可以被问及。我说这是选择题，是因为这些问题可以得出人们对金钱的不同现实。

如果给出足够的时间，让人们充分回答每一个问题，你将听到他们关于金钱和生活的许多不同的现实、理由、托词、谎言、假设和其他心理呓语。你可能会听到这些回答："多么愚蠢的问题！""他以为他是谁？""你不能那样做。""那是不可能的。""我喜欢我的工作，我永远不会停止工作。"不论你是否同意他们的这些回答或评论，只管认真倾听，看看你能否听出他们关于金钱和个人财务生活的现实。如果你有勇气向爱人、朋友或同事提出这些问题，我祝你好运。如果你和其他人做这个练习，我认为你将发现一个人的现实对其财务状况的巨大影响。以下就是这些问题：

你想过上哪种生活——现实的比较

1. 如果你拥有世界上所有的金钱，永远不用再工作，你将怎样打发自己的自由时间？

2. 如果你（与配偶）停止工作，你的生活会发生什么变化？现在的生活标准和生活方式能维持多久？

3. 如果你现在还没有退休，你能在什么年龄退休？你想提早退休吗？退休以后，你的收入比现在是多还是少？

4. 你愿意过一种无需工资的生活，还是愿意过一种永远工作或盼望更高薪水的生活？你愿意成为一个雇员还是雇主？哪一种是你现在的主要生活？

5. 你是想过一种因为钱太多而设法花钱的生活，还是想过一种终生辛苦工作、努力储蓄的生活？你现在过的是哪种生活？

6. 你是想过一种无需辛苦工作就能赚钱的生活，还是想过一种必须辛苦工作才能赚钱的生活？你现在过的是哪种生活？

7. 你认为投资是冒险吗？你认为要花钱才能赚钱吗？你想不用资金和无风险就可以投资得到高额回报吗？你能用别人的钱投资吗？

8. 除了你的家人，与你共处时间最多的6个人都是谁？他们怎么看待金钱？是富人的态度、穷人的态度还是中产阶级的态度？在这6个人中，有多少人能年轻富有地退休？现在是你结交新朋友的时候吗？

9. 你想通过创建或购买自己的资产致富，还是想追求工作安全和稳定工资？你现在过的是哪种生活？

10. 如果给你10亿美元让你辞职，你愿意吗？如果10亿美元比你手头的工作重要，那为什么不寻求10亿美元呢？是什么让你犹豫不决呢？如果你不愿为了10亿美元辞职，那是为什么呢？你不能用10亿美元做比现在更好的事吗？

11. 你愿意过一种无论股市涨跌都能赚钱的生活，还是愿意过一种整天担心股市暴跌或赔钱的生活？你现在过的是哪种生活？为什么？

12. 在金钱方面，如果可以做不同的事情，那你会做什么事情？如果你可以做不同的事情，为什么不去做呢？

只有你有足够的勇气，我才能提出这些问题，因为在讨论后，你或许会失去所有朋友，不得不寻找新的朋友。如果你发现自己的家人、朋友和同事并不来自你所向往的环境，那么就来我们的富爸爸网站寻找理想的朋友。至少，通过这 12 道测试题你可以看到很多饶有趣味的讨论。最重要的是，当谈及金钱的时候，你将看到来自不同的人的不同的现实和不同的世界。正如富爸爸所说："金钱就是一种观念。"当你提出上述 12 个问题的时候，你将发现很多不同的观念和不同的现实。

在这个测试中，最重要的事情就是倾听不同的思想和现实，然后决定哪种现实或者财务世界是自己想要看到的。因为有了富爸爸和穷爸爸，我看到两种截然不同的世界，然后我选择了自己向往的世界。现在这些选择就摆在你面前，如果你问家人和朋友上述问题，就可以听到他们的观念。听了他们的观念之后，你就能开始更好地选择你想要的观念和你想过的生活。

第四部分
起步的杠杆

富爸爸说：“第一步决定了你希望生活在哪一种世界。你是想生活在穷人的世界，中产阶级的世界，还是富人的世界？”

“是不是大多数人选择生活在富人的世界？”我问。

“不，”富爸爸回答，“大多数人梦想生活在富人的世界，但是他们没有走出具有决定意义的第一步。一旦做出决定，而且如果你真正做出了决定，那就再也没有退路。在你做出决定的那一刻，你的生活将会彻底改变。”

第21章
持之以恒　不断进取

经常有人问我："在你和金做出年轻退休的决定后，什么使你们保持进取？你们如何克服困难，在身处逆境时不轻言放弃？"大多数时候，我的回答都是很老套的话，比如决心、愿望和眼界。我反复使用这些老套的话，是因为我很少有时间像在本书中这样做出解释。既然大家已经阅读了本书的绝大部分内容，而且希望理解这些内容，那我就在此与大家进一步分享促使我们不断进取的更真实的原因。

富爸爸让我阅读的两个意义更为深刻的童话是刘易斯·卡罗尔的《爱丽丝漫游奇境记》和《爱丽丝镜中奇遇记》。两个故事分别描述了在不同现实的旅程。在《爱丽丝漫游奇境记》中，爱丽丝跟随白兔深入洞穴来到了另外一个世界，这个世界让我想起了现在的金融服务业。在《爱丽丝镜中奇遇记》中，爱丽丝又开始了在镜子后面的另外一个世界的旅程。在镜子后面的世界，她发现"镜子书"除非被拿到镜子跟前，否则不能阅读，这又让我想起了个人财务报表。不过，对富爸爸来说，这两个故事的价值在于，从一个现实转换到另外一个现实的思想。富爸爸说："问题在于，大多数人仅仅生活在一个现实之中，并常常认为自己所在的现实是唯一的现实。"

回答一个经常遇到的问题

很多时候，当有人问我："是什么让你和金不断进取？当你们没有钱、没有工作并赔钱的时候，你们怎样做到不断进取？"我的答案往往也是一些历经了检验的简单道理。我回答："那需要决心"，或"我们明白自己没有退路"。不过，这些套话并没有完全揭示事实。开始时我对作出真实的解释很犹豫，因为它们超出了大多数人的现实，所以我常常说得很少。

在几周前的一次培训课上，我有时间更全面地解释自己和金不断进取的原因。因为你已经读了这么多了，我将与你分享那天我在培训课上所讲的内容。虽然这不是我们如何不断进取的全部答案，但我想这个答案会给你一些额外的帮助。

在培训课接近结束的时候，一位学员举手问："在最黑暗的日子里，是什么让你们不断进取？我想听到真实的原因，而不是到目前为止你已经告诉过我们的那些。"

答案

我思考了一会儿，最后决定说出激励我们不断进取的动力。解释这样开始：

"在我 20 多岁的时候，富爸爸用一个提问开始了对我的一次教导。那次教导和谈话已经过去了好多年，富爸爸也已经去世，但我还是常常回忆那次教导，并寻求进一步的答案。"

一个没有风险也不需要金钱的世界

"如果有一个没有风险也无需资金就可以致富的世界，你会做什么？"富爸爸问。

"没有风险也无需资金？"我重复了一遍，不明白富爸爸怎么会提出这个问题。"为什么问这样一个问题？"我最后回答，"这样的世界不存在。"

富爸爸让我坐下来考虑一下自己的回答，他的沉默提醒我最好仔细倾听自己的回答，并利用这个时间重新思考。等他知道我在重新思考答案后，他问："你确信这样的世界不存在？"

"一个没有风险也无需资金就可以致富的世界？"我问，想确定我们讨论的是同一个问题。我满脑子能听到的都是穷爸爸常说的那些话，"投资有风险""赚钱需要花钱"。

富爸爸点了点头，说："是的，如果有这样一个世界，你会做什么？"

"好呀，我会找到这样一个世界的，"我说，"但只有在它确实存在的情况下。"

"为什么这样的世界不存在呢？"富爸爸问。

"因为那不可能，"我回答，"一个没有风险也无需资金就可以致富的世界怎么会存在呢？"

"如果你已经认定不可能存在这样的世界，那么它就不会存在。"富爸爸轻轻地说。

"你是说它存在吗？"我问。

"我怎么认为的没有关系，重要的是你怎么认为。"富爸爸说，"如果你认为它不存在，那它就不存在。我怎么认为无关紧要。"

"但这样的一个世界是不可能有的，"我重复道，"我知道那不可能，一定会有风险。”

“那这样的世界不存在。”富爸爸耸了耸肩，“如果你认为那是不可能的，那它就不可能。”富爸爸稍微提高了声调，声音中透出一丝失望。他接着说：“认为这样的世界并不存在的原因在于，你仍然固守着你爸爸的现实和信条。你固守着那些信条的原因在于，你是在那样的现实中成长的。除非你愿意改变自己的现实，否则我很难再教给你什么。我可以给你越来越多的如何致富的答案，但如果你固守自己家庭关于金钱和生活的现实，我的答案对你就没有帮助。”

“但是没有资金也没有风险？得了吧，”我说，“老实说，没有人相信会有一个没有风险也无需资金就可以致富的世界。”

“我知道，”富爸爸说，“所以如此多的人坚持工作安全，常常设想投资充满风险或者只有用钱才能赚钱。他们从未怀疑自己的设想，也从不挑战自己的设想。他们认为自己的设想真实无误，从不考虑是否还有另外一种现实或不同的设想。如果你不能首先质疑这些源于自己观念的设想，你就不能变得更加富有。正因为如此，只有极少数人最终致富，或真正实现了财务自由。不过，你仍然没有回答我的问题。”

“那么重复一遍问题！”我回答，感到非常沮丧，想知道他说的质疑自己的设想是什么意思。

“问题是：‘如果有一个没有风险也无需资金就可以致富的世界，你会做什么？’”富爸爸缓慢有力地重复了一遍那个问题，尽力观察我对这个问题的反应，因此我可以很清楚地听到那个问题。

“我仍然认为那是一个很荒谬的问题，不过我还是要回答一点什么。”我回答。

“为什么你说那个问题很荒谬？”富爸爸问。

“因为这样一个世界不存在，”我突然激动起来，“这是一个无聊的问题，只是在浪费时间。我为什么要回答或思考这样一个问题？”

“好的，”富爸爸说，“我得到了答案。我也听到了你潜在的设想。对你来说，甚至思考这样的问题都是浪费时间，所以你不愿为这样的问题烦恼。你已经设想这样的世界不存在，所以你认为质疑自己的设想是浪费时间。你不想质疑自己的设想。你认为这样的世界不存在，所以你就不想思考它。你只想按照自己习惯的思维方式去思考。你想致富，却整日生活在担心亏钱，或没有足够资金的思想中。对我，那才是奇怪的现实，但我能接受你的回答。我理解你的设想，因为那是非常普遍的设想。”

“不，不，”我说，“我会回答你的问题。我只是问你你是否认为存在那样一个世界？”我变得恼怒，抬高了声调为自己辩护。

富爸爸静静地坐着，还是没有回答我的问题，让我倾听自己的心声。

“你想让我相信那样的世界存在吗？”我激动地说。

“让我重复一句，我相信什么没有关系，”富爸爸说，“关键是你相信什么”。

“好，好，好，”我说，“如果存在这样一个世界，一个没有风险也无需资金就可以致富的世界，那么我的富有就会超过我自己最大胆的想象。我就不会有任何恐惧，无需‘没有资金’或‘可能失败’等各种借口。我将生活在一个无限富足的世界，在那里我可以拥有任何自己想要的东西。我将生活在一个完全不同的世界，绝对不同于我成长的世界。”

“如果存在这样一个世界，它值得我们经历吗？”富爸爸问。

“当然，”我大声回答，“谁不想经历那样的世界？”

富爸爸只是微微耸了耸肩，并没有说什么，还是让我倾听自己刚刚说过的话。

“你是说这样的一个世界存在吗？”我再一次问。

“这由你决定，你可以决定哪种世界存在，我不能为你决定。”富爸爸说，“多年以前，我作出了我的决定。”

“你找到了你的世界吗？”我问。

富爸爸没有给出这个问题的答案。他只是这样回答：“你记得《爱丽丝镜中奇遇记》的故事吗？”

我点了点头。

“多年前，我穿过了镜子。如果你相信这样的世界存在，你也可以决定穿过镜子开始旅程。不过只有相信这样的世界存在，你才可能开始这个旅行。如果你认为这样的世界不存在，那么你看到的只能是一面镜子，你将永远只能站在镜子前边，与镜子中的另一个你面面相觑。”

我在培训班上的回答

当我与培训班上的学员分享上面这个故事时，屋子里静悄悄的。我不知道自己的回答是否有意义，但无论如何，我已经给了他们故事后面的故事。我开始回答自己的问题：“那就是我的旅程开始的时候。那次与富爸爸的谈话后，我的好奇心变得很强。好几年我一直在思考他讲过的话，越思考他所说的就越变成一种可能。当我 30 出头的时候，我明白必须推进自己的现实了，明白跟随富爸爸学习的日子已经结束，明白在我决定改变自己的现实，开始自己的致富旅程之前，他再也不会教我什么东西也不会给我什么答案了。在这之前，任何答案都没有用。我需要一个新的广阔的现实，正如人们所说的，到了离开鸟巢的时候了。我不知道这样的世界是否存在，但是我希望它存在。一旦我作出了这样的世界可能存在的决定，我的旅程就开始了。带着决定，我出发寻找那个世界，那个没有风险也无需资金就可以致富的世界。我已经厌倦了呆呆地站在镜子前的生活。这时，我穿过镜子寻找另外一个世界。”

屋子里还是非常安静，我能感到一些人已经打开了思想，而也有一些正在反驳。一位学员举起手说：“你认为这样的世界存在吗？那就是你要告诉我们的吗？”

我没有回答他的问题，而是继续讲述自己的故事：“做出这样的世界可能存在的决定后不久，我认识了金，告诉了她自己将要开始的旅程。很幸运的是，她愿意与我同行。她说：‘太好了，你所讲的正好说中了我所面临的现实，在一个工作上耗费终生的现实。我不喜欢自己现在的现实，想寻找一个新的现实。’”

那位想得到我的答案的学员最后放下了手，仔细听我继续讲述：“金是我遇到的愿意接受这种大胆设想的第一位女性。对告诉她的内容，我本来还很犹豫，不过她没有反驳我的想法。而且，她还用了好几天时间，倾听我讲述我认为可能存在的那个世界。那时，我们的旅程开始了，不是为了金钱，更多是为了寻找一个不同的世界。因此，我诚实地告诉大家，不是别的东西，而是寻找那个世界让我和金不断进取。”

“一旦我们作出了决定，我们就穿过镜子开始了旅程。我们知道，一旦开始了自己的旅程，就需要勇敢、谦逊、钻研、不断学习和及时学习，更重要的是，我们坚持推进自己的现实。因为我们知道这个旅程是仅在我们心中和思想中的旅程，与外部世界没有多大联系，所有的现实都在我们内心深处。在面对困难的时候，是这种对另一个现实和另一个世界的追求，使我们继续前行。一旦开始了这样的旅程，我们就明白再也没有回头路。那种对不同世界的追寻，使我们不断进取。”

教室里长时间陷入沉寂。突然，一位学员高高地举起手问：“那你们找到了那个世界吗？告诉我你们是否找到了那个世界？如果那个世界的确存在，我也想去。我不想为了钱工作50年，不想一辈子受金钱左右，不想一辈子生活在钱不够用的担忧之中。告诉我另外一种世界是否存在？”

就像多年前富爸爸对我所做的那样，我停顿了一会儿，让学员们有时间倾听他们自己的现实。“这只能由你自己决定，”在长时间的沉默之后，我最后回答，“不是我相信什么，而是你相信什么存在。如果你认为这样的世界为你存在，那你就穿过镜子；如果你认为这样的世界不存在，那你就待在镜子前面，与镜中的你面面相觑。在金钱上，你有权决定什么是真实的，以及你想生活在哪一种现实之中。”

下课了，大多数人还陷在沉思之中。整理好公文包后，我转身对所有学员说：“感谢大家参与，感谢大家倾听。下课。”

结束语

1994年秋天，我和金在斐济度过了一个长假。一位朋友向我们推荐了这个独特的旅游胜地，它位于一个私人小岛。每天早晨太阳升起之前，就有一位饭店服务员来到我们舒适的茅草屋边，带着微笑轻轻地说："你们的马已经准备好了！"

小岛就像人间天堂，静卧在湛蓝的太平洋中。我们在岛上生活了5天，最终感到彻底放松下来，更加适应了岛上舒缓的生活节奏。自从我、金与朋友拉里坐在冰雪覆盖的惠斯勒山上，制定实现财务自由的计划起，已经过去了9年。此刻我跨上马背，不禁想起了在那座冰冷的山上度过的日子。我又想起我们现在的生活与过去是多么不同！我们不再忍受寒冷，也不再忍受身无分文的贫穷。我们不仅有了很多钱，更重要的是我们实现了自由，余生再不用工作。

马儿沿着环绕小岛的美丽沙滩缓缓前行。尽管天色未明，我几乎什么也看不见，但随着马儿在窄窄的沙滩上踩出轻轻的脚印，依然能听到四五米外的大海的声音，感受到大海的气息。小岛上泥土和热带植物的气息，与空气中微微的咸味儿混在一起，令我回想起在夏威夷度过的童年时光。骑在马背上的时间很短，回忆却贯穿了一生。

半个小时后，服务员过来帮助我们下了马。不远的地方，几点烛光在风中闪烁，我们轻轻拉着手走向烛光。点着蜡烛的餐桌上铺着雪白的桌布，几米处的地方就是缓缓涨落的波浪。这也许是世界上最美丽的饭店吧，服务员让我和金坐在唯一一张桌子旁。我们刚一落座，另外一位服务员手捧着金最喜欢的香槟走上前来。在摇曳的烛光中，我和金为我们自己，也为我们的旅程干杯。在我的一生之中，从来没有感到自己是如此深爱我美丽的妻子，她伴我度过了人生最艰难的时光。我们静静地坐着，相互凝视着对方，穿过小小的餐桌，我们一只手相握，另一只手举起酒杯，两人都轻轻地说："谢谢你！我爱你！"

就像得到了提醒，一轮红日从远处的海平线上喷薄而出，我们一下子感受到大自然无与伦比的力量。我们身在慢慢显出身影的葱绿海岛，前方是纯净的白色沙滩，身后是高大苍翠的树林，鸟儿已开始在林中欢唱。沿着沙滩望去，将整个宇宙连在一起的是平静安详的蓝色大海，它以自己独特的方式向太阳致意。

服务员送上了新鲜热带水果早餐，我们静静地坐在那里，看着太阳升出海面，慢慢照亮了我们周围的一切。除了服务员，就只有我们。大自然的声音之外别无他物，周围显得分外宁静。这里没有邻居、没有汽车、没有海滩漫游者，也没有嘈杂的音乐和电话声。最重要的是，这里没有公务需要处理，没有会议，没有最后期限，也没有预算。我们的生意已经远去，它完成了自己的使命，被卖掉了。除了自由，我们回家后再也不会有任何事情。在那一刻，只有我和金，还有上帝无与伦比的杰作——美丽非凡的大自然。

就在太阳最终离开海面的时候，我的脑中突然一震。眼前的世界异常明亮，天地好像摇晃了一下，我也猛地一怔。就像一次小小的地震，一丝战栗突然穿过了我的身体和灵魂。我内心深处有了变化，经验提醒我要再放松一些。当温暖的阳光穿过海面照在我身上的时候，一种深深的感激从我的胸膛升起，并迅速传遍全身。不知不觉，我的环境已经发生了完全转变：我穿过了"镜子"，清楚地看到了一种全新的生活。我的热泪潸然而下，不是因为悲伤，而是因为深深惊叹于环绕我们所有人的那种完美、慷慨和博大！

慢慢地，我意识到在那么长的时间里，对金钱不足的恐惧和担心阻碍了自己好好领略大自然的博大和奇妙。我意识到自己的致富努力主要是个人战胜对贫穷的恐惧的过程。我也意识到为什么富爸爸总是说："正是恐惧使你成为自己的囚徒，正是恐惧将你锁进了自己的牢笼。在牢笼里无法领略上帝的博大。"我的思绪再次回到了自己的年轻时代，我好像听到富爸爸在说："我们常常以为自己孤立无援，只有自己奋斗才能生存。我们常常以为，为了生存需要努力做好自己的工作。常常有人教育我们适者生存，如果不能适应，我们就无法生存。这些都是囚徒的思维。很多人都是自己内心恐惧的财务囚徒，因此他们紧紧抓住安全这根细线不放，变得贪婪，为了一点小钱争斗不已，就像饿狗扑向一块无肉的骨头，而不是寻找财务自由。"

"寻找你自己的自由很容易。你所要做的首先是确定上帝想做什么，然后带着上帝赋予你的智慧和才能做他想做的事情。如果你真诚地去做，上帝的博大将注入你的生活。生活不是挣钱谋生。去看看鸟儿、花草树木以及所有的大自然的创造。鸟儿不用谋生，它和其他上帝的创造一样，仅仅做上帝让它们做的事情。如果你相信上帝，做那些上帝让你做的事情，上帝的博大将永远与你同在。"富爸爸还说，"你不必做鸟儿的工作，鸟儿已经做了那些工作。"他这样说，是因为他看到太多人去竞争一个职位，而不是去寻找需要做的事情。他说："如果你去寻找到那些需要你做的工作，并且努力地去做，你将会领略到上帝的博大。"

我和金坐在沙滩的餐桌旁又度过了一小时。在我的一生中，我第一次完全领悟了富爸爸的教诲。在这之前，我并没有完全理解他，我仍然是用我自己的环境或现实来理解他的话。但是，那天坐在沙滩上，我终于穿过了镜子，完全理解了富爸爸的话。

海风开始变大，我听到身后的马儿变得不安起来，是到了马儿回去的时候了，我们也该回去了。一年后，静静地坐在自己的山顶小屋中，我问自己：“需要做些什么？我能做些什么？”

现在当有人问我既然已经不需要钱了，为什么还要继续工作时，我的回答就是富爸爸当年的回答：“我继续工作，是因为还有事情需要去做。”今天，我和金所做的，就是用我们掌握的杠杆去做那些需要我们做的事情。有趣的是，我们越使用杠杆做那些需要做的事情，我们就变得越幸福，越富有。

好消息是，你无需停下手头的工作，去做那些需要你做的事情；你也无需退休，去做那些需要你做的事情。环顾四周，你就可以找到需要你做的事情。你所要做的，就是用上帝赐予的智慧和才能，去做那些需要你做的事情。如果你这样去做，就会有丰厚的回报，这些丰厚的回报一直在那里为我们所有人准备着，并不仅仅是为一部分人准备。

在斐济那个美丽小岛上的最后一天，我坐在海滩上，什么事情也没有做。除了一种全新的生活方式，一种作为自由人的生活方式，我回家的时候什么也没有带。我紧紧地握着金的手，想让她明白，我是多么爱她、尊敬她，感激她伴我走过了这个旅程。如果没有她，我就不能完成这个旅程。当我们准备回去吃晚饭时，我似乎听到富爸爸在说：“很多小人物终其一生都在攻击巨人，他们批评指责，散布谣言，诬陷栽赃，拼尽全力诋毁。他们关注的是巨人的缺点而不是优点。这就是他们只能是小人物的原因。大卫也许有些年轻，也没有多少武器，只有一个投石器，从体格上看远远小于歌利亚，但大卫不是一个小人物。”本书的观点是，我们每一个人心中都有一个大卫和一个歌利亚。大卫如果选择了一个小人物的环境，他就可能永远是一个小人物，并会为自己辩解：“歌利亚比我高大得多，仅仅用一个投石器我怎么能战胜巨人呢？”然而，大卫选择置身于一个巨人的环境，从而成为了一个巨人。这就是他打败歌利亚并成为一个巨人的原因。你也能做到。

总之，杠杆无处不在，它是一种力量，它就在我们内心和我们周围，也可以由我们自己创造。伴随着每一项新的发明，比如汽车、飞机、电话、电视以及因特网的出现，一种新的杠杆形式也被创造出来。伴随着每一种新形式的杠杆的出现，新的百万富翁和亿万富翁诞生了，因为他们使用这种新杠杆，而不是毁坏或者滥用它。所以一定记住，可以使用、滥用或者畏惧杠杆的力量。在生活中如何选择使用杠杆，完全取决于你自己。

感谢大家阅读本书，并再次提醒，一定要保持一个开放的环境。未来无限光明，它将为越来越多的人带来自由！

提高财商的三个方法

方法一：阅读“富爸爸”系列书籍

财富观念篇	《富爸爸穷爸爸》 《富爸爸为什么富人越来越富》（《富爸爸穷爸爸》研究生版） 《富爸爸财务自由之路》 《富爸爸提高你的财商》 《富爸爸女人一定要有钱》 《富爸爸杠杆致富》 《富爸爸我和埃米的富足之路》 《富爸爸那些比钱更重要的事》 《富爸爸为什么富人越来越富》 《富爸爸为什么我们希望你成为有钱人》 《富爸爸第二次致富机会》 《富爸爸 8 条军规》
财富实践篇	《富爸爸投资指南》 《富爸爸房地产投资指南》 《富爸爸点石成金》 《富爸爸致富需要做的 6 件事》 《富爸爸穷爸爸实践篇》 《富爸爸商学院》 《富爸爸销售狗》 《富爸爸成功创业的 10 堂必修课》 《富爸爸给你的钱找一份工作》 《富爸爸股票投资从入门到精通》 《富爸爸为什么 A 等生为 C 等生工作》
财富趋势篇	《富爸爸 21 世纪的生意》 《富爸爸财富大趋势》 《富爸爸富人的阴谋》 《富爸爸不公平的优势》
财富亲子篇	《富爸爸穷爸爸（少儿财商启蒙书）》（适合 3~6 岁） 《富爸爸穷爸爸（漫画版）》（适合 7 岁以上） 《富爸爸穷爸爸（青少版）》（适合 11 岁以上） 《富爸爸发现你孩子的财富基因》 《富爸爸别让你的孩子长大为钱所困》

财富企业篇	《富爸爸如何创办自己的公司》
	《富爸爸如何经营自己的公司》
	《富爸爸胜利之师》
	《富爸爸社会企业家》

方法二：玩《富爸爸现金流》游戏

《富爸爸现金流》游戏浓缩了《富爸爸穷爸爸》一书的作者——罗伯特·清崎三十多年的商界经验，让我们在游戏中模仿和体验现实生活的同时，告诉游戏者应如何识别和把握投资理财机会；通过不断的游戏和训练及学习游戏中所蕴含的富人的投资思维，来提高游戏者的财务智商。

扫码购买《富爸爸现金流》游戏

方法三：关注读书人俱乐部微信公众号，在读书人移动财商学院学习财商知识

北京读书人俱乐部微信公众号由北京读书人文化艺术有限公司运营，为富爸爸读者提供既符合富爸爸理念又根据中国实际情况加以完善的财商相关课程，帮助读者系统地学习和掌握富爸爸财商的原理、方法和实操技巧，助力富爸爸读者的财务自由之路。

readers-club

扫码关注读书人俱乐部

开始学习

图书在版编目（CIP）数据

富爸爸杠杆致富 /（美）罗伯特·清崎，（美）莎伦·莱希特著；萧明译. — 成都：四川人民出版社，2017.10（2020.4 重印）

ISBN 978-7-220-10365-0

Ⅰ. ①富… Ⅱ. ①罗… ②莎… ③萧… Ⅲ. ①私人投资-通俗读物 Ⅳ. ① F830.59-49

中国版本图书馆 CIP 数据核字（2017）第 227539 号

版权合同登记号：图进 21-2017-515

FUBABA GANGGANZHIFU

富爸爸杠杆致富

〔美〕罗伯特·清崎 〔美〕莎伦·莱希特 著 萧明 译

责任编辑	唐　婧
特约编辑	张　芹
封面设计	朱　红
版式设计	乐阅文化
责任印制	聂　敏
出版发行	四川人民出版社（成都市槐树街2号）
网　　址	http://www.scpph.com
E-mail	scrmcbs@sina.com
新浪微博	@四川人民出版社
微信公众号	四川人民出版社
发行部业务电话	（028）86259624　86259453
防盗版举报电话	（028）86259624
照　　排	北京乐阅文化有限责任公司
印　　刷	三河市中晟雅豪印务有限公司
成品尺寸	152mm×215mm　1/32
印　　张	11.75
字　　数	279 千
版　　次	2020 年 4 月第 2 版
印　　次	2020 年 4 月第 1 次印刷
书　　号	ISBN 978-7-220-10365-0-01
定　　价	78.00 元